TAC税理士講座 編

第7版

税理士 簿記論

総合問題の解き方

はしがき

本書は、税理士試験合格を目指し簿記論を勉強中の受験生に対し、「総合問題をどう解いたらいいのか」ということに応えるために書かれたものである。

簿記論を勉強する受験生からの質問はいつも決まっていて、「個別問題は解けるが総合問題になると解けない」「総合問題の解き方を教えてほしい」というものである。

本書では、プロの現役講師が総合問題をどのように解いているのかを紹介することにより、「総合問題の解き方」をレクチャーすることを意図している。

講師がどのように総合問題を解いているのかというのは、受験生にとって大いに興味がある点だと思う。

講師の解き方は受験生とは違うのか？

違うとしたら何が違うのか？

あるいは大して違わないのか？

これらを知ってもらうために、本書では下記のような画期的な試みを行っており、これが本書の最大の特長となっている。

特長１ 講師が問題を解く際に、実際に行った問題への書込み、計算用紙をありのまま紹介している。

特長２ 講師がどのような解答手順、思考過程で問題を解いているのかを解説している。その際、なぜそのように解くのか、そしてどんなふうに感じたのか、またどんなミスをしたのかについてもありのままに説明している。さらに、どこにどれくらいの時間を使ったのかについても明らかにしている。

これらにより、講師がどのように総合問題を解いているのかが実感できるようになっている。

講師の解き方を知ることにより、自分の解き方の欠点を発見したり、逆に自分の解き方が間違っていないことを再確認して大いに自信を深めることになるかもしれない。いずれにせよ、受験生それぞれの立場、視点で参考にしてほしい。

本書が「総合問題の解き方」で悩んでいる受験生のひとつの道しるべとなることを願っている。

ＴＡＣ税理士講座

本書の構成と利用方法

1　本書の構成

本書は第１部の「アプローチ編」と、第２部の「トレーニング編」に分かれている。

⑴ アプローチ編

アプローチ編では、「総合問題を解くために必要な処理能力」「総合問題の解答手順」など、総合問題を解くにあたって、前提となる知識や注意点などについて解説してある。

⑵ トレーニング編

トレーニング編は、「基本問題２題」「応用問題２題」「本試験問題３題」の計７題を収録してあり、これにより段階的に基礎から本試験問題までの演習ができるようになっている。

各問題の構成は、以下のとおりである。

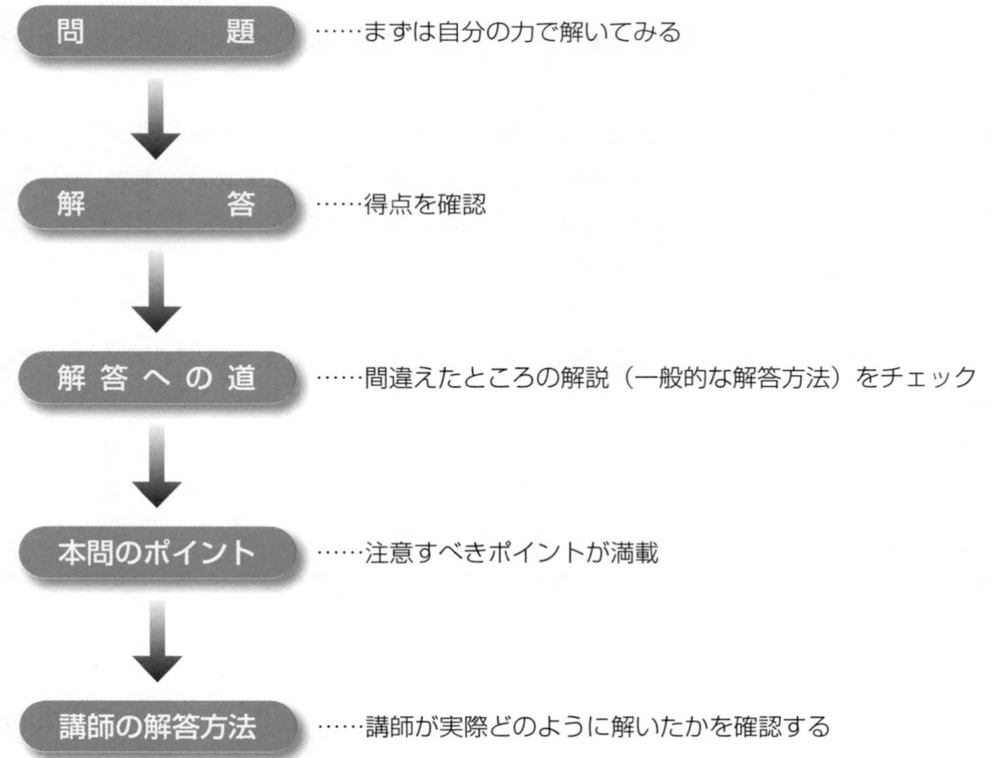

問　　題
……まずは自分の力で解いてみる
解　　答
……得点を確認
解答への道
……間違えたところの解説（一般的な解答方法）をチェック
本問のポイント
……注意すべきポイントが満載
講師の解答方法
……講師が実際どのように解いたかを確認する

2　本書の利用方法

アプローチ編……最初にアプローチ編を読む。勉強を始めたばかりの人にはよくわからない部分もあるかもしれないが、本当に大切なことだけをまとめてあるので、勉強が進むにつれて書かれていることの意味がよくわかってくるはずである。

トレーニング編……⑴ **時間を計って問題を解く**

問題を解く際は、30分、60分の制限時間を守って問題を解かなければいけない。終わらないからといって制限時間を延長して解いてはいけない。

⑵ **解き終わったら採点を行う**

すべての問題について配点（30分問題は25点満点、60分問題は50点満点）を付してある。解き終わったら採点し、間違えたところは「解答への道」で確認する。

⑶ **講師の解答方法を読み、検討を行う**

「講師の解答方法」を読み、問題への書込み、計算用紙の使い方、解答手順、思考過程を自分のものと比較して、使えるものはまねをし、欠点があれば修正するなど、今後の解き方の参考にする。

アプローチ編……トレーニング編が終了したら（すべて終了する前でもかまわない）、再びアプローチ編に戻り、「総合問題の解答力の強化方法」「計算用紙の使い方」「ミスを減らすための方策」等を再読し、今後の勉強方針、総合問題の解き方について再検討する。

トレーニング編……再検討をふまえて再度問題を解く。簿記論の問題は１回解くだけでは意味がない。数回解いてこそ本当の実力が身に付く。

講師が問題を解く際に、実際に行った書込みをありのままに紹介

講師の解答方法

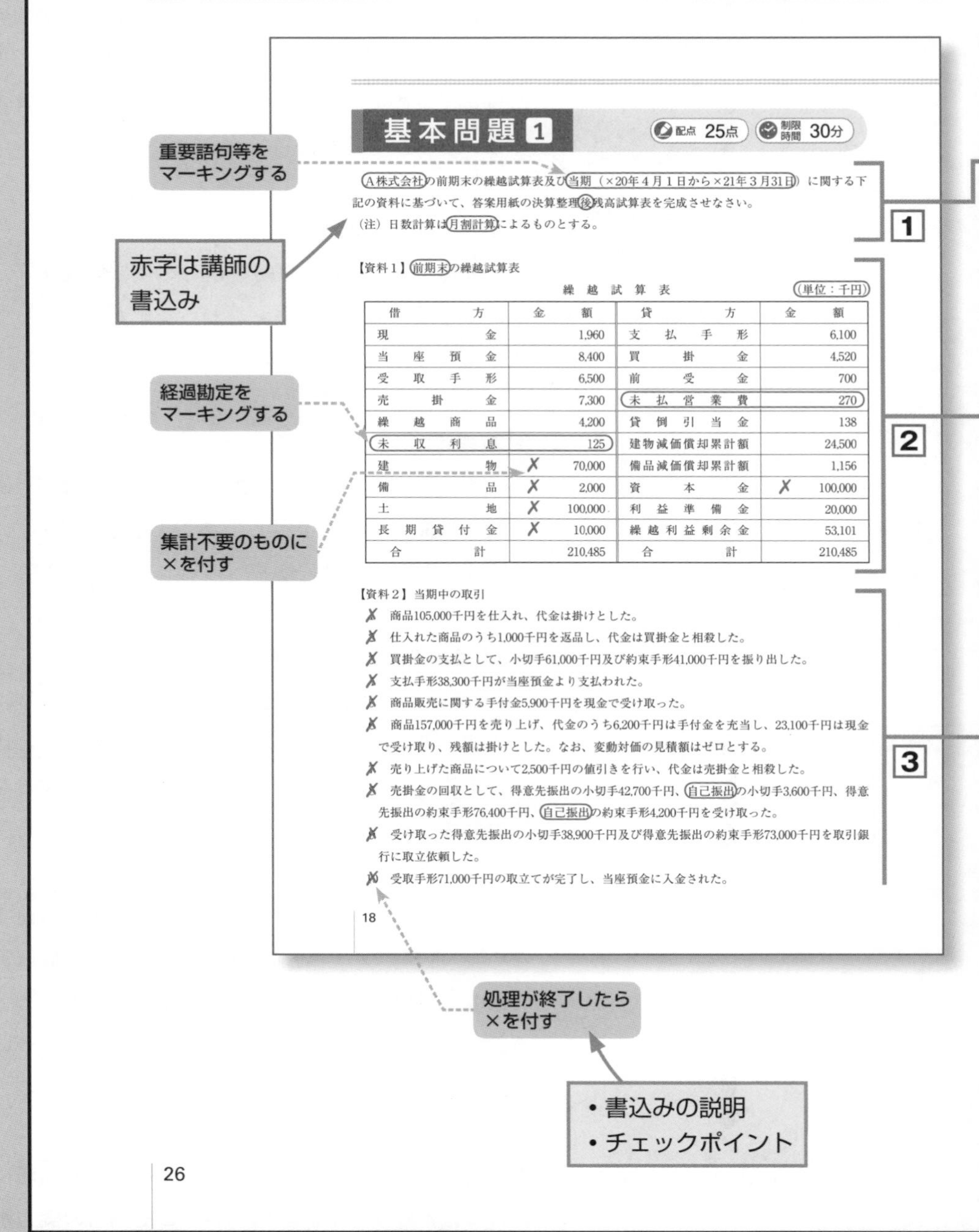

基本問題 1

配点 25点　制限時間 30分

A株式会社の前期末の繰越試算表及び当期（×20年4月1日から×21年3月31日）に関する下記の資料に基づいて、答案用紙の決算整理後残高試算表を完成させなさい。

（注）日数計算は月割計算によるものとする。

【資料1】前期末の繰越試算表

繰越試算表　（単位：千円）

借方	金額	貸方	金額
現金	1,960	支払手形	6,100
当座預金	8,400	買掛金	4,520
受取手形	6,500	前受金	700
売掛金	7,300	未払営業費	270
繰越商品	4,200	貸倒引当金	138
未収利息	125	建物減価償却累計額	24,500
建物	✗ 70,000	備品減価償却累計額	1,156
備品	✗ 2,000	資本金	✗ 100,000
土地	✗ 100,000	利益準備金	20,000
長期貸付金	✗ 10,000	繰越利益剰余金	53,101
合計	210,485	合計	210,485

【資料2】当期中の取引

✗ 商品105,000千円を仕入れ、代金は掛けとした。
✗ 仕入れた商品のうち1,000千円を返品し、代金は買掛金と相殺した。
✗ 買掛金の支払として、小切手61,000千円及び約束手形41,000千円を振り出した。
✗ 支払手形38,300千円が当座預金より支払われた。
✗ 商品販売に関する手付金5,900千円を現金で受け取った。
✗ 商品157,000千円を売り上げ、代金のうち6,200千円は手付金を充当し、23,100千円は現金で受け取り、残額は掛けとした。なお、変動対価の見積額はゼロとする。
✗ 売り上げた商品について2,500千円の値引きを行い、代金は売掛金と相殺した。
✗ 売掛金の回収として、得意先振出の小切手42,700千円、自己振出の小切手3,600千円、得意先振出の約束手形76,400千円、自己振出の約束手形4,200千円を受け取った。
✗ 受け取った得意先振出の小切手38,900千円及び得意先振出の約束手形73,000千円を取引銀行に取立依頼した。
✗ 受取手形71,000千円の取立てが完了し、当座預金に入金された。

18

講師がどのような解答手順、思考過程で問題を解いているかを解説

解答手順

1 全体像の把握

❶ 問題全体にざっと目を通す。問題構造が簿記一巡型であることはすぐに気がつく。
❷ 答案用紙をチェックしたあと、事業年度、月割計算の指示、金額の単位を確認する。
❸ 本問は量が少ないこともあり、以上のチェックに要した時間は30秒程度である。

思考過程と作業内容の詳細

2 前期末の繰越試算表

❶ 繰越試算表の勘定科目をチェックする。現金、当座預金、前受金に注意が必要だなと感じる。また、減価償却累計額があるのでこの段階で間接法と判明する。
❷ ２つの経過勘定について、再振替仕訳を忘れないようにマーキングする。
❸ 答案用紙に金額が記載されている建物等は集計不要であるから、それを示す×を付しておく。

3 当期中の取引

❶ 簿記一巡型の解答方法は「仕訳する→仕訳したものをＴ勘定で集計する」と決めているが、Ｔ勘定が必要となる勘定科目を把握するために期中取引の資料をざっと読む。ざっと読んだ結果、現金、当座預金、売上関連、仕入関連の増減が多いと判断し、計算用紙に、現金、当座預金、売上、受取手形、売掛金、仕入、支払手形、買掛金、前受金、貸倒引当金のＴ勘定を書くとともに、これらの期首の金額をＴ勘定に記入する。なお、勘定科目の並べ方は決めているのだが、これについては後述する。
❷ 計算用紙に営業費と受取利息のＴ勘定を書き、繰越試算表にマーキングした経過勘定について再振替仕訳を頭の中で考え（これは書かない）、営業費と受取利息のＴ勘定に金額を転記する。なお、経過勘定についてはＴ勘定を設けない。
❸ その他のＴ勘定は必要に応じて増やしていく。

目　次

第1部　アプローチ編

第2部　トレーニング編

第１章　基本問題

第２章　応用問題

第３章　本試験問題

第1部

アプローチ編

1 総合問題を解くために必要な処理能力

1 ２つの処理能力が必要

「個別問題は解けるが、総合問題になると解けなくなる」という受験生が多い。総合問題を解くためには、次の２つのことが必要となる。

(1) **個別論点の処理ができること**
(2) **総合問題特有の処理能力を身に付けていること**

2 個別論点の処理能力

個別論点の処理能力とは具体的に次の３つである。

(1) **仕訳力**
(2) **計算力**
(3) **スピード力**

総合問題といってもその実質的な中身は、現金預金、商品売買、固定資産、有価証券、引当金、外貨建取引といった個別論点の集合体である。また、どんなに複雑で量の多い問題であっても、原点は１つ１つの仕訳から成り立っている。そのため、１つ１つの仕訳および計算ができなければ話にもならない。したがって、個別論点の処理が正確にできることが総合問題を解くための第一歩である。

また、個別論点の処理については正確性とともにスピードが要求される。なぜなら、総合問題の解答スピードは、個別論点の処理スピードで決まるからである。問題を解くのが速い人というのは、問題を読んで瞬時に仕訳や計算過程が思い浮かぶ人である。これに対して問題を解くのが遅い人は、「えーと、この処理はどうするんだったか」としばらく考え込んでしまう。この考える時間の差がスピードの差であり、最終的に解答時間の遅速につながるのである。

3 総合問題特有の処理能力

個別問題で要求される解答能力は上記の個別論点の処理能力のみである。しかし、総合問題を解くためにはさらに、次の総合問題特有の処理能力が必要となる。

(1) **量の多さへの対応力**
(2) **資料の相互関連の読取り**
(3) **取捨選択の判断**
(4) **効率的で正確な集計テクニック**
(5) **簿記一巡の手続の理解**

⑴　量の多さへの対応力

総合問題では「量の多さ」が最大のネックになる。総合問題に慣れていない最初の頃は量の多さに圧倒されて、「どこから解いていいのかわからない」という状態になる人が多い。1つ1つの処理は基本的な内容であっても、量が多くなれば問題を読むだけでも一苦労である。気持ちは焦るし、頭の中も混乱状態になる。頭が混乱すればケアレスミスも発生する。そのような状況の中で、気持ちを落ち着け、混乱した頭を整理し、どれだけ冷静に簡単なところを拾っていけるかが勝負の分かれ目になる。このような「量の多さ」への対応力が総合問題を解くためには必要となる。

⑵　資料の相互関連の読取り

総合問題の資料は単純に量が多いというだけでなく、資料が相互に関連したものが含まれている。個別問題では解答に必要な資料がまとまっており、その論点のみを考えればよい。これに対して総合問題では、前の資料が後の資料に影響を与えたり、ある勘定科目の金額の算定に必要な資料が数か所に分散していたり、同じ内容の資料が二重に与えられていたりすることもある。そのため、常に資料の相互関連を考えながら解答を進めていく必要がある。

⑶　取捨選択の判断

量が多い問題では時間内にすべてを解答することはできない。そのため、どこを捨てて、どこを解答するかという取捨選択の判断が非常に重要となる。

⑷　効率的で正確な集計テクニック

個別問題でもある程度の集計作業は必要となるが、その量は知れている。総合問題では個別問題とは比較にならない「大量」の集計作業を行わなければならないが、集計量が増えるにしたがって、集計もれなどのミスが発生する。総合問題では、大量の集計作業について、効率的で正確な集計テクニックが必要となる。

⑸　簿記一巡の手続の理解

簿記一巡型の問題、帳簿組織の問題、推定簿記の問題、本支店会計の問題などでは簿記一巡の理解が重要となる。簿記一巡の手続は、流れを知っているというだけでは不十分である。ある取引について簿記一巡の手続をイメージし、その取引が簿記一巡の手続の中でどの位置にあり、その後簿記一巡の手続の中でどのような処理が行われ、最終的に財務諸表にどのように表示されるのかが瞬時にイメージできることが必要である。そうすると、問題を解くスピードも上がり、どこを捨ててどこを解答するかということも瞬時に判断できるようになる。

2 総合問題の解答力の強化方法

1 個別論点の処理能力を向上させる

総合問題を解くためには、まず個別論点の処理ができなければいけない。したがって、個別論点の「仕訳力」「計算力」「スピード力」の向上が、総合問題の解答力強化のための最優先事項となる。

個別論点の処理能力の向上のうち、特にスピード力の向上は「練習量」で決まる。スピード力とは、問題を読んだり電卓を叩いたり仕訳を書いたりするスピードではなく、「考えるスピード」である。難解な論点を除いて、問題を読んで瞬時に処理パターン（仕訳と計算）が思い浮かぶくらいのスピードが必要である。そのためには個別問題を繰り返し練習する必要がある。ただし、暗記だけのパターン学習では応用が利かないため、しっかり「理解」した上での反復練習が重要であることに留意しなければならない。

個別論点の処理能力が向上すれば、量の多い問題でも動揺することなく落ち着いて対応できるようになり、また、余裕を持って集計作業を行うことができるようになる。

2 総合問題をたくさん解く

量の多さへの対応力、資料の相互関連の読取り、取捨選択の判断の向上には総合問題をたくさん解く以外に方法はない。これらは総合問題を解くことでしか練習することができないものであり、個別問題を解くだけでは絶対に身に付けることはできないからである。

量の多さへの対応力は、「慣れ」が必要である。慣れるにしたがって量の多さに対する恐怖感が軽減し、焦ったり頭が混乱したりということも少なくなってくる。

資料の相互関連の読取り、取捨選択の判断については、「経験」が必要である。経験を積むことにより資料の相互関連に対する勘がピーンと働くようになり、どの程度の難易度なら捨てるべきかという判断基準が定まってくる。また、それに応じて効率的な解答方法もわかってくる。そのためにはたくさん解くことが肝要である。

3 集計テクニックは各自の工夫が必要

効率的で正確な集計テクニックを身に付けるためには「各自の工夫」が必要となる。集計方法には好みがあり千差万別といっていい。一般的な方法はあるが、唯一絶対の方法はない。1つのやり方に固執しないでいろいろな方法を試してみるべきである。仕訳を書いて集計する、T勘定で集計する、整理前T/Bに転記して集計する、表を作って集計する、これらを組み合わせて集計する。いろいろ試すなかで「これだ！」という方法が必ず見つかる。ただし、それまでは試行錯誤の連続である。辛抱強く自分にあった集計方法を模索する努力が必要である。

3 総合問題の解答手順

1 作業面における解答手順

総合問題の解答手順は、問題構造、難易度、量、解答要求事項、出題論点などによりケースバイケースでありパターン化できるものではないが、作業面だけで単純化すると次のような流れになる。

解答前の確認作業→個別論点の処理作業→集計作業→答えを記入する作業

2 手順１─解答前の確認作業

解答前の確認作業は、与えられた資料からゴール（解答要求事項）までのプロセス（解答手順）をイメージするためだけでなく、効率的に解答するため、またケアレスミスをしないために欠かせない事前準備であり、次の３つの確認作業を行う。

(1)　問題の全体像を確認する
(2)　問題の前提条件を確認する
(3)　試算表の勘定科目を確認する

(1)　問題の全体像を確認する

総合問題を解くにあたって、最初に行う作業は問題の全体像の確認である。問題全体に目を通して、下記のことを「１分程度」で確認する。このとき大事なのは、問題だけでなく必ず答案用紙も一緒に確認することである。なお、１分程度で確認するのであるからこの段階では問題をじっくり読むことはしない。問題全体を「ざっと眺める」という感じである。

①　問題構造を確認する（簿記一巡型、決算整理型などの構造を確認する）
②　解答要求事項を確認する（必ず答案用紙も一緒に確認する）
③　資料の内容を確認する（資料の配列、量などを大まかに確認する）

上記の確認作業を行いながら、解答手順をイメージする。たいていの問題は、「問題構造」「解答要求事項」「資料の内容」により即座に解答手順をイメージすることができる。しかし、構造が複雑な問題、推定簿記の問題などでは、問題をじっくり読んでからでないと解答手順がイメージできないことがある。解答手順がすぐにイメージできないからといって、焦ってはいけない。

(2)　問題の前提条件を確認する

問題の全体像を確認したあと、問題の前提条件を確認する。前提条件とは下記に示すものであり、通常問題の冒頭部分に書かれている。前提条件の確認に要する時間は、30分問題ならば通常「20秒程度」で終了するが、60分問題では「解答上の留意事項」が大量に書かれていることがあり、そのような問題では「２～４分程度」要することもある。前提条件の確認をおろそかにすると、解答に行き詰まったり、ミスの原因になるため、決して読み流したりせず、入念に確認することが大切である。

① **事業年度**
② **金額の単位**
③ **端数処理の指示**
④ **その他の「解答上の留意事項」**

(3) 試算表の勘定科目を確認する

簿記一巡型の問題ならば前期末の繰越試算表（または残高勘定）の勘定科目、決算整理型の問題ならば決算整理前試算表の勘定科目を確認する。確認の時間は、繰越試算表ならば「30秒程度」、勘定科目の多い決算整理前試算表ならば「１分程度」で行う。この確認を怠るとミスの原因になる。たとえば、決算整理で現金過不足が生じ雑損失を計上したが、決算整理前試算表にすでに雑損失が計上されているのを見落としていて、決算整理で生じた金額のみを答案用紙に書いてしまったというようなミスである。このようなつまらないミスをしないためには、試算表の勘定科目の確認が大切である。

以上、解答前の確認作業を行った後、実際に問題を解いていく。

3 手順２― 個別論点の処理作業

(1) 個別論点の処理作業は仕訳が基本

簿記一巡型の問題であれ決算整理型の問題であれ、個別論点の処理作業については「仕訳が基本」である。仕訳が基本とは、問題を読み、まず仕訳を考えるという意味である。仕訳を考えないとつまらないミスをすることになる。たとえば、「試用品について買取意思表示を受けたが未処理である」という問題で、試用品売上の計上を忘れる人はいないが、売掛金の計上を忘れる人が非常に多い。これは仕訳を考えていないのが原因である。簿記の問題では常に、「この処理はどのような仕訳を行うのか」という思考で問題を読み、処理を考えていかなければならない。

(2) どの程度仕訳を書くか

仕訳が基本であるが、どの程度仕訳を書くかについては個人差がある。簡単なものから難しいものまでほとんど仕訳を書くという人から、難解なものを除いて基本的に仕訳は頭の中で考えるという人まで様々である。これに関して議論するのは無意味で、自分に合ったやり方でやるのが一番である。一般的には、仕訳が瞬時に浮かぶような簡単なものは頭の中で考えるがそれ以外は仕訳を書くという人が大多数であろう。

なお、仕訳を書いていたら時間がかかると考える人がいるが、これは勘違いである。講師でも受験生でも少数ではあるが、「とにかくすべての仕訳を書く」という人がいる。そのような人に限って問題を解くのが非常に速く、しかも正確である。したがって、仕訳を書くと解答スピードが遅くなるということはない。

また、「頭の中で仕訳を考えるのがうまくできない」という相談があるが、「頭の中で仕訳を考える」ことができるのは10人に１人の頭のいい人だけである（ちなみに筆者は講師ではあるが、頭のいい人の部類には入っていないため、必ず仕訳を書いて解答している)。大多数の受験生は、できるだけ仕訳を書いたほうがよい。そのほうが確実でミスも少ない。

4 手順3— 集計作業

前述したように、集計方法には好みがあり、自分に合った方法を各自が工夫しなければいけない。ここでは一般的な方法を紹介してみよう。

(1) 簿記一巡型の問題の場合

簿記一巡型の問題の集計作業は「T勘定で行うのが基本」である。簿記一巡型の問題は期中取引の量が多い。特に現金預金の収支に関する取引、売上債権・仕入債務の増減取引などは量が多いため仕訳だけで集計すると集計漏れが生じやすい。そのため、仕訳を書き、それをT勘定で集計するのが最も確実な方法である。

(2) 決算整理型の集計作業

決算整理型の問題の集計作業は、決算整理仕訳を書き、それを決算整理前残高試算表に加減して集計するというのが基本である。

ただし、

① 決算整理前残高試算表に増減額を転記して集計するのが向いているもの

② T勘定を使ったほうが集計しやすいもの

③ 決算整理前残高試算表への転記が不要なもの

④ 固定資産など一覧表を使ったほうが集計しやすいもの

など、個々の論点、個々の勘定科目によって向いている集計方法が異なるため、これらを各自の好みで組み合わせて集計作業を行うのが一般的である。

5 手順4— 答えを記入する作業

「どの時点で答案用紙へ答えを記入するか」という問題であるが、もうこれ以上増減はないなと判断した時点でどんどん答えを記入していけばよい。あとで増減が出てきたらという不安を持つ人もいるが、そのときは前の答えを二重線で消して(ここは丁寧にやらなければいけない)新しい答えを書くだけである。本試験の解答欄は訂正を行うスペースは十分にあるので、心配しなくても大丈夫である。

4 取捨選択の判断基準

1 難易度を３つに分類する

本試験問題は量が多く難易度も高いため、時間内にすべて解答することはできない。そのため、どこを捨ててどこを解答するかという取捨選択の判断が非常に重要となる。簡単に言えば「難しいところは捨てる」ということであるが、これについては難しく考えず、次のような単純なやり方がよい。この方法は決算整理型の問題に有効である。

個別論点の難易度を次の３つのレベルに分類する。

(1) 簡単な問題（問題を読み即座に「これはできるぞ」というレベル）
(2) やや難しい問題（「できそうだが時間がかかりそう」というレベル）
(3) 超難問（どう解答すればよいのかさっぱりわからないというレベル）

問題を読み、難易度が(1)ならばすぐに解答する。しかし、難易度が(2)または(3)と判断したら躊躇することなく「とりあえず飛ばす」のである。そしてこの飛ばす判断は瞬時に行う必要がある。１～２分逡巡した挙げ句「やっぱり飛ばそう」では遅すぎる。瞬時に決断することが重要である。ただし、「とりあえず飛ばす＝捨てる」ということではない。「とりあえず後回しにする」ということである。(1)レベルの処理が終了したあと、(2)レベルの処理に移る。時間が余れば(3)レベルでも当然トライするが、本試験でその時間はあまりない。

本試験では(3)レベルは捨てて、(1)及び(2)レベルの問題に時間を使うことが重要である。

2 取捨選択のレベルアップ法

取捨選択の判断ができないと、捨てるべき超難問にはまってしまい貴重な時間を浪費することになる。

しかし、取捨選択がうまくできない、判断基準がよくわからないという人が多い。これは判断基準がわからないというより、自分の実力に不安があるため取捨選択の判断に確信が持てないということであろう。取捨選択の判断を自信を持って行えるようにするには、個別論点の処理能力を向上させるしかない。そうしないと、「ここはめちゃくちゃ難しいと感じるが、この論点は大の苦手なので、ひょっとしたら自分だけが難しいと感じているのではないか」といった不安をいつまでたっても払拭することができない。

5 マーキングについて

1 重要語句等のマーキング

問題を読んでいく際、問題中の重要語句や計算に必要な数値などにマーキングする作業は、誰もがやっていることだと思うが、決まりやセオリーがあるわけではない。そのため、どの資料にマーキングするか、また、どのようにマーキングを行うかについては、各自の工夫が必要である。

また、マーキングを行う際、赤ペンや蛍光ペンを使う人が多いが、こういったものをまったく使わない人もいる。これについてもどれがいいということは一概に言えない。自分が解きやすいと考える方法で行えばよい。

マーキングで重要なのは上記のようなことではなく、マーキングをしたことがきちんと解答に反映されているかどうかである。重要な資料だと思いマーキングしたが、実際に問題を解いたときにはマーキングしたことをすっかり忘れていてミスをしてしまったというのではせっかくマーキングした意味がない。マーキングをしたことがきちんと解答に反映されるようなマーキングを工夫する必要がある。

2 不要な資料は消しておく

問題中の資料は必要な資料のみが与えられるわけではなく、なかには不要な資料も含まれている。このような不要な資料をそのまま放置しておくとケアレスミスの原因にもなりかねないため、必要な資料にマーキングするだけではなく、不要な資料は消しておくとよい。

たとえば、減価償却の資料で下記のような資料があったとする。

定額法、耐用年数　39年、償却率　0.026

この場合、必要な資料だけをマーキングすると次のようになる。

(定額法)、耐用年数　39年、償却率　(0.026)

これでも十分なのだが、次のようにしておくとさらによい。

(定額法)、~~耐用年数　39年~~、償却率　(0.026)

このように不要な資料を消しておけば、うっかり39年で償却計算をすることもない。

6 計算用紙の使い方

1 本試験の計算用紙

簿記論の本試験では、計算用紙はＡ３サイズのものが２枚与えられる。片面は白紙だが片面にはＴ勘定が20個記入されている。したがって、仕訳や計算過程をたくさん書くという人でも、計算用紙が足りなくなることはない。

2 どの程度計算過程を書くか

総合問題を解く際に、どの程度、仕訳や計算過程を書くかについて悩んでいる人もいると思うが、これについては、よほど簡単な問題でない限り、仕訳、Ｔ勘定を使っての集計、図解、タイムテーブルなどの計算過程はしっかり書いたほうがよい。なぜなら、しっかり書いたほうがミスが少ないからである。

これに対して、「計算過程をしっかり書いていたら時間がかかる。非効率ではないか」という反論があると思う。確かに本試験は時間との戦いであり、効率的に問題を解いていくことは必要である。しかし人の頭はそれほどよくできていない。無理に頭の中だけで処理しようとして錯乱状態に陥ってしまい、「最初から丁寧に解いていけばよかった」と後悔した経験は誰でもあると思う。

仕訳や計算過程を書かずに頭の中だけで処理できるのなら、そうしたほうがいいに決まっているが、それは無理というものである。よほど簡単な問題でない限りはしっかりと計算過程を書くのが無難である。

3 問題の余白と計算用紙について

講師が計算用紙をどのように使っているかというと、実のところ計算用紙はあまり使っていない場合が多い。まったく使わないというわけではないが、本試験問題で、計算用紙１枚の片面を使う程度である。どうしてその程度ですむかというと、仕訳や計算過程の多くは、問題の余白に書き込んでしまうからである。そして、問題の余白に収まりきれないものについてだけ計算用紙を使うというやり方を採っている。つまり、問題の余白が計算用紙の大部分を占めており、本来の計算用紙は補助的な役割なのである。

しかし、このやり方がベストというつもりはない。「問題の余白にちょこちょこ書くのは好きではない。計算用紙をたっぷり使うほうがやりやすい」という人もいると思う。

問題の余白をどう使うか、計算用紙をどう使うかについてはいろいろ試してみて、自分にとってのベストの方法を見つけることが大切である。

7 電卓について

1 左手か右手か

電卓について、右手で打つか左手で打つかということがよく話題になるが、これについては、右手でも左手でもどちらでもかまわないというのが結論である。

右手が利き手の場合、ペンを持っている右手で電卓をたたくより、右手でペンを持ち、左手で電卓をたたくほうが速いという理由から、左手で電卓をたたくことが奨励されているが、正直、それほどスピードの差があるとは思えない。

また、タッチタイピング（ブラインドタッチ）についても、できるにこしたことはないという程度であって、できなくても何の問題もない。

勉強を始めたばかりの頃、右手でペンを持ち、左手でタッチタイピングしている人を見て衝撃を受け、電卓操作のトレーニングをやってみたがなかなかうまくならなかった、という人もいるかと思う。しかし心配する必要はない。電卓のキーを見ながら、右手の人差し指１本でしか電卓をたたけないという人は意外と多いのである。

2 電卓スピードと解答スピードの相関関係

電卓のスピードや操作技術で悩んでいる人がいると思う。そういう人は、電卓スピードと問題を解くスピードに相関関係があると考えているのだろうが、これはまったくの勘違いである。電卓スピードと解答スピードとの間に関連性はまったくない。これは断言する。猛烈なスピードで電卓をたたいている人を見ると、いかにも解答スピードが速そうに見えるが、それはそう見えるだけであって、実際に解答スピードが速いかどうかは別である。

税理士試験で求められる電卓の能力は、どれだけ速くたたけるかではなく、いかに正確に計算できるかである。つまり、スピードより正確性が優先される。いくら速くたたけても計算ミスが多くてはなにもならない。もちろん速く正確に計算できればそれがベストであるが、遅くても正確に計算できるのであれば何の問題もない。

8 ミスを減らすための方策

1 本試験はミスが少ない者が勝つ

本試験における合格と不合格は紙一重の差である。

受験生のときはわからなかったが、講師の立場から本試験を俯瞰すると、このことを強く感じる。ほんのわずかな差が合否を分けるのだが、それを決定する要因がミスであることが少なくない。

試験でもスポーツでも同じだが、勝負事はミスが少ない者が勝つのだ。

2 ミスをしないための方策と心得

総合問題を解くといくつかのミスをするのが普通である。残念ながらミスをゼロにするための抜本的な解決策はないが、ミスを最小限に抑えるための方策と心得を紹介しよう。

(1) 問題をよく読む

何を当たり前のことをと感じた人もいるだろう。当たり前のことではあるが、「問題をよく読む」という作業は、「言うは易く行うは難し」で、それほど簡単なことではない。当然のことながら、問題をよく読むのは読み落としや読み間違いをしないようにするためであるが、残り時間を気にしてついつい斜め読みになってしまうことが多い。それでミスをしてしまうわけだが、「ちゃんと読めばできたのに」といったことをなくすには、結局、問題をよく読むということを徹底するしかない。

(2) 丁寧に解く

丁寧に解くというのは、仕訳や計算過程をしっかり書くということである。計算用紙についての項でも説明したように、よほど簡単な問題でない限り、頭の中で処理することにちょっとでも不安を感じたら、仕訳や計算過程をしっかり書いて解くことが大切である。

(3) 常に同じやり方で解く

これは、作業を定型化するということである。どんな問題でも同じように解く。これがミスを防ぐためには大切である。解き方が毎回違う、前回は書いたが今回は書かなかったでは、ミスの可能性は格段に増えてしまう。

(4) 簡単な問題ほど慎重に解く

人は通常、「これは簡単だ」と思うと気が抜けて慎重さを欠く傾向がある。簡単な問題をミスする原因はこれである。できる問題を取りこぼすことほどばかばかしいものはない。簡単な問題ほど慎重に解く、ということを徹底しない限りミスは減らない。

(5) 速く解こうとしない

速く解こうとすると必ずミスをする。この理由は簡単である。

① **問題をよく読まない → 斜め読みになり読み落としや読み間違いが発生**

② **無理に頭の中で処理する → 仕訳や計算過程をはしょって計算ミスが発生**

ということになる。

速く解こうと焦れば焦るほど必ずミスがでる。自分のペースを守って解くことが大切である。

3 同じミスを繰り返さないための方策

基本的にミスがゼロになることはない。1つのミスがなくなったと思ったら新たなミスがでてくるものである。これはしかたのないことであるが、大切なのは、同じミスを繰り返さないことである。同じミスを繰り返さないための方策を以下に述べる。

(1) ミスの傾向を把握する

ミスする箇所というのは何回もミスするものである。そのため、自分のミスの傾向を把握することがミスを減らすための第1ステップである。ミスの傾向を把握するためには、どんなミスをしたかを記録しておかなければならない。記録するものはミスノートでもよいし、別のものでもかまわない。重要なのは、そのミスノートなどを何度も見返すことによって自分のミスを完全に覚えてしまうことである。そうすることによって、同じような問題に接したときに注意しなければならない事項が瞬時に浮かんでくるようになる。当然ミスも少なくなる。

(2) 解き方を改良する

ミスの傾向が把握できると、「ここでよくミスをする」という箇所は慎重に解答するようになる。それにより徐々にミスが減っていくのが普通であるが、それでもミスがなくならないという場合は、それは今の解き方が悪いということであり、解き方を改良しなければならない。たいていの場合、今の解き方よりもう少し丁寧に解くだけでミスは減るはずである。

(3) 読み落とし・読み間違いの防止はマーキングを工夫する

読み落とし・読み間違いを防止するためには、問題をよく読むというのは前述したとおりであるが、もう1つ、マーキングを工夫する必要がある。マーキングの工夫が読み落とし・読み間違い防止のポイントである。ただし、問題のどこにどんなマーキングをすると効果的であるのかについては、一人一人やり方が違うため、それは各自が工夫しなければならない。なお、蛍光ペンで線を引くだけでは不十分だと思う。

(4) 練習量を増やす

ミスする箇所というのは何回もミスするものであるが、何度も問題を解いていると、学習効果により、ある時点からミスをしなくなるのが普通である。ミスが減らないと嘆く受講生の中には問題演習の絶対量が不足している人が多い。やはり、解く量が少ないとミスも減らないのである。

第2部

トレーニング編

第1章

基本問題

基本問題 1

A株式会社の前期末の繰越試算表及び当期（×20年４月１日から×21年３月31日）に関する下記の資料に基づいて、答案用紙の決算整理後残高試算表を完成させなさい。

（注）日数計算は月割計算によるものとする。

【資料１】前期末の繰越試算表

繰越試算表　（単位：千円）

借方	金額	貸方	金額
現金	1,960	支払手形	6,100
当座預金	8,400	買掛金	4,520
受取手形	6,500	前受金	700
売掛金	7,300	未払営業費	270
繰越商品	4,200	貸倒引当金	138
未収利息	125	建物減価償却累計額	24,500
建物	70,000	備品減価償却累計額	1,156
備品	2,000	資本金	100,000
土地	100,000	利益準備金	20,000
長期貸付金	10,000	繰越利益剰余金	53,101
合計	210,485	合計	210,485

【資料２】当期中の取引

1　商品105,000千円を仕入れ、代金は掛けとした。

2　仕入れた商品のうち1,000千円を返品し、代金は買掛金と相殺した。

3　買掛金の支払として、小切手61,000千円及び約束手形41,000千円を振り出した。

4　支払手形38,300千円が当座預金より支払われた。

5　商品販売に関する手付金5,900千円を現金で受け取った。

6　商品157,000千円を売り上げ、代金のうち6,200千円は手付金を充当し、23,100千円は現金で受け取り、残額は掛けとした。なお、変動対価の見積額はゼロとする。

7　売り上げた商品について2,500千円の値引きを行い、代金は売掛金と相殺した。

8　売掛金の回収として、得意先振出の小切手42,700千円、自己振出の小切手3,600千円、得意先振出の約束手形76,400千円、自己振出の約束手形4,200千円を受け取った。

9　受け取った得意先振出の小切手38,900千円及び得意先振出の約束手形73,000千円を取引銀行に取立依頼した。

10　受取手形71,000千円の取立てが完了し、当座預金に入金された。

11　受取手形2,000千円を取引銀行で割り引き、割引料50千円を差し引かれ、手取金は当座預金に入金した。なお、保証債務の時価は手形額面の１％とする。

12　期首売掛金のうち100千円が貸し倒れた。

13　受取手形2,400千円が、不渡りとなった。

14　上記11の割引手形が決済された旨の通知を受けた。

15　定時株主総会において、繰越利益剰余金の取崩しによって、金銭配当10,000千円及び利益準備金の積立1,000千円を行うことが決議された。なお、配当金は遅滞なく当座預金で支払われている。

16　現金22,100千円を当座預金に預け入れた。

17　営業費について、9,600千円を現金で、15,600千円を小切手を振り出して支払った。

18　長期貸付金に対する利息を現金で受け取った。長期貸付金10,000千円は前期の11月１日に貸し付けたものであり、貸付期間３年、利率は年３％、利息は毎年10月末日に１年分を受け取る契約となっている。

【資料３】決算整理事項

1　期末商品棚卸高は、帳簿棚卸高4,400千円、実地棚卸高4,300千円であった。棚卸減耗損のうち40％は原価性があり売上原価に含める。

2　固定資産の減価償却は、建物は耐用年数40年の定額法、備品は耐用年数８年の定率法（償却率0.250）により行っている。なお、残存価額はゼロである。

3　貸倒引当金は、受取手形及び売掛金の残高に対して１％相当額、不渡手形に対して70％相当額を引き当てる。なお、繰入は差額補充法による。

4　営業費について350千円、受取利息について（各自計算）千円の見越計上を行う。

解答

※ 内の数字は配点を示す。

決算整理後残高試算表　　　　(単位：千円)

借方	金額	貸方	金額
現金	1　3,360	支払手形	1　4,600
当座預金	1　21,050	買掛金	1　6,520
受取手形	1　7,500	前受金	1　400
売掛金	1　5,500	未払営業費	350
繰越商品	1　4,300	貸倒引当金	1　1,810
未収利息	1　125	建物減価償却累計額	1　26,250
建物	70,000	備品減価償却累計額	1　1,367
備品	2,000	資本金	100,000
土地	100,000	利益準備金	1　21,000
長期貸付金	10,000	繰越利益剰余金	1　42,101
不渡手形	1　2,400	売上	1　154,500
仕入	1　103,840	受取利息	1　300
営業費	1　25,280	保証債務取崩益	1　20
貸倒引当金繰入	1　1,772		
減価償却費	1　1,961		
手形売却損	1　50		
保証債務費用	1　20		
棚卸減耗損	1　60		
合計	359,218	合計	359,218

【配　点】1×25カ所＝25点　　合計25点

解答への道

（単位：千円）

1　再振替仕訳

借方科目	金額	貸方科目	金額
（受取利息）	125	（未収利息）	125
（未払営業費）	270	（営業費）	270

2　当期中の取引

(1)　商品の仕入

借方科目	金額	貸方科目	金額
（仕入）	105,000	（買掛金）	105,000

(2)　仕入返品

借方科目	金額	貸方科目	金額
（買掛金）	1,000	（仕入）	1,000

(3)　買掛金の支払

借方科目	金額	貸方科目	金額
（買掛金）	102,000	（当座預金）	61,000
		（支払手形）	41,000

(4)　支払手形の決済

借方科目	金額	貸方科目	金額
（支払手形）	38,300	（当座預金）	38,300

(5)　手付金の受取

借方科目	金額	貸方科目	金額
（現金）	5,900	（前受金）	5,900

(6)　商品の売上

借方科目	金額	貸方科目	金額
（前受金）	6,200	（売上）	157,000
（現金）	23,100		
（売掛金）※	127,700		

※　差額

(7)　売上値引

借方科目	金額	貸方科目	金額
（売上）	2,500	（売掛金）	2,500

(8)　売掛金の回収

借方科目	金額	貸方科目	金額
（現金）※１	42,700	（売掛金）※５	126,900
（当座預金）※２	3,600		
（受取手形）※３	76,400		
（支払手形）※４	4,200		

※１　得意先振出小切手42,700
※２　自己振出小切手3,600
※３　得意先振出約束手形76,400
※４　自己振出約束手形4,200
※５　借方合計

(9) 小切手の取立依頼

(当座預金)	38,900	(現金)	38,900

(注) 手形の取立依頼については処理不要である。

(10) 受取手形の回収

(当座預金)	71,000	(受取手形)	71,000

(11) 手形の割引

(当座預金)	1,950	(受取手形)	2,000
(手形売却損)	50		
(保証債務費用)	20	(保証債務)※	20

※ 2,000×1％＝20

(12) 売掛金の貸倒

(貸倒引当金)	100	(売掛金)	100

(13) 手形の不渡

(不渡手形)	2,400	(受取手形)	2,400

(14) 割引手形の決済

(保証債務)	20	(保証債務取崩益)	20

(15) 剰余金の配当

(繰越利益剰余金)	11,000	(当座預金)	10,000
		(利益準備金)	1,000

(16) 現金の預入

(当座預金)	22,100	(現金)	22,100

(17) 営業費の支払

(営業費)	25,200	(現金)	9,600
		(当座預金)	15,600

(18) 利息の受取

(現金)	300	(受取利息)※	300

※ 10,000×3％＝300

3 決算整理事項

(1) 売上原価の算定

(仕入)	4,200	(繰越商品)	4,200
(繰越商品)	4,400	(仕入)	4,400
(仕入)※1	40	(繰越商品)	100
(棚卸減耗損)※2	60		

※1 (帳簿4,400－実地4,300)×40％＝40

※2 (帳簿4,400－実地4,300)×60％＝60

(2) 固定資産の減価償却

① 建 物

(減価償却費)※	1,750	(建物減価償却累計額)	1,750

※ 70,000÷40年＝1,750

② 備 品

(減価償却費)※	211	(備品減価償却累計額)	211

※ (2,000－1,156)×0.250＝211

(3) 貸倒引当金

(貸倒引当金繰入)※	1,772	(貸倒引当金)	1,772

※① 受取手形及び売掛金：(受取手形7,500＋売掛金5,500)×１％＝130

② 不渡手形：不渡手形2,400×70％＝1,680

③ 貸倒引当金繰入：(130＋1,680)－貸倒引当金残高(138－100)＝1,772

(4) 費用・収益の見越計上

① 営業費の見越

(営業費)	350	(未払営業費)	350

② 受取利息の見越

(未収利息)	125	(受取利息)※	125

※ $10{,}000\times 3\%\times\frac{5月}{12月}=125$

MEMO

本問のポイント

本問は、総合問題演習の初期に解く、入門的な総合問題である。ただし、入門レベルといっても、最初のうちは思うように解けないのが普通である。壊滅的状態で落ち込んでいる人もいるだろうが、これは誰もが通る道であり、筆者も受験生の頃はまったく同様で、最初の頃は総合問題をどう解いたらよいのかさっぱりわからなかった。だから、出来が悪かったとしても、「最初はできないのが普通なんだ」と気を楽にしてほしい。

さて、本問であるが、問題構造は「**簿記一巡型**」であり、解答要求の決算整理後残高試算表までの流れは次のようになる。

前期末繰越試算表→再振替仕訳→期中仕訳→決算整理仕訳→決算整理後残高試算表

簿記一巡型は、本試験の学者問題でたびたび出題されているが、その特徴は、「**期中取引に重点が置かれている**」ということである。期中取引に比べ、決算整理は量も少なく難易度もそれほど高くはない。したがって、簿記一巡型問題のポイントは、

(1) 期中取引の仕訳ができること
(2) 仕訳したものを正確に集計すること

の２つということになる。

このうち、総合問題の解き方や解法テクニックで説明されるのは(2)であり、受験生も(2)に重点を置いた勉強をしていると思う。もちろん、(2)も重要なことではあるが、(2)はあくまで(1)が前提となったものであることに注意しなければならない。

つまり、どれだけ集計テクニックを磨いても、元となる仕訳が間違っていたら正解は得られないのである。たとえば、期中取引の仕訳を１つミスすると、２つの勘定科目の金額が違ってくる。それが売掛金であれば自動的に決算整理の貸倒引当金の金額も違ってくる。このように、期中取引の些細なミスが、大きな失点につながるのである。

総合問題が解けない、または苦手という場合、(2)にその原因があると思いがちだが、実際は(1)に問題があることがほとんどである。総合問題といっても、原点はひとつひとつの仕訳から成り立っていることを忘れてはいけない。

本問における期中取引は難しいものではないが、１つだけ間違えやすい取引を入れておいた。それは、小切手と手形の取立依頼である。受け取った小切手と手形を銀行に取立依頼する際、小切手は、「(借) 当座預金×× (貸) 現金××」の仕訳を行うが、手形は処理不要であるのだが、さて、できただろうか？

本問は、講師が解いて、解答時間26分で得点は25点であった。簿記論の勉強を始めたばかりの初心者の場合、１回目の点数は何点でもかまわないが、本試験に合格するためには、最終的に30分以内で満点を取る解答能力が必要である。

講師の解答方法

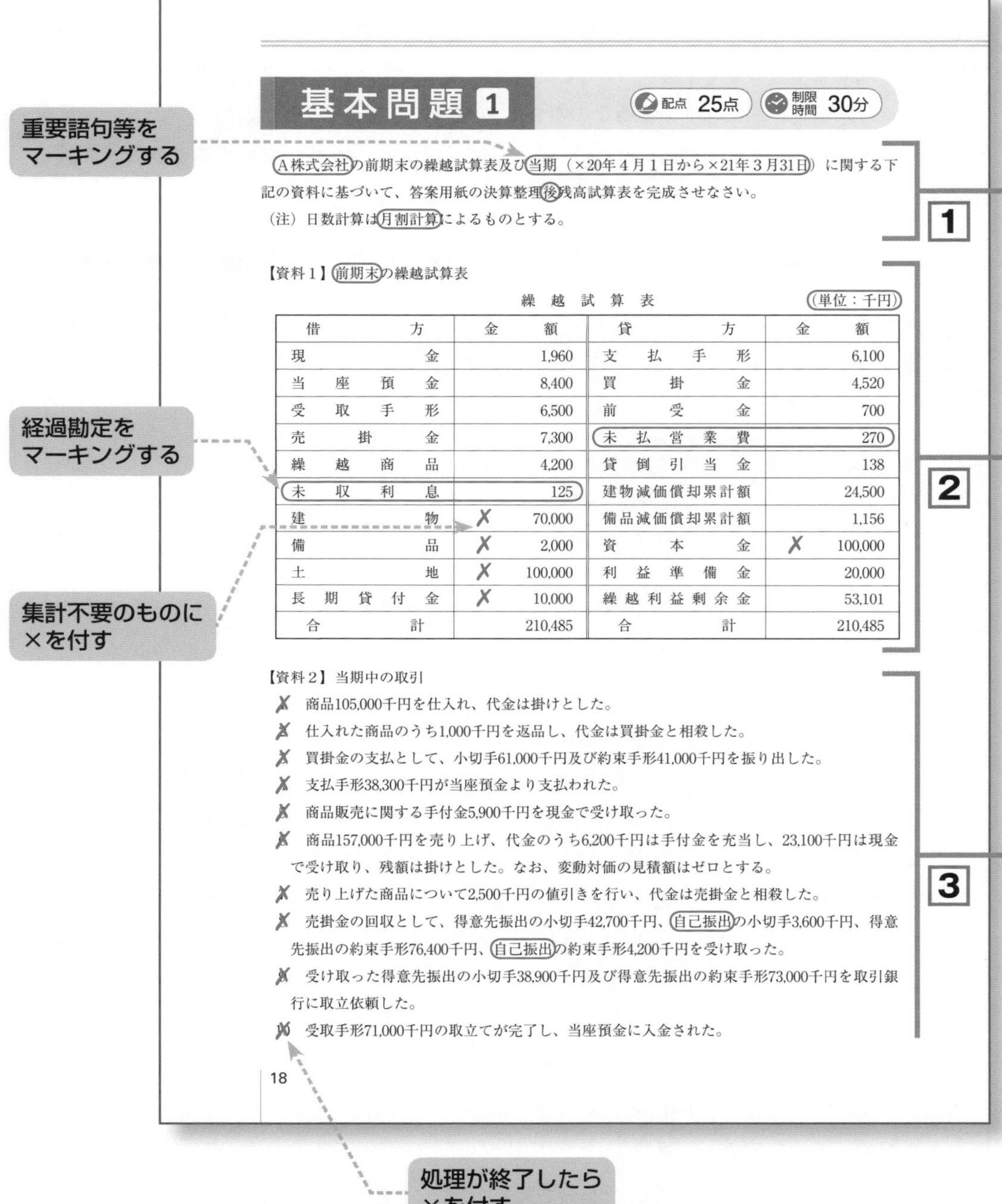

基本問題 1

配点 25点　制限時間 30分

A株式会社の前期末の繰越試算表及び当期（×20年４月１日から×21年３月31日）に関する下記の資料に基づいて、答案用紙の決算整理後残高試算表を完成させなさい。

（注）日数計算は月割計算によるものとする。

【資料１】前期末の繰越試算表

繰越試算表　（単位：千円）

借方	金額	貸方	金額
現金	1,960	支払手形	6,100
当座預金	8,400	買掛金	4,520
受取手形	6,500	前受金	700
売掛金	7,300	未払営業費	270
繰越商品	4,200	貸倒引当金	138
未収利息	125	建物減価償却累計額	24,500
建物	✗ 70,000	備品減価償却累計額	1,156
備品	✗ 2,000	資本金	✗ 100,000
土地	✗ 100,000	利益準備金	20,000
長期貸付金	✗ 10,000	繰越利益剰余金	53,101
合計	210,485	合計	210,485

【資料２】当期中の取引

✗ 商品105,000千円を仕入れ、代金は掛けとした。
✗ 仕入れた商品のうち1,000千円を返品し、代金は買掛金と相殺した。
✗ 買掛金の支払として、小切手61,000千円及び約束手形41,000千円を振り出した。
✗ 支払手形38,300千円が当座預金より支払われた。
✗ 商品販売に関する手付金5,900千円を現金で受け取った。
✗ 商品157,000千円を売り上げ、代金のうち6,200千円は手付金を充当し、23,100千円は現金で受け取り、残額は掛けとした。なお、変動対価の見積額はゼロとする。
✗ 売り上げた商品について2,500千円の値引きを行い、代金は売掛金と相殺した。
✗ 売掛金の回収として、得意先振出の小切手42,700千円、自己振出の小切手3,600千円、得意先振出の約束手形76,400千円、自己振出の約束手形4,200千円を受け取った。
✗ 受け取った得意先振出の小切手38,900千円及び得意先振出の約束手形73,000千円を取引銀行に取立依頼した。
✗ 受取手形71,000千円の取立てが完了し、当座預金に入金された。

18

1 全体像の把握

❶ 問題全体にざっと目を通す。問題構造が簿記一巡型であることはすぐに気がつく。
❷ 答案用紙をチェックしたあと、事業年度、月割計算の指示、金額の単位を確認する。
❸ 本問は量が少ないこともあり、以上のチェックに要した時間は30秒程度である。

2 前期末の繰越試算表

❶ 繰越試算表の勘定科目をチェックする。現金、当座預金、前受金に注意が必要だなと感じる。また、減価償却累計額があるのでこの段階で間接法と判明する。
❷ 2つの経過勘定について、再振替仕訳を忘れないようにマーキングする。
❸ 答案用紙に金額が記載されている建物等は集計不要であるから、それを示す×を付しておく。

3 当期中の取引

❶ 簿記一巡型の解答方法は「仕訳する→仕訳したものをＴ勘定で集計する」と決めているが、Ｔ勘定が必要となる勘定科目を把握するために期中取引の資料をざっと読む。ざっと読んだ結果、現金、当座預金、売上関連、仕入関連の増減が多いと判断し、計算用紙に、現金、当座預金、売上、受取手形、売掛金、仕入、支払手形、買掛金、前受金、貸倒引当金のＴ勘定を書くとともに、これらの期首の金額をＴ勘定に記入する。なお、勘定科目の並べ方は決めているのだが、これについては後述する。
❷ 計算用紙に営業費と受取利息のＴ勘定を書き、繰越試算表にマーキングした経過勘定について再振替仕訳を頭の中で考え（これは書かない）、営業費と受取利息のＴ勘定に金額を転記する。なお、経過勘定についてはＴ勘定を設けない。
❸ その他のＴ勘定は必要に応じて増やしていく。

11 受取手形2,000千円を取引銀行で割り引き、割引料50千円を差し引かれ、手取金は当座預金に入金した。なお、保証債務の時価は手形額面の1％とする。

12 期首売掛金のうち100千円が貸し倒れた。

13 受取手形2,400千円が、不渡りとなった。

14 上記11の割引手形が決済された旨の通知を受けた。

15 定時株主総会において、繰越利益剰余金の取崩しによって、金銭配当10,000千円及び利益準備金の積立1,000千円を行うことが決議された。なお、配当金は遅滞なく当座預金で支払われている。

16 現金22,100千円を当座預金に預け入れた。

17 営業費について、9,600千円を現金で、15,600千円を小切手を振り出して支払った。

18 長期貸付金に対する利息を現金で受け取った。長期貸付金10,000千円は前期の11月1日に貸し付けたものであり、貸付期間3年、利率は年3％、利息は毎年10月末日に1年分を受け取る契約となっている。

10,000×3％＝300

計算式を書いて計算する

3（続き）

基本問題 1

【資料3】決算整理事項

1 期末商品棚卸高は、帳簿棚卸高4,400千円、実地棚卸高4,300千円であった。棚卸減耗損のうち40％は原価性があり売上原価に含める。

2 固定資産の減価償却は、建物は耐用年数40年の定額法、備品は耐用年数8年の定率法（償却率0.250）により行っている。なお、残存価額はゼロである。

3 貸倒引当金は、受取手形及び売掛金の残高に対して1％相当額、不渡手形に対して70％相当額を引き当てる。なお、繰入は差額補充法による。

4 営業費について350千円、受取利息について（各自計算）千円の見越計上を行う。

処理未済のものは○を付す

4

借方	金額	貸方	金額
仕入	105,000	買掛	105,000
買掛	1,000	仕入	1,000
買掛	102,000	当預	61,000
		支手	41,000
支手	38,300	当預	38,300
現金	5,900	前受	5,900
前受	6,200	売上	157,000
現金	23,100		
売掛	127,700		
売上	2,500	売掛	2,500
現金	42,700	売掛	126,900
当預	3,600		
受手	76,400		
支手	4,200		

借方	金額	貸方	金額
当預	38,900	現金	38,900
当預	71,000	受手	71,000
当預	1,950	受手	2,000
損	50		
費用	20	保債	20
貸引	100	売掛	100
不手	2,400	受手	2,400
保債	20	取崩	20
繰利	11,000	当預	10,000
		利準	1,000
当預	22,100	現金	22,100
営業	25,200	現金	9,600
		当預	15,600
現金	300	受利	300

19

問題の余白に仕訳を書き転記したら消しておく

3 当期中の取引（続き）

❹ 次は、期中取引について問題文をじっくり読み、「ひとつひとつ仕訳を書き→仕訳したものをT勘定に転記する」という作業を繰り返すが、その際、決め事がいくつかある。

(a) 仕訳は問題の余白に書く。通常は、問題のちょっとした余白に書くのだが、本問では問題の２ページ目に大きな余白があったためここを使った。

(b) 仕訳→転記の作業はその都度行う。１つ仕訳したらその都度T勘定に転記をする。受験生時代、先に仕訳を全部書き、あとでまとめて転記する方法を試したところ、転記漏れが頻発したため、それ以降、仕訳→転記の作業はその都度行うことを徹底した。

(c) T勘定に転記したら、転記済みを示すため仕訳に線を引いて消しておく。これも、転記漏れを防止するための工夫である。

(d) １つの取引について仕訳→転記を終えたら、取引番号に終了を意味する×を付しておく。

❺ 手形売却損、保証債務費用、不渡手形、保証債務取崩益、繰越利益剰余金、利益準備金はT勘定を設けず、仕訳したあとすぐに答案用紙に金額を記入した。

4 決算整理事項

❶ 決算整理も基本的には「仕訳→転記」であるが、簿記一巡型では難しい決算整理は少ないため、決算整理仕訳については、簡単なものは頭の中で考え、複雑なものは仕訳を書くという方法を採っている。本問では決算整理仕訳は書かなかった（頭の中では仕訳を考えている）。

❷ 売上原価については、仕入/繰商、繰商/仕入などの仕訳は頭の中で考え、計算用紙の仕入勘定に直接金額を転記した。仕入勘定で売上原価を計算したあと、答案用紙の繰越商品、仕入、棚卸減耗損へ答えを記入した。

❸ 減価償却費は、計算式を書いて計算したあと、答案用紙の減価償却費、減価償却累計額へ答えを記入した。

❹ 貸倒引当金は売上債権の残高を計算しなければならないため、後に回した（処理未済を示すために取引番号に○印を付しておく）。

❺ 営業費と受取利息の見越計上を行う。未収利息は貸付金の増減がないのだから前期と同じ125千円だろうと思いながら一応計算する（やっぱり同じ）。いずれも仕訳は頭の中で考え、処理後は答案用紙の営業費、受取利息、未収利息、未払営業費に答えを記入した。

❻ 計算用紙にT勘定を設けた売上、売掛金、受取手形、現金、当座預金、支払手形、買掛金の勘定科目の残高を計算し、答案用紙に答えを記入した。

❼ 貸倒引当金の計算を行い、答案用紙の貸倒引当金繰入、貸倒引当金に答えを記入した。

❽ 最後に決算整理後残高試算表の合計を計算し、貸借の一致を確認して解答を終了した。以上で、解答時間26分である。

〔計算用紙〕

売上

借方	貸方
2,500	157,000

売掛

借方	貸方
7,300	2,500
127,700	126,900
	100

受手

借方	貸方
6,500	71,000
76,400	2,000
	2,400

現金

借方	貸方
1,960	38,900
5,900	22,100
23,100	9,600
42,700	
300	

支手

借方	貸方
38,300	6,100
4,200	41,000

買掛

借方	貸方
1,000	4,520
102,000	105,000

仕入

借方	貸方
105,000	1,000
4,200	4,400
40	

100＜ 40%　40 ／ 60%　60

前受

借方	貸方
6,200	700
	5,900

貸引

借方	貸方
100	138

当預

借方	貸方
8,400	61,000
3,600	38,300
38,900	10,000
71,000	15,600
1,950	
22,100	

保債

借方	貸方
20	20

減価償却費の計算

70,000÷40＝1,750
(2,000−1,156)×0.25＝211
} 1,961

貸倒引当金の計算

13,000×1％＝130
2,400×70％＝1,680
} 1,810−38＝1,772

営業

借方	貸方
25,200	270
350	

受利

借方	貸方
125	300
	125

$10,000 \times 3\% \times \frac{5}{12} = 125$

5 計算用紙

前述したように、勘定科目の並べ方は決めてある。現金預金、受取手形、売掛金、売上、支払手形、買掛金、仕入の７つの勘定については、現金預金を中心にして、左側が売上関係の科目、右側が仕入関係の科目を配置している。この並べ方には意味があって、売上関係でいえば、掛売上→売掛金を手形で回収→手形を現金預金で回収、という売上代金回収の流れに沿った並べ方になっている（この流れが理解できると、推定問題に強くなる）。

なお、本問では現金預金が現金と当座預金に分かれているが、その場合は左のページに示すように現金を上、当座預金を下にして（逆でもかまわない）、とにかく現金預金を中心におく。

前受金・前渡金がある場合には、前受金は売掛金の下、前渡金は買掛金の下、貸倒引当金は売上債権の近くに配置と、これらの勘定科目についても位置を決めてある。

このように、Ｔ勘定を並べる位置は決めておくべきである。配置場所は上記と同じでなくてもかまわないが、自分にとって解きやすい位置を見つけて、常に同じ場所に配置して解答することが重要である。

別の解答方法の考察

講師の解答方法について、「ずいぶん丁寧だな」と感じる人が多いと思う。また、期中取引の仕訳を全部書くことに対して、「この問題ならば仕訳は頭の中で考えたほうが速いのではないか」と感じる人もいると思うが、スピードより正確性を重視しているため、このような解答方法を採っている。ただし、この解答方法がベストと言うつもりはない。どんな解答方法であっても、要はきちんと答えが出せることが重要なのである。

では、別の解答方法について考察してみよう。論点としては、「仕訳」について、書くのかそれとも頭の中で考えるのかということと、「集計」についてどのような方法で集計するのかという２つに絞られる。

⑴　**仕訳をすべて書く。ただし、Ｔ勘定は設けないで仕訳だけで集計する。**

⑵　**仕訳は頭の中で考え（書かない）、それを直接Ｔ勘定に記入し、Ｔ勘定で集計する。**

⑶　**仕訳は⑴または⑵で行い、集計は前期末の繰越試算表に増減を記入して行う。**

⑷　**⑴から⑶を組み合わせて解答する。**

解答方法については、どれがベストの方法かを議論するのは無意味であり、自分にとってのベストの方法を見つけ出す以外にない。自分なりの方法が見つかるまでは講師のこのやり方をまねすることを薦める。まねをしているうちに自然と、「自分はこうしたほうが解きやすいな」といった、その人なりの個性が出てくるものである。

MEMO

基本問題 2

配点 50点　制限時間 60分

甲株式会社（以下「甲社」という。）の当期（自×20年４月１日至×21年３月31日）について、【資料１】に示す×21年３月31日現在の決算整理前残高試算表、【資料２】に示す修正及び決算整理事項に基づき、答案用紙の決算整理後残高試算表を完成させなさい。

（留意事項）

1　期間による計算が生ずる場合には月割り計算によるものとする。

2　利息の計算等については発生主義により計算を行うものとする。

3　消費税及び地方消費税（以下「消費税等」という。）の会計処理は税抜方式を採用している。資料中、（税込み）とある取引には消費税等10％が含まれている。それ以外の取引は消費税等を考慮しないものとする。

　なお、未払消費税等の計上に当たっては、仮払消費税と仮受消費税を相殺して計上する。

4　税効果会計については、「税効果会計を適用する」と記載されている項目についてのみ適用し、記述のない項目には適用しない。

　また、その適用に当たっては、法定実効税率を前期及び当期とも40％とする。

　なお、繰延税金資産と繰延税金負債は相殺しないこと。

5　法人税等及び法人税等調整額の合計額は税引前当期純利益に法定実効税率（40％）を乗じた金額とし、法人税等の金額は逆算で計算する。未払法人税等は、預金利息から控除された源泉所得税等及び法人税等の中間納付額を考慮して計算する。

6　問題文に勘定科目の指示がある場合には、その勘定科目に従うものとし、それ以外については答案用紙に示している適当な勘定科目により処理をする。

7　計算の結果、千円未満の端数が出た場合には四捨五入すること。

【資料１】　×21年３月31日現在の決算整理前残高試算表

（単位：千円）

借方		貸方	
科目	金額	科目	金額
現金預金	26,894	支払手形	26,400
受取手形	31,200	買掛金	93,600
売掛金	110,615	仮受消費税	84,500
繰越商品	58,400	貸倒引当金	1,510
仮払金	100	賞与引当金	6,800
仮払消費税	69,750	社債	58,440
仮払法人税等	10,256	退職給付引当金	67,600
建物	44,000	資本金	60,000
車両	5,350	利益準備金	15,000
器具備品	10,000	繰越利益剰余金	27,051
土地	85,000	売上	845,000
建設仮勘定	19,800	受取利息・配当金	1,016
投資有価証券	33,500	有価証券利息	100
繰延税金資産	30,736		
仕入	672,000		
営業費	78,836		
社債利息	450		
雑損失	130		
合計	1,287,017	合計	1,287,017

【資料２】　修正及び決算整理事項

1　現金預金に関する事項

(1)　決算整理前残高試算表の現金預金の内訳は次のとおりである。

現金	1,514千円
当座預金	15,820千円
その他の預金	9,560千円
合　計	26,894千円

(2)　決算日に会社の金庫を調査したところ、次のものが保管されていた。

紙幣及び硬貨	822千円
未渡小切手（買掛金）	672千円
得意先振出の小切手	483千円
W社社債の利札	（各自推定）千円
合　計	（各自推定）千円

現金について実際有高との差額について調査したところ、次の事実が判明した。その他の原因については不明であったため、所要の修正を行う。

①　広告宣伝費165千円（税込み）について未記帳である。

②　従業員の出張旅費の概算額100千円を仮払金に計上している。従業員は帰社後、経理部に領収書と残額の現金16千円を持参していたが、経理担当者が精算処理を忘れ未記帳である。

③　W社社債の利札（×21年３月31日の利払日に係るもの、下記５を参照）について、未記帳である。

(3)　当座預金のうち6,579千円はＡ銀行の当座預金出納帳の残高であり、銀行より送付された当座勘定照合表の残高8,695千円との差額について調査したところ、次の事実が判明した。

①　決算日に預け入れた売掛代金回収の小切手504千円が、時間外のため銀行側では翌日に入金処理されていた。

②　３月末に電話代（各自推定）千円（税込み）の自動引落しがあったが、決算日現在未記帳である。

③　買掛金の支払いのために振り出した小切手2,352千円について記帳していた。その内訳は未取付のもの1,680千円及び仕入先に未渡しのもの672千円であるため、所要の修正を行う。

④　銀行に預けていた代金取立依頼手形の期日落分400千円が取立済みであったが未処理である。

(4)　その他の預金のうち4,000千円について、×21年３月31日に前１年分の利息（利率：年0.5％）を受け取ったが、当社では入金された金額（源泉所得税等20％控除後）をもって受取利息・配当金に計上しているため、所要の修正を行う。

2　売掛金の残高確認に関する事項

(1)　Ｂ社に対する売掛金帳簿残高は3,780千円（税込み）であったが、Ｂ社の残高確認金額（回答額）は3,230千円（税込み）であった。この原因は、Ｂ社が期末日直前に返品した80個（仕入単価5,000円）であり、甲社ではまだ返品受入処理を行っていなかったためである。なお、変動対価に係る返金負債は計上していない。

(2)　Ｃ社に対する売掛金帳簿残高は1,265千円（税込み）であったが、Ｃ社からは残高確認の回答書が来なかった。調査したところ、Ｃ社はすでに倒産していることが分かった。Ｃ社に対する債権は、この売掛金（前期発生分）のみであり回収見込みがないため貸倒処理する。

3　商品に関する事項

決算日における商品の棚卸は次のとおりである。なお、上記2(1)の返品商品は両棚卸に含まれていない。

	数　量	単　価
帳簿棚卸：	11,200個	5,000円
実地棚卸：	11,000個	4,500円（注：正味売却価額である。）

(1)　帳簿棚卸数量と実地棚卸数量の差額について調査したところ、40個については見本品として提供したものであることが判明した。それ以外については棚卸減耗とする。

(2)　上記2(1)の返品商品80個については、配送中に外装が汚損してしまったため１個あたりの正味売却価額を2,000円として評価損を計上する。なお、この評価損については税務上損金算入が認められないため、税効果会計を適用する。

4　有形固定資産に関する事項

有形固定資産の減価償却の方法は定額法による。×08年３月31日以前に取得した有形固定資産については残存価額を取得原価の10%、×08年４月１日以後に取得した有形固定資産（資本的支出を含む。）については残存価額をゼロとする。

（単位：千円）

	取得原価	帳簿価額	耐用年数	事業供用日	補　足
建　　物	80,000	44,000	30年	×05年４月１日	（注）１参照
車　両　A	4,500	1,500	５年	×16年12月１日	（注）２参照
車　両　B	（　　　）	—	５年	×20年８月１日	（注）２参照
器具備品	12,000	10,000	10年	×18年８月１日	

（注）１　×20年４月１日、建物について大規模な改修を行い工事代金19,800千円（税込み）を支払ったが、当社では支払額をもって建設仮勘定に計上したのみである。改修後の見積残存耐用年数は25年であり、耐用年数延長部分は資本的支出として処理する。なお、減価償却は当初耐用年数30年を用いることとする。

2　×20年7月31日に車両Aを2,090千円（税込み）で下取りに出し、車両B5,940千円（税込み）を購入したが、追加支払額をもって車両に計上したのみである。

5　投資有価証券に関する事項

当期末に保有する社債及び株式は次のとおりである。当社は「満期保有目的の債券」の期末評価については、償却原価法（定額法）によっている。「その他有価証券」の期末評価については、市場価格のある株式は決算日の市場価格に基づく時価法（評価差額は全部純資産直入法により処理し、税効果会計を適用する。）、市場価格のない株式は原価法によっている。なお、市場価格のある有価証券については期末時価が、市場価格のない株式については対象会社の1株あたりの純資産額に株数を乗じた金額が、取得原価より50％以上下落した場合には減損処理を行うこととしている。なお、この減損処理額は税務上も損金算入が認められる。

銘　柄	数　　量	取得原価	1株（口）あたりの時価	1株（口）あたりの純資産額	摘　要
W社社債	100,000口	9,600千円	99円	130円	時価あり
X社株式	10,000株	7,400千円	800円	600円	時価あり
Y社株式	2,000株	6,000千円	2,800円	1,200円	時価あり
Z社株式	30,000株	10,500千円	―――	150円	時価なし

（注）1　W社社債は、×20年4月1日に額面1口100円あたり96円で満期まで保有する目的で取得したものである。償還期限は×25年3月31日、利払日は毎年9月30日及び3月31日、利率は年2％である。なお、取得原価と債券金額との差額はすべて金利調整差額と認められる。

2　X社株式、Y社株式及びZ社株式は、その他有価証券として保有しているものである。なお、期首における洗替処理は適正に行われている。

6　貸倒引当金に関する事項

受取手形及び売掛金の期末残高に対して貸倒引当金を設定している。貸倒見積額の算定にあたっては「一般債権」、「貸倒懸念債権」及び「破産更生債権等」に区分して行い、一般債権については過去の貸倒実績率に基づき受取手形及び売掛金の期末残高に対する1％相当額、貸倒懸念債権については債権総額から担保等処分見込額を控除した残額に対する50％相当額、破産更生債権等については債権総額から担保等処分見込額を控除した残額に対する100％相当額とする。

繰入れについては差額補充法により行う。

なお、決算整理前残高試算表の貸倒引当金は前期末残高であり、すべて一般債権に係るものである。

(1)　前期より回収遅延が生じていたD社に対する売掛金4,200千円について、当期末において一般債権から貸倒懸念債権に変更することとした。この債権に対しては担保等処分見込額はない。

(2) 得意先Ｅ社が、×20年12月に民事再生法の規定により再生手続の開始の申立てを行ったが、甲社は何ら処理していない。Ｅ社に対する債権は、受取手形2,100千円及び売掛金6,300千円であり、担保等処分見込額は3,000千円である。なお、同社に対する債権は金額に重要性があるため、破産更生債権等として計上する。

(3) 当期末における税務上の貸倒引当金繰入限度額は4,870千円であるため、貸倒引当金繰入限度超過額について税効果会計を適用する。

7　賞与引当金に関する事項

甲社は従業員賞与について支給見込額基準で計上している。支給対象期間は夏期賞与が12月１日から５月31日、冬期賞与が６月１日から11月30日である。

(1) 決算整理前残高試算表の賞与引当金は前期末に計上したものである。×20年６月10日の夏期賞与の支給時において、支給総額を営業費で処理しているため所要の修正を行う。

(2) 翌期の夏期賞与の支給見込額は12,600千円、冬期賞与の支給見込額は13,800千円であり、当期に属する金額を賞与引当金として計上する。

なお、税務上、賞与は支払時に損金算入されるため、賞与引当金繰入額に対して税効果会計を適用する。

8　社債に関する事項

×20年８月１日に額面60,000千円の社債を額面１口100円あたり98.5円で割引発行し、同額の払込みを受けた。償還期限は×25年７月31日である。利払いは毎年１月31日及び７月31日に年利1.5％を支払う。なお、発行に係る諸費用660千円（税込み）を支払っている。甲社は一連の会計処理について、払込金額と諸費用支払額の差額をもって社債に計上しているため所要の修正を行う。

額面と払込金額との差額は定額法による償却原価法により計算する。社債発行費は繰延資産として計上し、社債の償還までの期間にわたって定額法により償却する。

9　退職給付引当金に関する事項

甲社の退職給付制度は、退職一時金制度と企業年金制度を採用しており、「退職給付に係る会計基準」に基づいた処理を行っている。なお、当期における退職給付に関する処理は、支出額を営業費に計上したのみである。

(1)　期首の状況

退職給付債務	190,000千円
年金資産	114,000千円
未認識数理計算上の差異	3,600千円
未認識過去勤務費用	4,800千円
退職給付引当金	67,600千円

(2)　退職給付費用に関する状況

①　勤務費用　10,800千円

②　割引率　1.5％

③　長期期待運用収益率　１％

④　未認識数理計算上の差異は、前期に年金資産の実際運用収益が期待運用収益を下回ったために発生したものであり、発生年度の翌年度より償却するものとし、償却期間は５年（定額法）である。

⑤　過去勤務費用は、×17年４月１日に退職給付水準を引き上げたことにより発生したものであり、償却期間は15年（定額法）である。

(3)　当期の退職給付の状況

①　一時金支給額　4,400千円

②　年金支給額　　6,800千円

(4)　当期の掛金拠出額は7,500千円である。

(5)　退職給付引当金は、税務上、全額否認されるため、税効果会計を適用する。

解答

※□内の数字は配点を示す。

決算整理後残高試算表

（単位：千円）

借方			貸方		
科目		金額	科目		金額
現金預金	2	27,725	支払手形		26,400
受取手形	2	28,700	買掛金	1	94,272
売掛金	2	102,500	未払消費税等	1	12,348
繰越商品	2	49,660	未払法人税等	1	12,624
建物	2	48,560	未払費用	1	150
車両	2	4,680	貸倒引当金	1	8,770
器具備品	2	8,800	賞与引当金	1	8,400
土地		85,000	社債	1	59,220
破産更生債権等	2	8,400	退職給付引当金	1	69,330
投資有価証券	2	27,780	繰延税金負債	1	240
繰延税金資産	2	32,908	資本金		60,000
社債発行費	1	520	利益準備金		15,000
仕入	1	674,000	繰越利益剰余金		27,051
見本品費	1	200	その他有価証券評価差額金	1	120
商品評価損	1	5,740	売上	1	844,500
棚卸減耗費	1	800	受取利息・配当金	1	1,020
営業費	1	71,290	有価証券利息	1	280
減価償却費	1	4,860	車両売却益	1	700
貸倒引当金繰入	1	8,410	法人税等調整額	1	2,012
賞与引当金繰入	1	8,400			
退職給付費用	1	13,630			
社債利息	1	720			
社債発行費償却	1	80			
投資有価証券評価損	1	6,000			
雑損失	1	190			
法人税等	1	22,884			
合計		1,242,437	合計		1,242,437

【配　点】 1 ×30カ所＝30点　2 ×10カ所＝20点　合計50点

解答への道

（単位：千円）

1　現金預金

(1)　現金

①　広告宣伝費

（営業費）※１	150	（現金預金）	165
（仮払消費税）※２	15		

※１　$165 \times \frac{1}{1.1} = 150$

※２　$165 \times \frac{0.1}{1.1} = 15$

②　出張旅費の精算

（現金預金）	16	（仮払金）	100
（営業費）※	84		

※　差額

③　W社社債の利札

（現金預金）	100	（有価証券利息）※	100

※　債券金額@100円×100,000口×２％×$\frac{6\text{月}}{12\text{月}} = 100$

④　現金過不足

（雑損失）	60	（現金預金）※	60

※　帳簿残高：1,514－165＋16＋100＝1,465
　　実際有高：紙幣及び硬貨822＋得意先振出小切手483＋利札100＝1,405　（△60）

(2)　当座預金

①　時間外預入　⇨　銀行側調整（仕訳なし）

②　引落未記帳

（営業費）※２	120	（現金預金）※１	132
（仮払消費税）※３	12		

※１　下記⑥参照

※２　$132 \times \frac{1}{1.1} = 120$

※３　$132 \times \frac{0.1}{1.1} = 12$

③　未取付小切手　⇨　銀行側調整（仕訳なし）

④　未渡小切手

（現金預金）	672	（買掛金）	672

⑤　振込未記帳

（現金預金）	400	（受取手形）	400

⑥　銀行勘定調整表

銀行勘定調整表

	当座預金出納帳	6,579	当座勘定照合表	8,695
差額⇨	引落未記帳	（△ 132）	時間外預入	＋ 504
	未渡小切手	＋ 672	未取付小切手	△ 1,680
	振込未記帳	＋ 400		
	修正後残高	7,519	修正後残高	7,519

(3)　その他の預金

①　適正な仕訳

(現金預金)※3	16	(受取利息・配当金)※1	20
(仮払法人税等)※2	4		

※1　4,000×0.5％＝20

※2　20×20％＝4

※3　差額

②　甲社が行った仕訳

(現金預金)	16	(受取利息・配当金)	16

③　修正仕訳（①－②）

(仮払法人税等)	4	(受取利息・配当金)	4

2　売掛金の残高確認

(1)　売上返品

(売上)※2	500	(売掛金)※1	550
(仮受消費税)※3	50		

※1　売掛金帳簿残高3,780－B社残高確認金額3,230＝550

※2　$550 \times \frac{1}{1.1} = 500$

※3　$550 \times \frac{0.1}{1.1} = 50$

(2)　貸倒れ

(貸倒引当金)※1	1,150	(売掛金)	1,265
(仮受消費税)※2	115		

※1　$1{,}265 \times \frac{1}{1.1} = 1{,}150$

※2　$1{,}265 \times \frac{0.1}{1.1} = 115$

3　商品

(1)　他勘定振替

(見本品費)※	200	(仕入)	200

※　@5,000円×40個＝200

(2) 売上原価の算定

(仕　　　　入)	58,400	(繰　越　商　品)	58,400
(繰　越　商　品)※	56,200	(仕　　　　入)	56,200

※　修正後帳簿棚卸数量：11,200個＋返品80個－見本品40個＝11,240個
　　期末帳簿棚卸高：@5,000円×11,240個＝56,200

(3) 期末評価

(棚　卸　減　耗　費)※1	800	(繰　越　商　品)※3	6,540
(商　品　評　価　損)※2	5,740		

※1　修正後実地棚卸数量：11,000個＋返品80個＝11,080個
　　@5,000円×(修正後帳簿11,240個－修正後実地11,080個)＝800

※2　①　(原価@5,000円－正味売却価額@2,000円)×80個＝240
　　②　(原価@5,000円－正味売却価額@4,500円)×(修正後実地11,080個－汚損品80個)＝5,500
　　③　①＋②＝5,740

※3　借方合計

4　有形固定資産

(1) 建物

①　改修工事の修正

(a) 適正な仕訳

(建　　　　物)※1	7,200	(現　金　預　金)	19,800
(営　業　費)※1	10,800		
(仮　払　消　費　税)※2	1,800		

※1　①　工事代金：$19,800\times\frac{1}{1.1}=18,000$

　　②　資本的支出：$18,000\times\frac{\text{延長10年}}{\text{見積残存耐用年数25年}}=7,200$

　　③　収益的支出：18,000－7,200＝10,800

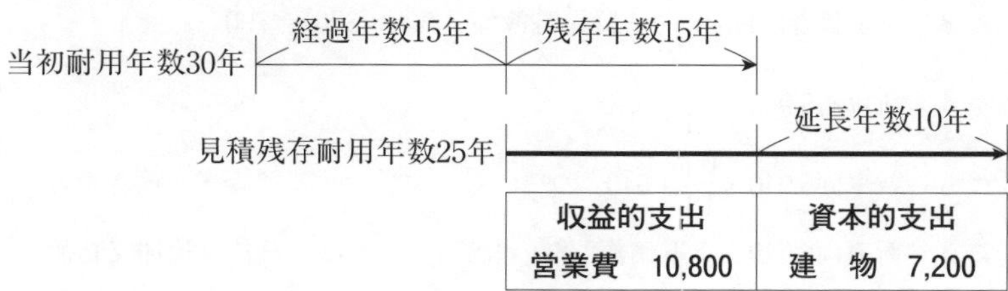

※2　$19,800\times\frac{0.1}{1.1}=1,800$

(b) 甲社が行った仕訳

(建設仮勘定)	19,800	(現金預金)	19,800

(c) 修正仕訳 ((a)−(b))

(建物)	7,200	(建設仮勘定)	19,800
(営業費)	10,800		
(仮払消費税)	1,800		

② 減価償却

(減価償却費)※	2,640	(建物)	2,640

※ 既存分：$80,000 \times 0.9 \times \frac{1年}{30年} = 2,400$
資本的支出分：$7,200 \times \frac{1年}{30年} = 240$
} 合計2,640

(注) 既存分及び資本的支出分の減価償却は、問題の指示に従い当初耐用年数30年で計算を行う。また、資本的支出分の残存価額は、問題の指示に従いゼロとして計算を行う。

(2) 車両

① 買換の修正

(a) 適正な仕訳

(減価償却費)※1	300	(車両)	1,500
(車両)※4	5,400	(仮受消費税)※2	190
(仮払消費税)※5	540	(車両売却益)※3	700
		(現金預金)※6	3,850

※1 $4,500 \times \frac{1年}{5年} \times \frac{4月}{12月} = 300$

※2 下取価額$2,090 \times \frac{0.1}{1.1} = 190$

※3 下取価額$2,090 \times \frac{1}{1.1}$ − 買換時簿価$(1,500 - 300) = 700$

※4 新車両$5,940 \times \frac{1}{1.1} = 5,400$

※5 新車両$5,940 \times \frac{0.1}{1.1} = 540$

※6 新車両5,940 − 下取価額2,090 = 3,850　または　差額（追加支払額）

(b) 甲社が行った仕訳

(車両)	3,850	(現金預金)	3,850

(c) 修正仕訳 ((a)−(b))

(減価償却費)	300	(仮受消費税)	190
(仮払消費税)	540	(車両売却益)	700
(車両)	50		

② 減価償却

（減価償却費）※	720	（車　両）	720

※ $5{,}400 \times \frac{1年}{5年} \times \frac{8月}{12月} = 720$

（注）×08年４月１日以後に取得した有形固定資産であるため、問題の指示に従い残存価額をゼロとして減価償却を行う。

⑶ 器具備品

（減価償却費）※	1,200	（器具備品）	1,200

※ $12{,}000 \times \frac{1年}{10年} = 1{,}200$

5　投資有価証券

⑴ W社社債（利札については上記１⑴③参照）

（投資有価証券）※	80	（有価証券利息）	80

※ （債券金額@100円×100,000口－取得原価9,600）× $\frac{12月}{60月}$ ＝80

⑵ X社株式

（投資有価証券）※１	600	（繰延税金負債）※２	240
		（その他有価証券評価差額金）※３	360

※１ 取得原価：　7,400
　当期末時価：@800円×10,000株＝8,000
　＋600（評価差益）

※２ 600×40％＝240

※３ 600－税効果相当額240＝360

⑶ Y社株式

（繰延税金資産）※２	160	（投資有価証券）※１	400
（その他有価証券評価差額金）※３	240		

※１ 取得原価：　6,000
　当期末時価：@2,800円×2,000株＝5,600
　△400（評価差損）

※２ 400×40％＝160

※３ 400－税効果相当額160＝240

（注）１株あたりの純資産額に株数を乗じた金額（実質価額）は2,400（@1,200×2,000株）であるため、取得原価の50％以上下落している。しかし、Y社株式は市場価格のある株式であるため減損処理（実価法）は行わないことに留意する。

⑷ Z社株式

（投資有価証券評価損）	6,000	（投資有価証券）※	6,000

※ ① 減損処理の判定

(a) １株あたりの純資産額に株数を乗じた金額：@150円×30,000株＝4,500（実質価額）

(b) 取得原価の50％：10,500×50％＝5,250

(c) (a)≦(b)　∴　減損処理を行う。

② 減損処理

取得原価：　10,500 ─┐
当期末実質価額：　4,500 ◀┘ △6,000（評価差損）

6　貸倒引当金

(1) 破産更生債権等勘定への振替

(破産更生債権等)※	8,400	(受取手形)	2,100
		(売掛金)	6,300

※　貸方合計

(2) 貸倒引当金の設定

(貸倒引当金繰入)※	8,410	(貸倒引当金)	8,410

※ ①　貸倒見積高

(a) 破産更生債権等：{(受取手形2,100＋売掛金6,300)－担保処分見込額3,000}×100％＝5,400

(b) 貸倒懸念債権：売掛金4,200×50％＝2,100

(c) 一般債権：{受取手形（前T/B31,200－400－破産2,100）＋売掛金(前T/B110,615－550－1,265－破産6,300－懸念4,200)}×１％＝1,270

(d) (a)＋(b)＋(c)＝8,770

② 繰入額：8,770－(前T/B貸引1,510－1,150)＝8,410

7　賞与引当金

(1) 当期支給分の修正

① 適正な仕訳

(賞与引当金)※	6,800	(現金預金)	×××
(営業費)	×××		

※　前T/B賞与引当金

② 甲社が行った仕訳

(営業費)	×××	(現金預金)	×××

③ 修正仕訳（①－②）

(賞与引当金)	6,800	(営業費)	6,800

(2) 当期負担分の計上

(賞与引当金繰入)※	8,400	(賞与引当金)	8,400

※　夏期支給見込額12,600×$\frac{4月}{6月}$＝8,400

8　社債

(1) 発行時の修正

(a) 適正な仕訳

(現金預金)※２	58,440	(社債)※１	59,100
(社債発行費)※３	600		
(仮払消費税)※４	60		

※1　$60{,}000 \times \frac{@98.5円}{@100円} = 59{,}100$

※2　59,100－発行に係る諸費用660＝58,440

※3　$660 \times \frac{1}{1.1} = 600$

※4　$660 \times \frac{0.1}{1.1} = 60$

(b)　甲社が行った仕訳

（現　金　預　金）	58,440	（社　　　債）	58,440

(c)　修正仕訳（(a)－(b)）

（社　債　発　行　費）	600	（社　　　債）	660
（仮　払　消　費　税）	60		

(2)　金利調整差額の償却

（社　債　利　息）	120	（社　　　債）※	120

※　$(60{,}000 - 59{,}100) \times \frac{8月}{60月} = 120$

(3)　利息の見越計上

（社　債　利　息）※	150	（未　払　費　用）	150

※　$60{,}000 \times 1.5\% \times \frac{2月}{12月} = 150$

(4)　社債発行費の償却

（社債発行費償却）※	80	（社　債　発　行　費）	80

※　$600 \times \frac{8月}{60月} = 80$

9　退職給付引当金

(1)　退職給付費用

（退　職　給　付　費　用）※	13,630	（退職給付引当金）	13,630

※　勤務費用：10,800
利息費用：190,000×1.5％＝2,850
期待運用収益：114,000×１％＝1,140（△）
数理差異の費用処理（損失）：$3{,}600 \times \frac{1年}{5年} = 720$
過去勤務の費用処理（損失）：$4{,}800 \times \frac{1年}{15年-3年} = 400$
合計13,630

未積立退職給付債務

年　金　資　産		退職給付債務
	114,000	
未認識数理差異※1	**3,600**	
未認識過去勤務※2	4,800	
退職給付引当金	67,600	190,000

※1　「実際運用収益が期待運用収益を下回ったために発生」したため、損失となる。

※2　「退職給付水準を引き上げたことにより発生」したため、損失となる。

(2) 支払額の修正

(退職給付引当金)※	11,900	(営業費)	11,900

※ 一時金支給4,400＋掛金拠出額7,500＝11,900

10 消費税等

(仮受消費税)※1	84,525	(仮払消費税)※2	72,177
		(未払消費税等)※3	12,348

※1 前T/B84,500－50－115＋190＝84,525

※2 前T/B69,750＋15＋12＋1,800＋540＋60＝72,177

※3 差額

11 税効果会計（洗替法）

(法人税等調整額)	30,736	(繰延税金資産)※1	30,736
(繰延税金資産)※2	32,748	(法人税等調整額)	32,748

※1 前T/Bより

※2 商品評価損損金不算入 240
貸倒引当金繰入限度超過額 8,770－4,870＝3,900
賞与引当金繰入限度超過額 8,400
退職給付引当金繰入限度超過額 69,330
} ×40％＝32,748

12 法人税等

(法人税等)※1	22,884	(仮払法人税等)※2	10,260
		(未払法人税等)※3	12,624

※1 税引前当期純利益：収益合計846,500－費用合計794,320＝52,180
52,180×40％＋法人税等調整額2,012＝22,884

※2 前T/B仮払法人税等10,256＋源泉所得税等 4 ＝10,260

※3 差額

本問のポイント

本問は、本試験の第三問対策としての入門的な問題である。

本問の問題構造は「**決算整理型**」であり、解答作業は下記に示すように単純である。

決算整理前残高試算表→決算整理仕訳→決算整理後残高試算表

本問のポイントは、次の３つである。

⑴　**決算整理仕訳ができるか**
⑵　**仕訳したものをどのように集計するか**
⑶　**解答スピード**

⑴については、「まず仕訳ができないと話にならない」というのは当然のことであるが、「どの程度仕訳を書くか」については悩んでいる人が多いと思う。これについては、「簡単なものも難しいものも、できる限り仕訳を書いて解答すべき」というのが結論である。しかし、「簡単なものまで仕訳を書くのは時間のロスではないか？」という疑問があると思う。たとえば本問の賞与引当金について、（借）賞与引当金 6,800（貸）営業費 6,800という修正仕訳を行う。これは簡単である。簡単であるが、仕訳を書かないと貸方の営業費をつい忘れてしまうことがある。そのようなミスを無くすためには、仕訳を書くのが一番である。

⑵については、大別して、①整理前Ｔ/Ｂに＋△記入して集計、②計算用紙にＴ勘定を設けて集計、の２つの方法がある。②については、計算用紙にＴ勘定を設けて決算整理前の金額を記入する作業が必要であり、その分だけ①より多少時間がかかる。どちらが優れているかという議論は意味がなく、これは各人の好みであるが、①でやると＋△を間違えるという人は②が向いているかもしれない。筆者は、基本的に①であるが、売上原価は仕入勘定、固定資産や有価証券のように表があるものは表で集計というようにしている。どのように集計するかについては各人の工夫が必要である。

⑶については、「ひとつひとつは難しくないが、ぜんぜん時間が足りない」という人はスピード不足であると言える。解答スピードは練習量で決まるため、もう少し練習量を増やす必要があるだろう。しかし、「スピード」ばかり気にしてミス連発というのは困る。たとえば、50分で法人税等まで計算したがミス連発で38点という人は急ぎすぎである。少しスピードを緩めて精度を上げる解き方をする必要がある。なお、「慎重に解答すると時間がかかる。スピードを上げるとミスが出る」というジレンマに陥っている人がいると思うが、本試験は「基本問題でミスしない」ことが重要であるため、まずは精度を優先すべきである。

本問は講師が解いて、解答時間59分で得点は48点であった。解答できなかったのは法人税等の計算である。残り１分では無理だなと思い法人税等は諦めた。

60分で45点を目標にしてほしい。

講師の解答方法

基本問題 2

配点 50点

甲株式会社（以下「甲社」という。）の当期（自×20年４月１日至×21年３月31日）について、【資料１】に示す×21年３月31日現在の決算整理前残高試算表、【資料２】に示す修正及び決算整理事項に基づき、答案用紙の決算整理後残高試算表を完成させなさい。

（留意事項）

1　期間による計算が生ずる場合には月割り計算によるものとする。

2　利息の計算等については発生主義により計算を行うものとする。

3　消費税及び地方消費税（以下「消費税等」という。）の会計処理は税抜方式を採用している。資料中、（税込み）とある取引には消費税等10%が含まれている。それ以外の取引は消費税等を考慮しないものとする。

　なお、未払消費税等の計上に当たっては、仮払消費税と仮受消費税を相殺して計上する。

4　税効果会計については、「税効果会計を適用する」と記載されている項目についてのみ適用し、記述のない項目には適用しない。

　また、その適用に当たっては、法定実効税率を前期及び当期とも40%とする。

　なお、繰延税金資産と繰延税金負債は相殺しないこと。

5　法人税等及び法人税等調整額の合計額は税引前当期純利益に法定実効税率（40%）を乗じた金額とし、法人税等の金額は逆算で計算する。未払法人税等は、預金利息から控除された源泉所得税等及び法人税等の中間納付額を考慮して計算する。

6　問題文に勘定科目の指示がある場合には、その勘定科目に従うものとし、それ以外については答案用紙に示している適当な勘定科目により処理をする。

7　計算の結果、千円未満の端数が出た場合には四捨五入すること。

1

基本問題 2

1 全体像の把握

❶ 問題全体にざっと目を通し、問題構造と解答要求事項をチェックする。問題構造は前T/Bをスタートとして、そのあとは決算整理の資料。解答要求事項は後T/Bということで、典型的な決算整理型の一般総合問題だ。

❷ 決算整理事項についてもざっと目を通す。少々量が多いなと感じる。しかし、よく見かけるような資料が並んでおり、難易度の高い問題ではなさそうだという印象を受ける。しかし、問題の難易度は見ただけではわからないため、気は抜かない。

❸ 問題の全体像を把握した後、問題のはじめの部分を読んでいく。事業年度、留意事項に書いてある月割り計算、消費税等、税効果会計や端数処理に関する指示などについてマーキングをしながら読んでいく。

法人税等は、税引前当期純利益に40%を乗じる本試験でお馴染みのパターンだ。まあ、ここまで計算するのは無理だろうなと思う。

これらの前提条件や重要事項等についてチェックが終わった後、前T/Bに移る。ここまでに要した時間は２分程度である。

【資料１】 ×21年３月31日現在の決算整理前残高試算表

（単位：千円）

借方			貸方		
科目	金額		科目	金額	
現金預金	+831	26,894	支払手形	✗	26,400
受取手形	△400 △2,100	31,200	買掛金	+672	93,600
売掛金	△1,815 △6,300	110,615	仮受消費税		84,500
繰越商品		58,400	貸倒引当金	△1,150	1,510
仮払金	△100	100	~~賞与引当金~~		~~6,800~~
仮払消費税		69,750	社債		58,440
仮払法人税等	+4	10,256	退職給付引当金		67,600
建物		44,000	資本金	✗	60,000
車両		5,350	利益準備金	✗	15,000
器具備品		10,000	繰越利益剰余金	✗	27,051
土地	✗	85,000	売上	△500	845,000
建設仮勘定		19,800	受取利息・配当金	+4	1,016
投資有価証券		33,500	有価証券利息	+100 +80	100
繰延税金資産		30,736			
仕入		672,000			
営業費	+234 +120	78,836	+10,800 △11,900 △6,800		
社債利息	+270	450			
雑損失	+60	130			
合計		1,287,017	合計		1,287,017

2

34

営業費の増減が多いため
ここに記入している

2 決算整理前残高試算表

決算整理の作業に入る前に、前Ｔ/Ｂの勘定科目をチェックする。勘定科目が少ないなというのが第一印象だ。以下の作業・確認を行った。

❶ 資産と費用の境界線、負債・純資産・収益の境界線に線を引いた。
❷ 有形固定資産について減価償却累計額がないことから、記帳方法は直接法とわかる。
❸ 賞与引当金は前期末計上額のままであろうことは見当がつく。
❹ 仮払消費税と仮受消費税が計上されている。
❺ 仮払法人税等が計上されている。
❻ 建設仮勘定が計上されている。
❼ その他の勘定科目は読み流した。
❽ 答案用紙の後Ｔ/Ｂに金額が記入されている勘定科目に×印を付した。

以上の作業・確認に要した時間は１分程度である。

銀行勘定調整表の差額で各自推定を算定する

現金の実際有高

仕訳の現預を集計して純増減額を算定する

【資料２】　修正及び決算整理事項

1　現金預金に関する事項

(1)　決算整理前残高試算表の現金預金の内訳は次のとおりである。

現金	1,514千円
当座預金	15,820千円
その他の預金	9,560千円
合　計	26,894千円

8,695	6,579
＋ 504	△(132)
△1,680	＋ 672
	＋ 400
7,519	7,519

(2)　決算日に会社の金庫を調査したところ、次のものが保管されていた。

紙幣及び硬貨	822千円
未渡小切手（買掛金）	672千円
得意先振出の小切手	483千円
W社社債の利札	（各自推定）千円　100
合　計	（各自推定）千円

1,405

現　金

1,514	165
16	1,465
100	

~~雑損 60~~ ／ 現預 60

現金について実際有高との差額について調査したところ、次の事実が判明した。その他の原因については不明であったため、所要の修正を行う。

~~営業 150~~ ／ 現預 165
~~消費 15~~

①　広告宣伝費165千円（税込み）について未記帳である。

②　従業員の出張旅費の概算額100千円を仮払金に計上している。従業員は帰社後、経理部に領収書と残額の現金16千円を持参していたが、経理担当者が精算処理を忘れ未記帳である。

~~営業 84~~ ／ ~~仮払 100~~
現預 16

③　W社社債の利札（×21年３月31日の利払日に係るもの、下記５を参照）について、未記帳である。

現預 100 ／ ~~有利 100~~

(3)　当座預金のうち6,579千円はＡ銀行の当座預金出納帳の残高であり、銀行より送付された当座勘定照合表の残高8,695千円との差額について調査したところ、次の事実が判明した。

①　決算日に預け入れた売掛代金回収の小切手504千円が、時間外のため銀行側では翌日に入金処理されていた。

②　３月末に電話代（各自推定）千円（税込み）の自動引落しがあったが、決算日現在未記帳である。

~~営業 120~~ ／ 現預 132
~~消費 12~~

③　買掛金の支払いのために振り出した小切手2,352千円について記帳していた。その内訳は未取付のもの1,680千円及び仕入先に未渡しのもの672千円であるため、所要の修正を行う。

現預 672 ／ ~~買掛 672~~

④　銀行に預けていた代金取立依頼手形の期日落分400千円が取立済みであったが未処理である。

現預 400 ／ ~~受手 400~~

(4)　その他の預金のうち4,000千円について、×21年３月31日に前１年分の利息（利率：年0.5%）を受け取ったが、当社では入金された金額（源泉所得税等20%控除後）をもって受取利息・配当金に計上しているため、所要の修正を行う。

~~法人 4~~ ／ ~~受利 4~~

基本問題２

3

35

3 現金預金に関する事項

❶ 現金預金の資料だけでまるまる1ページある。「こりゃ難問かな」と感じた。まず、⑴の内訳を見て、合計が前T/Bの金額と一致していることを確認する。⑵以降の資料を見ると、現金、当座預金、その他の預金に関しての資料がある。これはひとつひとつやっていく以外にないと決めた。

❷ 現金については、金庫に保管されていたものを確認したあと、未処理と誤処理の仕訳を書いていく。①は未記帳だから普通に仕訳する。広告宣伝費の勘定科目については前T/Bと後T/Bを確認して営業費とする。②も未記帳なので普通に仕訳する。出張旅費も営業費だ。③については、有価証券の資料を見る。当期首に購入し額面金額を計算すると10,000、年2％で利払日は9月末と3月末、半年分の利息を計算すると100、前T/Bを見ると有価証券利息100でこれは9月末に計上した分だ。以上を確認して仕訳を書く。つぎに、現金のT勘定を書いて仕訳したものを転記し、修正後帳簿残高1,465を計算する。それから、現金の実際有高を算定する。紙幣及び硬貨、得意先振出の小切手、社債の利札の3つだ。マーキングして合計額1,405を計算する。1,465と1,405の差額60が現金過不足で、これは雑損失となる。仕訳を書く。

❸ 当座預金は各自推定があるので銀行勘定調整表が必要だ。問題余白に銀行勘定調整表を作る。仕訳を書き、銀行勘定調整表に加減記入をしていく。ただし、各自推定については仕訳は勘定科目だけを書き金額部分はブランクにしておく。未渡小切手については、現金の資料と金額が一致していることを確認する。最後に、銀行勘定調整表の差額で各自推定132を算出し仕訳に金額を記入する。

❹ その他の預金については、源泉所得税部分だけが未処理になっている。仕訳を書くがこれに関しては現金預金の増減はない。

❺ 現金預金以外の勘定科目について前T/Bに加減記入するが、消費税は計算用紙にT勘定を設けて集計を行う。

❻ 現金預金の集計については、集計漏れをしないように現金預金にマーキングをしてから純増減額を計算する。前T/Bに加算記入後、答えを記入した。

ここで時計を見ると開始から16分が経過している。現金預金に13分使ったことになる。難しくはないが量があるため少々しんどい問題であった。

~~売上 500~~ / ~~売掛 550~~
~~消費 50~~

2　売掛金の残高確認に関する事項

(1)　B社に対する売掛金帳簿残高は3,780千円（税込み）であったが、B社の残高確認金額（回答額）は3,230千円（税込み）であった。この原因は、B社が期末日直前に返品した80個（仕入単価5,000円）であり、甲社ではまだ返品受入処理を行っていなかったためである。なお、変動対価に係る返金負債は計上していない。

(2)　C社に対する売掛金帳簿残高は1,265千円（税込み）であったが、C社からは残高確認の回答書が来なかった。調査したところ、C社はすでに倒産していることが分かった。C社に対する債権は、この売掛金（前期発生分）のみであり回収見込みがないため貸倒処理する。

~~消費 115~~ / ~~売掛 1,265~~
~~貸引 1,150~~

4

3　商品に関する事項

決算日における商品の棚卸は次のとおりである。なお、上記2(1)の返品商品は両棚卸に含まれていない。

	数　量	単　価
帳簿棚卸：	+80　11,200個　△40	5,000円
実地棚卸：	+80　11,000個	4,500円（注：正味売却価額である。）

(1)　帳簿棚卸数量と実地棚卸数量の差額について調査したところ、40個については見本品として提供したものであることが判明した。それ以外については棚卸減耗とする。

(2)　上記2(1)の返品商品80個については、配送中に外装が汚損してしまったため1個あたりの正味売却価額を2,000円として評価損を計上する。なお、この評価損については税務上損金算入が認められないため、税効果会計を適用する。

返品商品は帳簿と実地にプラスし、見本品は帳簿からマイナスする

5

4　有形固定資産に関する事項

有形固定資産の減価償却の方法は定額法による。×08年3月31日以前に取得した有形固定資産については残存価額を取得原価の10%、×08年4月1日以後に取得した有形固定資産（資本的支出を含む。）については残存価額をゼロとする。

（単位：千円）

	取得原価	帳簿価額	耐用年数	事業供用日	補　足	
		+7,200				2,400　240
建　　物	80,000	44,000	30年	×05年4月1日	（注）1参照	④300
車 両 A	4,500	1,500	5年	×16年12月1日	（注）2参照	⑧720
車 両 B	(5,400)	—	5年	×20年8月1日	（注）2参照	1,200
器具備品	12,000	10,000	10年	×18年8月1日		

（注）1　×20年4月1日、建物について大規模な改修を行い工事代金19,800千円（税込み）を支払ったが、当社では支払額をもって建設仮勘定に計上したのみである。改修後の見積残存耐用年数は25年であり、耐用年数延長部分は資本的支出として処理する。なお、減価償却は当初耐用年数30年を用いることとする。

資本的支出は帳簿価額にプラスする

新車両の取得原価を記入する

6

4 売掛金の残高確認に関する事項

❶ (1)は売上返品の未処理である。「返金負債は計上していない」とあるため通常の返品仕訳を行う。仕訳は簡単だが、問題は80個の取扱いだ。次の商品の資料を見ると、「返品商品は両棚卸に含まれていない」とある。これは明確な指示だ。この段階で帳簿棚卸数量と実地棚卸数量の両方に＋80と記入する。

❷ (2)は貸倒処理の未処理である。仕訳を書く。

❸ 売掛金、売上、貸倒引当金は前T/Bに減算記入し、消費税は計算用紙のT勘定に転記する。

5 商品に関する事項

❶ 帳簿棚卸数量と実地棚卸数量の差は200個であるが、うち40個は見本品40個であるため棚卸減耗は160個になる。なお、見本品については未処理であるとは明確に書いてはないが、後T/Bに見本品費があることから未処理であると判断できる。

❷ 売上原価等については計算用紙に仕入勘定を書いて計算することにした。見本品については貸方の仕入を忘れやすいため、これだけは仕訳を書く。

❸ 期末商品について、帳簿棚卸高、棚卸減耗、評価損の順で計算していく。評価損は返品商品の分と良品の分があるため慎重に計算する。

❹ 売上原価を計算したあと、繰越商品、仕入、見本品費、商品評価損、棚卸減耗費に答えを記入する。

❺ 返品商品の評価損は税効果の対象となるため、計算用紙に240を書いておく。

ここで時計を見ると開始から26分経過していた。売掛金と商品に10分使ったことになる。

6 有形固定資産に関する事項

❶ 資料をざっと見たあと、まず、増減がない器具備品からやることにした。減価償却費は表右の余白に書いておき、器具備品は簿価を計算し答えを記入した。

❷ 建物は計算用紙にタイムテーブルを書き、資本的支出を計算する。工事代金19,800の仕訳を書くが、答案用紙を見ると修繕費がない。「え？」という感じであるが、少し考えてこれは営業費に含めるしかないなと判断した。減価償却は、「当初耐用年数30年を用いる」との指示がある。また、残存価額は既存部分は10%、資本的支出部分はゼロであるため、計算式を書いて慎重に計算する。資本的支出7,200を表に記入する際は帳簿価額の欄に記入する（このほうが簿価の計算がやりやすい）。減価償却費は表右の余白に書いておき、建物は簿価を計算し答えを記入した。また、営業費（修繕費）は前T/Bに加算記入し、消費税は計算用紙のT勘定に転記する。

6
(続き)

2　×20年7月31日に車両Aを2,090千円（税込み）で下取りに出し、車両B5,940千円（税込み）を購入したが、追加支払額をもって車両に計上したのみである。

基本問題2

5　投資有価証券に関する事項

当期末に保有する社債及び株式は次のとおりである。当社は「満期保有目的の債券」の期末評価については、償却原価法（定額法）によっている。「その他有価証券」の期末評価については、市場価格のある株式は決算日の市場価格に基づく時価法（評価差額は全部純資産直入法により処理し、税効果会計を適用する。）、市場価格のない株式は原価法によっている。なお、市場価格のある有価証券については期末時価が、市場価格のない株式については対象会社の1株あたりの純資産額に株数を乗じた金額が、取得原価より50%以上下落した場合には減損処理を行うこととしている。なお、この減損処理額は税務上も損金算入が認められる。

不要な資料は
消しておく

銘　柄	数　量	取得原価	1株（口）あたりの時価	1株（口）あたりの純資産額	摘　要
W社社債	100,000口	9,600千円	99円	9,680　130円	時価あり
X社株式	10,000株	7,400千円	8,000　800円	600円	時価あり
Y社株式	2,000株	6,000千円	5,600　2,800円	1,200円	時価あり
Z社株式	30,000株	10,500千円	―――	4,500　150円	時価なし

（注）1　W社社債は、×20年4月1日に額面1口100円あたり96円で満期まで保有する目的で取得したものである。償還期限は×25年3月31日、利払日は毎年9月30日及び3月31日、利率は年2％である。なお、取得原価と債券金額との差額はすべて金利調整差額と認められる。　5年　投有 80／有利 80

あとで合算する
ためマーキング
しておく

2　X社株式、Y社株式及びZ社株式は、その他有価証券として保有しているものである。なお、期首における洗替処理は適正に行われている。

投有 600／負債 240　差額 360　資産 160／投有 400　差額 240

7

6　貸倒引当金に関する事項

受取手形及び売掛金の期末残高に対して貸倒引当金を設定している。貸倒見積額の算定にあたっては「一般債権」、「貸倒懸念債権」及び「破産更生債権等」に区分して行い、一般債権については過去の貸倒実績率に基づき受取手形及び売掛金の期末残高に対する1％相当額、貸倒懸念債権については債権総額から担保等処分見込額を控除した残額に対する50%相当額、破産更生債権等については債権総額から担保等処分見込額を控除した残額に対する100%相当額とする。

繰入れについては差額補充法により行う。

なお、決算整理前残高試算表の貸倒引当金は前期末残高であり、すべて一般債権に係るものである。

(1)　前期より回収遅延が生じていたD社に対する売掛金4,200千円について、当期末において一般債権から貸倒懸念債権に変更することとした。この債権に対しては担保等処分見込

8

37

6 有形固定資産に関する事項（続き）

❸ 計算用紙に車両の買換の仕訳を書く。ただし、売却と購入に分けて仕訳を書いた（こうしたほうが簡単である）。売却益はすぐに答えを記入し、消費税は計算用紙のＴ勘定に転記する。新車両の取得原価を表に記入し、旧車両と新車両の減価償却費は表右に記入する。新車両の簿価を計算し答えを記入した。

❹ 最後に減価償却費を合算し答えを記入した。

7 投資有価証券に関する事項

❶ 資料を一読したあと、W社社債から考える。満期保有なので、時価も純資産額も不要な資料となる。不要な資料は線を引いて消しておく。クーポンの処理は現金預金で処理済みなのでやることは償却原価法だけだ。償却額を計算し仕訳を書く。償却原価は表中に記入する。

❷ Ｘ社株式とＹ社株式は時価があるので時価評価となる。純資産額は不要な資料なので消しておく。時価総額を計算し表中に記入したあと仕訳を書く。

❸ Ｚ社株式は時価なしであるため、減損処理の判定をする。株数×１株当たりの純資産額は4,500となり50％以上下落であるため減損処理を適用する。4,500は表中に記入し、投資有価証券評価損は答えを記入する。

❹ 投資有価証券は、表中の金額を合算し答えを記入する。また、繰延税金負債、その他有価証券評価差額金、有価証券利息も答えを記入する。繰延税金資産はまだ答えを書けないのでマーキングをする。

ここで時計を見ると開始から37分経過していた。有形固定資産と有価証券に11分使ったことになる。

8 貸倒引当金に関する事項

❶ 問題を一読して、債権区分、区分ごとの貸倒引当金の算定方法等を確認したと、破産更生債権等の振替え処理を行った。仕訳を書き、受取手形と売掛金は前Ｔ/Ｂに減算記入し、破産更生債権等は答えを記入した。

❷ 受取手形と売掛金を集計し答えを記入した。これで債権の金額が確定した。

❸ 債権の区分ごとに計算式を書いて貸倒引当金を算定する。

❹ 区分ごとの貸倒引当金を集計し、貸倒引当金と貸倒引当金繰入に答えを記入した。

❺ 貸倒引当金繰入限度超過額3,900を算定し、計算用紙に先ほど書いた商品評価損240の下に記入した。

貸倒引当金繰入限度超過額の算定

破産 8,400 / 受手 2,100
売掛 6,300

額はない。

(2) 得意先E社が、×20年12月に民事再生法の規定により再生手続の開始の申立てを行ったが、甲社は何ら処理していない。E社に対する債権は、受取手形2,100千円及び売掛金6,300千円であり、担保等処分見込額は3,000千円である。なお、同社に対する債権は金額に重要性があるため、破産更生債権等として計上する。

(3) 当期末における税務上の貸倒引当金繰入限度額は4,870千円であるため、貸倒引当金繰入限度超過額について税効果会計を適用する。

(8,770) > 3,900

計算式を書いて貸倒引当金を計算する

131,200 < 127,000×1% =1,270 / 4,200×50%=2,100　　8,400−3,000=5,400

8（続き）

7　賞与引当金に関する事項

甲社は従業員賞与について支給見込額基準で計上している。支給対象期間は夏期賞与が12月1日から5月31日、冬期賞与が6月1日から11月30日である。

(1) 決算整理前残高試算表の賞与引当金は前期末に計上したものである。×20年6月10日の夏期賞与の支給時において、支給総額を営業費で処理しているため所要の修正を行う。

(2) 翌期の夏期賞与の支給見込額は12,600千円、冬期賞与の支給見込額は13,800千円であり、当期に属する金額を賞与引当金として計上する。 (8,400)

なお、税務上、賞与は支払時に損金算入されるため、賞与引当金繰入額に対して税効果会計を適用する。

9

8　社債に関する事項

×20年8月1日に額面60,000千円の社債を額面1口100円あたり98.5円で割引発行し、同額の払込みを受けた。償還期限は×25年7月31日である。利払いは毎年1月31日及び7月31日に年利1.5%を支払う。なお、発行に係る諸費用660千円（税込み）を支払っている。甲社は一連の会計処理について、払込金額と諸費用支払額の差額をもって社債に計上しているため所要の修正を行う。 (5年)

額面と払込金額との差額は定額法による償却原価法により計算する。社債発行費は繰延資産として計上し、社債の償還までの期間にわたって定額法により償却する。

10

現預 59,100 / 社債 59,100
消費 60 / 現預 660
発行 600 /

月割計算をミスしないように月数を書いておく

② 社利 150 / 未費 150
⑧ 社利 120 / 社債 120
⑧ 償却 80 / 発行 80

38

9 賞与引当金に関する事項

❶ 問題を一読する。前T/Bの賞与引当金が前期末計上額であることは予想どおりである。これについて前T/Bの賞与引当金を消し、営業費は減算記入する。

❷ 当期負担額を算定し、すぐに賞与引当金と賞与引当金繰入に答えを記入した。

❸ 税効果対象額8,400は計算用紙に記入する。

10 社債に関する事項

❶ 当期の8月1日発行で、利払日と決算日がずれている。また、期中誤処理が行われている。ひとつひとつ仕訳を書いていくことにした。

❷ 社債発行時の社債と社債発行費の仕訳を書く。前T/Bの社債利息450の検算を行い、半年分の利息であることを確認する。

❸ あとは決算時の処理である。未払費用は2月分、社債と社債発行費の償却は8月分。月割に注意しながら計算し、仕訳を書く。

❹ 社債、社債利息、未払費用、社債発行費、社債発行費償却を集計し、答えを記入した。

ここで時計を見ると開始から48分経過していた。貸倒引当金、賞与引当金、社債に合計で11分使ったことになる。

11

9　退職給付引当金に関する事項

甲社の退職給付制度は、退職一時金制度と企業年金制度を採用しており、「退職給付に係る会計基準」に基づいた処理を行っている。なお、当期における退職給付に関する処理は、支出額を営業費に計上したのみである。

忘れがちなので要注意

(1)　期首の状況

退職給付債務	190,000千円
年金資産	114,000千円
未認識数理計算上の差異	3,600千円
未認識過去勤務費用	4,800千円
退職給付引当金	67,600千円

(2)　退職給付費用に関する状況

①　勤務費用　10,800千円

②　割引率　1.5%

③　長期期待運用収益率　1%

④　未認識数理計算上の差異は、前期に年金資産の実際運用収益が期待運用収益を下回ったために発生したものであり、発生年度の翌年度より償却するものとし、償却期間は5年（定額法）である。

⑤　過去勤務費用は、×17年4月1日に退職給付水準を引き上げたことにより発生したものであり、償却期間は15年（定額法）である。

簿外の仕訳を書いて損失か利得かを判定する　→　過去／債務

(3)　当期の退職給付の状況

①　一時金支給額　4,400千円

②　年金支給額　~~6,800千円~~

不要な資料は消しておく

(4)　当期の掛金拠出額は7,500千円である。

(5)　退職給付引当金は、税務上、全額否認されるため、税効果会計を適用する。

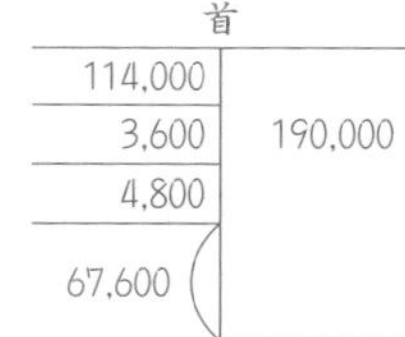

バランスするかどうかのチェック

首

114,000	190,000
3,600	
4,800	
67,600	

退職給付費用と退職給付引当金はT勘定で集計

費　用

10,800	1,140
2,850	13,630
720	
400	

退　引

4,400	67,600
7,500	
69,330	13,630

11 退職給付引当金に関する事項

❶ 退職給付については、期中どのような処理を行ったかを必ず確認するようにしている。本問では「支出額を営業費に計上したのみ」とある。修正が必要だ。

❷ 期首の未認識差異について損失か利得かを考えなければならない。数理差異については、「実際運用収益が期待運用収益を下回った」とあるためこれは損失である。過去勤務費用については、「退職給付水準を引き上げた」とある。これは簿外の仕訳を書いて考える。退職給付水準の引き上げは退職給付債務の増加となるので、（借）過去勤務費用××（貸）退職給付債務××となる。過去勤務費用が借方となるのでこれも損失である。

❸ 期首の数値がバランスするかを確認したあと、退職給付費用をT勘定で計算する。

❹ 期末の退職給付引当金をT勘定で計算する。

❺ 退職給付費用と退職給付引当金に答えを記入する。期中の支出額については前T/Bの営業費を減算記入する。

❻ 税効果対象額69,330は計算用紙に記入する。

ここで時計を見ると開始から54分経過していた。退職給付に6分使ったことになる。

12 税効果会計

すでに計算用紙に記入してある商品評価損、貸倒引当金繰入限度超過額、賞与引当金、退職給付引当金の合計額に実効税率を乗じて繰延税金資産を計算し、仕訳を書いて法人税等調整額を算定した。繰延税金資産についてはその他有価証券の分を加算し、繰延税金資産と法人税等調整額に答えを記入した。

13 残りの勘定科目

計算用紙の消費税を集計し答えを記入する。また、前T/Bに加減記入しまだ答えを記入していない営業費、雑損失、買掛金、売上、受取利息配当金について金額を集計し、答えを記入した。

ここで時計を見ると開始から59分が経過していた。1分残っていたが法人税の計算は諦めて解答を終了した。

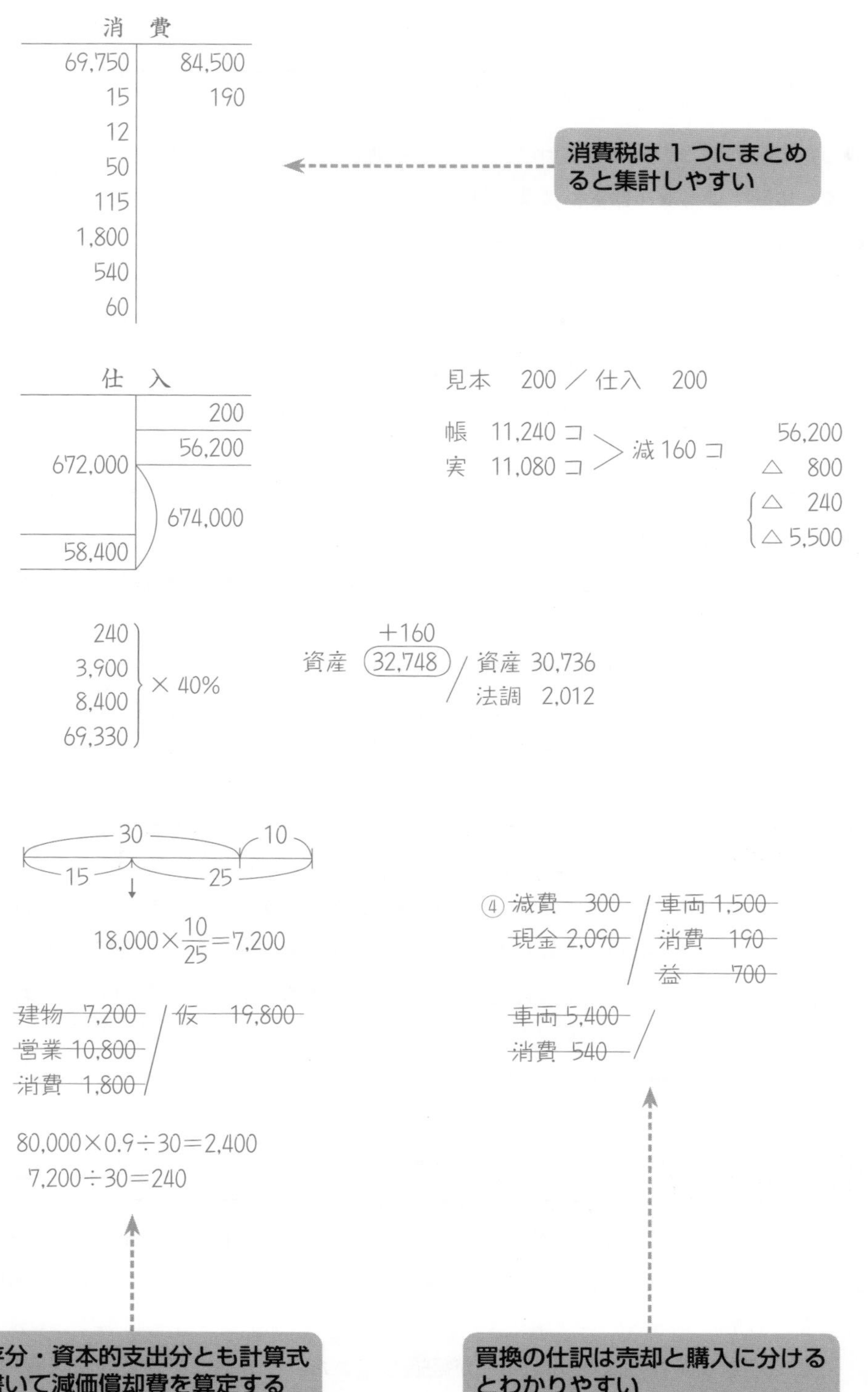
〔計算用紙〕
消　費
69,750 | 84,500
15 | 190
12
50
115
1,800
540
60
消費税は１つにまとめると集計しやすい
仕　入
200
56,200
672,000
674,000
58,400
見本　200／仕入　200
帳　11,240コ
実　11,080コ
減160コ
56,200
△　800
△　240
△5,500
240
3,900
8,400
69,330
×40%
+160
資産 32,748
資産 30,736
法調　2,012
30
10
15
25
18,000×10/25=7,200
建物　7,200
営業 10,800
消費　1,800
仮　19,800
80,000×0.9÷30=2,400
7,200÷30=240
④減費　300
現金 2,090
車両 1,500
消費　190
益　700
車両 5,400
消費　540
既存分・資本的支出分とも計算式を書いて減価償却費を算定する
買換の仕訳は売却と購入に分けるとわかりやすい

14 計算用紙

❶ 消費税の集計

消費税を仮払消費税と仮受消費税に分けて処理し、両者を相殺して未払消費税を算定するというのは面倒である。そこで、消費税が計上される場合には、仮払消費税と仮受消費税に分けずに、貸借どちらに消費税が生じても、たんに消費税とだけ考えて仕訳をする。そして、この消費税を１つの勘定にまとめて処理すると、スピーディーに集計することができる。

❷ 仕入

見本品の未処理がある場合は注意が必要である。仕訳は、

（借） 見本品費 200 （貸） 仕入 200

となるが、売上原価の算定に際して、貸方の仕入をうっかり忘れてしまうことがある。筆者も何度かこのミスを経験したが、たいてい見本品の仕訳を書かないで解答した場合であった。この仕訳は必ず書くようにしたほうがよい。

❸ 税効果

税効果会計の対象となる金額が発生する都度、計算用紙に金額を記入しておき、最後にまとめて繰延税金資産と法人税等調整額を算定している。また、その他有価証券の分を加算するのを忘れないように＋160は先に書くようにしている。

❹ 固定資産

資本的支出はタイムテーブルを書き計算するようにしている。資本的支出があった場合の減価償却費は必ず計算式を書いて計算を行うようにしている。

車両の買換は売却と購入に分けて仕訳している。特に消費税が絡んでくる場合は、このほうがわかりやすい。

第2章

応用問題

応用問題 1

甲商事株式会社（以下「当社」という。）は、商品卸売業を営む会社である。当社は本店の他に支店を有しており、支店独立会計制度を採用している。当社の当期（自×20年４月１日　至×21年３月31日）に関する【資料１】修正及び決算整理前残高試算表、【資料２】未達取引に関する事項及び【資料３】修正及び決算整理事項等に基づいて、次の**問１**から**問３**に答えなさい。

問１　本店の修正及び決算整理後残高試算表（一部）の金額を求めなさい。

問２　支店の修正及び決算整理後残高試算表（一部）の金額を求めなさい。

問３　外部公表用本支店合併損益計算書の、⑴期首商品棚卸高、⑵当期商品仕入高及び⑶期末商品棚卸高の金額を求めなさい。

（留意事項）

1　計算途中で千円未満の端数が生じた場合、その都度切り捨てる。

2　日数計算は月割りとし、１か月未満の端数は１か月として計算する。

3　税効果会計は、特に記述のない項目には適用しない。その適用に当たっては、実効税率を40％とする。税務上の処理との差額は一時差異に該当し、繰延税金資産の回収可能性に問題はないものとする。なお、税効果会計に関する処理は本店で一括して行う。

4　消費税及び地方消費税（以下「消費税等」という。）の会計処理は税抜方式を採用している。消費税等は、資料に（税込み）という記述がある場合にのみ消費税等10％を考慮して処理し、それ以外は考慮しないものとする。

5　当社は甲商品、乙商品及び丙商品を取り扱っている。甲商品は本店のみで仕入れ、本店のみで販売を行っている。乙商品は本店のみで仕入れ、一部を支店に送付して支店でも販売を行っている。丙商品は支店のみで仕入れ、支店のみで販売を行っている。

　なお、本店が支店に乙商品を送付するときの振替価額は、本店における仕入原価の10％増の金額である。

【資料１】修正及び決算整理前残高試算表

（単位：千円）

借方			貸方		
科目	本店	支店	科目	本店	支店
現金預金	134,781	73,342	支払手形	98,700	46,200
受取手形	121,800	81,900	買掛金	237,300	131,094
売掛金	281,400	182,700	借入金	30,200	——
繰越商品	82,500	52,230	仮受消費税等	191,500	123,800
仮払金	48,400	——	貸倒引当金	3,100	1,870
仮払消費税等	186,400	82,900	繰延内部利益	（各自推定）	——
建物	284,600	159,000	社債	20,000	——
車両	45,000	24,000	本店	——	427,930
備品	21,312	11,988	資本金	500,000	——
土地	320,000	130,000	資本準備金	100,000	——
投資有価証券	4,750	——	利益準備金	40,000	——
貸付金	5,000	——	任意積立金	60,000	——
破産更生債権等	3,300	——	繰越利益剰余金	491,061	——
繰延税金資産	630	——	売上	（各自推定）	1,238,000
支店	432,195	——	支店へ売上	262,900	——
仕入	1,674,000	729,000	受取利息	225	——
本店より仕入	——	259,105	有価証券利息	196	——
販売管理費	305,624	182,729	為替差損益	680	——
支払利息	600	——			
合計	3,952,292	1,968,894	合計	3,952,292	1,968,894

【資料２】未達取引に関する事項

1　本店は、支店に乙商品（各自推定）個を送付したが、支店に未達である。なお、送付した商品の本店仕入単価は23,000円である。

2　本店は、乙商品50個を支店の得意先に対して1,650千円（税込み）で掛による直接売上を行ったが、支店に未達である。当該販売は支店を経由して販売したものとして処理を行う。なお、送付した商品の本店仕入単価は23,000円である。

3　支店は、本店の当座預金口座に500千円の入金を行ったが、本店に未達である。

4　支店は、本店の売掛金105千円を本店に代わって小切手で回収したが、本店に未達である。なお、支店では当該取引を誤って150千円で記帳していた。

5　本店は、支店の販売管理費（各自推定）千円を立替払いしたが、支店に未達である。

【資料３】修正及び決算整理事項等

1　本店の仮払金には、小口現金として毎月１日に残高が100千円になるように払い出されているものが含まれている。なお、３月の小口現金の使用高は販売管理費88千円（税込み）であるが、未処理である。

2　×21年３月28日における本店の当座預金勘定残高と取引銀行の当座預金口座残高は一致していたが、決算日現在では不一致となっていた。×21年３月29日以降の当座預金出納帳と当座勘定照合表の記入は次のとおりである。

当座預金出納帳　（単位：千円）

日	付	摘要	預入	引出	残高
3	28				△ 1,375
	29	Ａ社売掛金回収（税込み）	880		△ 495
	〃	Ｂ社振出小切手預入	210		△ 285
	30	Ｃ社買掛金決済による小切手振出（#21）		630	△ 915
	〃	Ｄ社振出約束手形取立依頼	420		△ 495
	31	Ｅ社買掛金決済による小切手振出（#22）		525	△ 1,020
	〃	Ｆ社振出小切手預入	315		△ 705

当座勘定照合表　（単位：千円）

日	付	摘要	支払	入金	残高
3	28				△ 1,375
	29	Ａ社売掛金回収（税込み）		836	△ 539
	〃	Ｂ社振出小切手預入		210	△ 329
	30	電気料金引落（税込み）	55		△ 384
	31	小切手支払（#21）	630		△ 1,014
	〃	支店より入金		500	△ 514

（注１）Ａ社は値引控除後（税込み）の金額を入金したが、当社は当該値引に関する記帳を行っていなかった。なお、変動対価に係る返金負債は計上していない。

（注２）Ｄ社振出約束手形の取立は完了していない。

（注３）小切手（#22）はＥ社に交付していない。

（注４）Ｆ社振出小切手は、銀行の夜間金庫に預け入れたものである。

（注５）電気料金は販売管理費勘定に計上する。

（注６）期末において当座借越となった場合、借越額は借入金勘定に振り替える。

3　商品棚卸高は次のとおりである。

(1)　支店の期首商品の内訳は、乙商品15,730千円、丙商品36,500千円である。

(2)　期末商品の内訳は次のとおりである。なお、帳簿棚卸数量及び実地棚卸数量には未達商品は含まれていない。

		帳簿棚卸数量	帳 簿 単 価	実地棚卸数量
甲商品	本　店	（各自推定）個	（各自推定）円	2,600個
乙商品	本　店	1,900個	23,000円	1,900個
	支　店	500個	25,300円	500個
丙商品	支　店	3,200個	11,000円	3,100個

(3)　甲商品の×21年３月１日から修正及び決算整理前までにおける、受入及び払出の状況は次のとおりである。なお、甲商品の評価方法は先入先出法を採用している。

日　付	摘　要	仕入数量	仕入単価	払出数量
３月１日	前月繰越	3,000個	13,900円	
３月５日	仕　入	1,200個	14,000円	
３月10日	売　上			2,500個
３月15日	仕　入	2,000個	14,000円	
３月17日	見本品提供			50個
３月20日	仕　入	1,400個	14,200円	
３月25日	売　上			3,500個
３月30日	仕　入	1,100個	14,200円	

（注）３月17日の見本品提供については、未処理（販売管理費勘定として処理）となっている。

4　当社は、金銭債権を一般債権、貸倒懸念債権及び破産更生債権等の３種類に区分し、その区分ごとに貸倒引当金の算定を行う。なお、貸倒引当金の繰入は差額補充法により行う。

⑴　一般債権は債権金額に１％を乗じた額を貸倒引当金として設定する。

⑵　本店の金銭債権の状況

①　破産更生債権等3,300千円（税込み）は、すべて前期に民事再生法の再生手続開始申立てを行ったＧ社に対する債権であり、債権金額に対して50％の貸倒引当金を設定している。Ｇ社は×21年２月20日に再生計画が認可決定し、債権金額の80％は切捨てられ、残り20％は10年間で分割弁済される旨の通知を受けたが、これに関する処理が未処理である。なお、当該債権については当期末において債権金額に対して100％の貸倒引当金を設定する。

②　貸付金は、すべてＨ社に対して貸付けたものであるが、当期にＨ社から返済条件の緩和を求められた。当社はこれに応じたため当該債権を貸倒懸念債権に区分し、キャッシュ・フロー見積法により貸倒引当金を設定する。返済条件緩和前の返済日は×22年３月31日、利率は年4.5％、利払日は毎年３月31日であり、返済条件緩和後の返済日は×24年３月31日、翌期からの利率は年3.5％、利払日は毎年３月31日とした。なお、貸倒引当金は下記に示した現価係数を用いて算定することとする。

〈現価係数〉

4.5％の場合	１年0.96	２年0.92	３年0.88
3.5％の場合	１年0.97	２年0.93	３年0.90

③　上記①及び②以外の本店の金銭債権はすべて一般債権に区分されるものである。

⑶　支店の金銭債権の状況

①　得意先であるＩ社は期末日現在、破産していることが判明したため、Ｉ社に対する債権を破産更生債権等に区分し、破産更生債権等勘定に振替えるとともに、債権金額に対して100％の貸倒引当金を設定する。期末におけるＩ社に対する債権は受取手形440千円（Ｉ社振出の約束手形330千円、Ｉ社から裏書譲渡を受けたＹ社振出約束手形110千円）及び売掛金660千円である。

②　上記①以外の支店の金銭債権はすべて一般債権に区分されるものである。

⑷　貸倒引当金繰入限度超過額に対して税効果会計を適用する。なお、本店及び支店の金銭債権に対する前期末の貸倒引当金繰入限度超過額は1,575千円であり、当期末の貸倒引当金繰入限度超過額は855千円である。

5　有形固定資産の内訳は次のとおりである。減価償却の方法は定額法による。

	種　類	取得価額	帳簿価額	耐用年数	償却率
本　　店	建 物 A	360,000千円	165,600千円	50年	0.020
	建 物 B	200,000千円	119,000千円	20年	0.050
	車　　両	50,000千円	45,000千円	5年	0.200
	備　　品	32,000千円	21,312千円	6年	0.167
支　　店	建　　物	240,000千円	159,000千円	40年	0.025
	車　　両	30,000千円	24,000千円	5年	0.200
	備　　品	18,000千円	11,988千円	6年	0.167

（注１）建物については残存価額を取得原価の10%とする。

（注２）車両及び備品については残存価額をゼロとする。

（注３）建物Ｂと本店の土地のうち140,000千円は賃貸用不動産として保有しているものである。賃貸用不動産は収益性が低下しているため、当期で減損損失を認識し、減損損失認識時の帳簿価額に基づいて、減損損失を建物Ｂと土地に配分することにした。減損損失の算定に必要な事項は下記のとおりである。なお、減損損失については税効果会計を適用する。

⑴　当期末における建物Ｂの正味売却価額は80,000千円、土地の正味売却価額は100,000千円である。

⑵　賃貸用不動産の残存使用期間は10年であり、使用期間中のキャッシュ・フロー見積額は毎期15,000千円、使用期間終了時における見積処分価額は90,000千円である。なお、使用価値は割引率を４％として算定し、期間10年の年金現価係数8.11と現価係数0.68を使用して算定する。

（注４）上記以外に、本店では下記の内容で備品をリースにより調達し、×20年４月１日より使用を開始しているが、リース料支払額をもって販売管理費に計上したのみである。

⑴　所有権移転ファイナンス・リースに該当する。

⑵　減価償却は残存価額をゼロとする定額法により行う。

⑶　リース期間：５年（定額法償却率0.200）

⑷　経済的耐用年数：６年（定額法償却率0.167）

⑸　リース料総額：3,250千円

⑹　年額リース料：650千円（毎年４月１日に前払い）

⑺　リース資産の計上価額：3,030千円

⑻　利息相当額は利率年3.6%の利息法により算定する。

6　本店の投資有価証券はすべて×20年４月１日に取得した外貨建満期保有目的の債券（満期日：×24年３月31日）である。当該債券の額面金額は40千ドル、取得価額は38千ドルであり、この差額は定額法により償却を行う。なお、×21年３月31日の直物為替相場は１ドル＝118円、当期の平均為替相場は１ドル＝120円である。

7　本店の借入金のうち12,200千円は、×21年２月１日に借入れた外貨建長期インパクトローン100千ドル（返済日：×23年１月31日、利率：年３％、利払日：毎年１月31日）である。当該借入金に関しては、借入れと同時に元本に対して１ドル＝119円で為替予約を付したが、借入日の直物為替相場で換算しているのみである。なお、為替予約の処理は振当処理を採用し、直先差額については借入期間で期間按分し、当期分については支払利息に加減算することとする。

8　本店の社債は×19年４月１日に下記の条件で発行した新株予約権付社債であり、一括法により処理している。

⑴　社債金額：20,000千円
⑵　払込金額：20,000千円
⑶　償還日：×24年３月31日
⑷　クーポン利子率：０％
⑸　権利行使期間：×19年４月１日から×24年３月31日まで
⑹　権利行使に伴う払込方法：代用払込
⑺　新株の交付による資本金組入額：会社法に規定する最低額

当期中に社債額面1,000千円について権利行使があり、新株を交付したが未処理である。

9　当社の消費税等に関する申告納付は本店が一括して行っているため、支店で計上された仮受消費税等と仮払消費税等は本店への振替を行う。よって、本店は、本店と支店で計上された仮受消費税等の合計額と仮払消費税等の合計額の差額から本店が支払った消費税等の中間納付額を差し引いた残額を未払消費税等に計上する。なお、中間納付額9,300千円は仮払金に計上されている。

10　当社の法人税等に関する申告納付は本店が一括して行っている。当期の法人税等の年税額は86,800千円である。なお、中間納付額39,000千円は仮払金に計上されている。

解　答

※□内の数字は配点を示す。

問1

本店の修正及び決算整理後残高試算表（一部）　（単位：千円）

借方 科目	借方 金額		貸方 科目	貸方 金額	
現金預金	1	135,498	買掛金	1	237,825
受取手形	1	122,220	借入金	1	30,099
売掛金	1	281,295	リース債務	1	2,380
建物	1	239,574	未払法人税等	1	47,800
リース資産	1	2,524	未払消費税等	1	36,593
土地	1	282,396	未払費用	1	144
破産更生債権等	2	660	社債	1	19,000
繰延税金資産	1	27,202	長期前受収益	1	275
売上原価	1	1,674,505	資本金	2	500,500
販売管理費	1	305,799	売上	1	1,914,960
減価償却費	1	31,330	有価証券利息	1	256
貸倒引当金繰入	1	3,362	為替差損益	1	413
貸倒損失	1	750	法人税等調整額	1	26,572
棚卸減耗費	1	700			
支払利息	1	719			
減損損失	1	67,150			

問2

支店の修正及び決算整理後残高試算表（一部）　（単位：千円）

借方 科目	借方 金額		貸方 科目	貸方 金額	
現金預金	2	73,297	本店	1	472,850
受取手形	1	81,570	売上	2	1,239,500
売掛金	1	183,690			
備品	2	8,982			
破産更生債権等	1	990			
売上原価	1	993,750			
販売管理費	1	182,849			
減価償却費	1	14,406			
貸倒引当金繰入	1	1,772			
棚卸減耗費	2	1,100			

【配　点】 1×38カ所＝38点　2×6カ所＝12点
合計50点

問3

（単位：千円）

(1)	1	133,300	(2)	1	2,403,000	(3)	1	130,300

解答への道

（単位：千円）

1　前T/Bの各自推定

(1)　繰延内部利益

乙商品15,730 × $\frac{0.1}{1.1}$ = 1,430

※　【資料３】３(1)より

(2)　売上

前T/Bの差額により1,915,000

2　未達取引

(1)　商品の送付（**支店**）

（本店より仕入）※	2,530	（本　　店）	2,530

※　下記(6)参照。なお、送付個数は2,530 ÷（@23,000円 × 1.1）= 100個となる。

(2)　直接売上（**支店**）

（本店より仕入）※１	1,265	（本　　店）	1,265
（売　掛　金）	1,650	（売　　上）※２	1,500
		（仮受消費税等）※３	150

※１　@23,000円 × 50個 × 1.1 = 1,265

※２　1,650 × $\frac{1}{1.1}$ = 1,500

※３　1,650 × $\frac{0.1}{1.1}$ = 150

(3)　送金（**本店**）

（現　金　預　金）	500	（支　　店）	500

(4)　売掛金の回収

①　**本店**

（支　　店）	105	（売　掛　金）	105

②　**支店**

(a)　適正な仕訳

（現　金　預　金）	105	（本　　店）	105

(b)　支店が行った仕訳

（現　金　預　金）	150	（本　　店）	150

(c)　修正仕訳（(a) − (b)）

（本　　店）	45	（現　金　預　金）	45

(5)　販売管理費（**支店**）

（販売管理費）※	120	（本　　店）	120

※　下記(6)参照

応用問題１

(6) 照合勘定

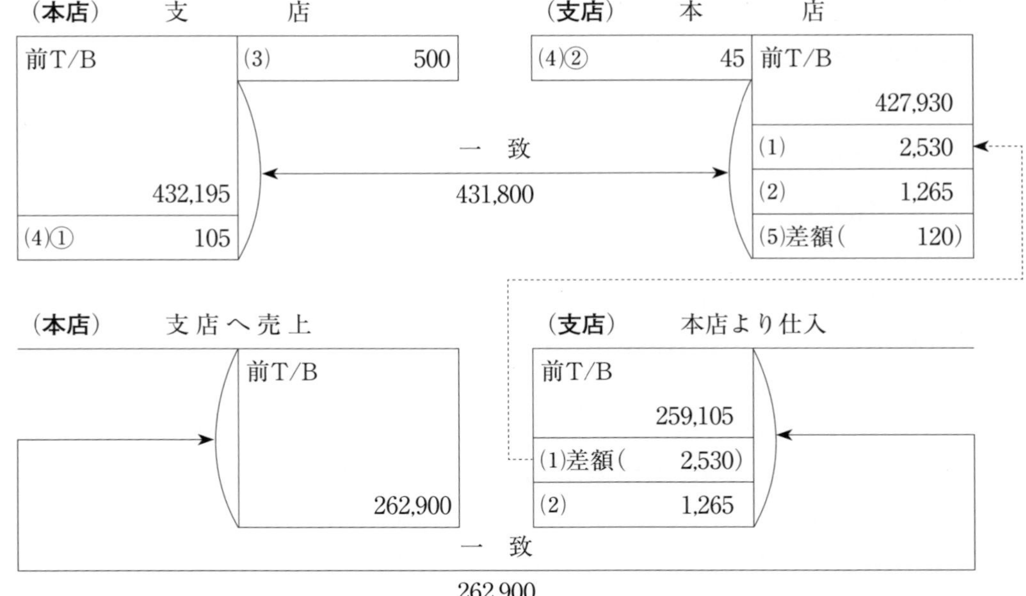

（注）後T/Bの支店勘定及び本店勘定は、支店の消費税等の振替（下記3(9)参照）があるため、上記一致金額とはならない。

3 修正及び決算整理

(1) 小口現金（**本店**）

（販売管理費）※1	80	（仮払金）	100
（仮払消費税等）※2	8		
（現金預金）※3	12		

※1 $88 \times \frac{1}{1.1} = 80$

※2 $88 \times \frac{0.1}{1.1} = 8$

※3 差額

(2) 銀行勘定調整（**本店**）

① A社売掛金回収

(a) 適正な仕訳

（現金預金）※1	836	（売掛金）	880
（売上）※2	40		
（仮受消費税等）※3	4		

※1 当座勘定照合表より

※2 $(880 - 836) \times \frac{1}{1.1} = 40$

※3 $(880 - 836) \times \frac{0.1}{1.1} = 4$

(b) 本店が行った仕訳

(現金預金)	880	(売掛金)	880

(c) 修正仕訳 ((a)−(b))

(売上)	40	(現金預金)	44
(仮受消費税等)	4		

② B社振出小切手預入

当座預金出納帳と当座勘定照合表の両方に記入があり、金額が一致しているため、修正なし。

③ C社買掛金決済による小切手振出

当座預金出納帳と当座勘定照合表の両方に記入があり、金額が一致しているため、修正なし。

④ D社振出約束手形取立依頼

(受取手形)	420	(現金預金)※	420

※ 取立が完了していないため、手形の決済に関して行った仕訳の取消を行う。

⑤ E社買掛金決済による小切手振出

(現金預金)※	525	(買掛金)	525

※ 小切手を交付していないため、未渡小切手となる。

⑥ F社振出小切手預入

夜間金庫に預け入れているため、時間外預入となる。

⑦ 電気料金の引落し

(販売管理費)※1	50	(現金預金)	55
(仮払消費税等)※2	5		

※1 $55\times\frac{1}{1.1}=50$

※2 $55\times\frac{0.1}{1.1}=5$

⑧ 支店からの入金

上記2(3)参照

⑨　当座借越の振替

（現　金　預　金）　199　（借　入　金）※　199

※　銀行勘定調整表

3月31日出納帳残高	△ 705	3月31日照合表残高	△ 514
売掛金回収の誤記帳	△ 44	時間外預入	＋ 315
取立依頼手形の誤記帳	△ 420		
未渡小切手	＋ 525		
電気料金引落未記帳	△ 55		
支店からの入金未記帳	＋ 500		
	△ 199		△ 199

(3)　商品

①　甲商品の商品有高帳

商品有高帳　（単位：個・千円）

日付		摘要	受入			払出			残高		
			数量	単価	金額	数量	単価	金額	数量	単価	金額
3	1	前月繰越	3,000	13.9	41,700				3,000	13.9	41,700
	5	仕入	1,200	14.0	16,800				3,000	13.9	41,700
									1,200	14.0	16,800
	10	売上				2,500	13.9	34,750	500	13.9	6,950
									1,200	14.0	16,800
	15	仕入	2,000	14.0	28,000				500	13.9	6,950
									3,200	14.0	44,800
	17	見本品費				50	13.9	695	450	13.9	6,255
									3,200	14.0	44,800
	20	仕入	1,400	14.2	19,880				450	13.9	6,255
									3,200	14.0	44,800
									1,400	14.2	19,880
	25	売上				450	13.9	6,255	150	14.0	2,100
						3,050	14.0	42,700	1,400	14.2	19,880
	30	仕入	1,100	14.2	15,620				150	14.0	2,100
									2,500	14.2	35,500
	31	減耗				50	14.0	700	100	14.0	1,400
									2,500	14.2	35,500
						6,100		85,100			
	〃	次期繰越				100	14.0	1,400			
						2,500	14.2	35,500			
			8,700		122,000	8,700		122,000			

② **本店**

(a) 見本品提供

(販売管理費)※	695	(仕入)	695

※ 上記①商品有高帳３月17日の払出欄参照

(b) 売上原価の算定

(売上原価)	82,500	(繰越商品)	82,500
(売上原価)※１	1,673,305	(仕入)	1,673,305
(繰越商品)※２	81,300	(売上原価)	81,300

※１ 前T/B1,674,000－見本品費695＝1,673,305

※２ 甲商品(2,100＋35,500)＋乙商品@23,000円×1,900個＝81,300

(注) 甲商品は上記①３月30日の残高欄参照

(c) 減耗

(棚卸減耗費)	700	(繰越商品)※	700

※ 上記①３月31日の払出欄参照

③ **支店**

(a) 売上原価の算定

(売上原価)	52,230	(繰越商品)	52,230
(売上原価)	729,000	(仕入)	729,000
(売上原価)	262,900	(本店より仕入)	262,900
(繰越商品)※	50,380	(売上原価)	50,380

※ 乙商品@25,300円×(500個＋未達100個)＋丙商品@11,000円×3,200個＝50,380

(b) 減耗

(棚卸減耗費)※	1,100	(繰越商品)	1,100

※ 丙商品@11,000円×(3,200個－3,100個)＝1,100

(4) 貸倒引当金

① **本店**

(a) Ｇ社債権の切捨

(仮受消費税等)※２	240	(破産更生債権等)※１	2,640
(貸倒引当金)※３	1,650		
(貸倒損失)※４	750		

※１ 3,300×80％＝2,640

※２ $2{,}640\times\frac{0.1}{1.1}=240$

※３ 3,300×50％＝1,650

※４ 差額

応用問題1

(b) 貸倒引当金

(貸倒引当金繰入)※	3,362	(貸倒引当金)	3,362

※ ⓐ 破産更生債権等

(3,300－2,640)×100％＝660

ⓑ 貸倒懸念債権

(イ) 将来キャッシュ・フロー

×22年３月31日：5,000×3.5％＝175

×23年３月31日：5,000×3.5％＝175

×24年３月31日：5,000＋5,000×3.5％＝5,175

(ロ) 現在価値

175×0.96＋175×0.92＋5,175×0.88＝4,883

(ハ) 貸倒見積高

5,000－4,883＝117

ⓒ 一般債権

{受取手形(121,800＋420)＋売掛金(281,400－105)}×１％＝4,035(千円未満切捨)

ⓓ 繰入額

(ⓐ660＋ⓑ117＋ⓒ4,035)－(前T/B3,100－1,650)＝3,362

② **支店**

(a) Ｉ社債権の破産更生債権等への振替

(破産更生債権等)	990	(受取手形)※	330
		(売掛金)	660

※ Ｙ社振出約束手形については、Ｉ社が支払人でないため、破産更生債権等に該当しない。

(b) 貸倒引当金

(貸倒引当金繰入)※	1,772	(貸倒引当金)	1,772

※ ⓐ 破産更生債権等

990×100％＝990

ⓑ 一般債権

{受取手形(81,900－330)＋売掛金(182,700＋1,650－660)}×１％＝2,652(千円未満切捨)

ⓒ 繰入額

(ⓐ990＋ⓑ2,652)－前T/B1,870＝1,772

③ 税効果会計(**本店**)

(法人税等調整額)	288	(繰延税金資産)※	288

※ 当期末超過額855×40％－前期末超過額1,575×40％＝△288

(5) 減価償却

① **本店**

(a) 建物Ａ

(減価償却費)※	6,480	(建物)	6,480

※ 360,000×0.9×0.020＝6,480

(b) 建物B

ⓐ 減価償却

(減価償却費)※	9,000	(建物)	9,000

※ 200,000×0.9×0.050＝9,000

ⓑ 減損処理

(減損損失)※1	67,150	(建物)※2	29,546
		(土地)※3	37,604

※1 正味売却価額：80,000＋100,000＝180,000
使用価値：15,000×8.11＋90,000×0.68＝182,850
回収可能価額：180,000 ＜ 182,850 ∴ 182,850
減損損失：{建物簿価(119,000－9,000)＋土地簿価140,000}－182,850＝67,150

※2 $67,150 \times \frac{110,000}{110,000+140,000} = 29,546$

※3 $67,150 \times \frac{140,000}{110,000+140,000} = 37,604$

ⓒ 税効果会計

(繰延税金資産)※	26,860	(法人税等調整額)	26,860

※ 減損損失67,150×40％＝26,860

(c) 車両

(減価償却費)※	10,000	(車両)	10,000

※ 50,000×0.200＝10,000

(d) 備品

(減価償却費)※	5,344	(備品)	5,344

※ 32,000×0.167＝5,344

(e) リース資産

ⓐ リース資産の計上

(リース資産)	3,030	(リース債務)	3,030

ⓑ リース料の修正

(リース債務)※	650	(販売管理費)	650

※ リース料を前払いしているため、初回のリース料は全額元本の返済となる。

ⓒ 支払利息の見越

(支払利息)※	85	(未払費用)	85

※ (3,030－650)×3.6％＝85（千円未満切捨）

ⓓ 減価償却

(減価償却費)※	506	(リース資産)	506

※ 3,030×0.167＝506（千円未満切捨）

② **支店**

(a) 建物

(減価償却費)※	5,400	(建物)	5,400

※ 240,000×0.9×0.025＝5,400

(b) 車両

(減価償却費)※	6,000	(車両)	6,000

※ 30,000×0.200＝6,000

(c) 備品

(減価償却費)※	3,006	(備品)	3,006

※ 18,000×0.167＝3,006

(6) 外貨建満期保有目的の債券（**本店**）

① 金利調整差額の償却

(投資有価証券)※	60	(有価証券利息)	60

※ （40千ドル－38千ドル）×$\frac{12月}{48月}$×ＡＲ120円＝60

② 期末換算替

(為替差損益)	267	(投資有価証券)※	267

※ 円貨償却原価：4,750＋60＝4,810
　ＣＲ換算額：外貨償却原価（38千ドル＋0.5千ドル）×ＣＲ118円＝4,543
　△267

(7) 外貨建借入金（**本店**）

① 直先差額

(借入金)※１	300	(支払利息)※２	25
		(長期前受収益)※３	275

※１ 帳簿価額：12,200
　ＦＲ換算額：100千ドル×ＦＲ119円＝11,900
　△300

※２ 300×$\frac{2月}{24月}$＝25

※３ 差額

② 利息の見越

(支払利息)※	59	(未払費用)	59

※ 100千ドル×３％×$\frac{2月}{12月}$×ＣＲ118円＝59

(8) 社債（**本店**）

(社債)	1,000	(資本金)※	500
		(資本準備金)※	500

※ 1,000×$\frac{1}{2}$＝500

(9) 消費税

① **支店**

(仮受消費税等)※1	123,950	(仮払消費税等)	82,900
		(本　　　店)※2	41,050

※1　前T/B123,800＋150＝123,950

※2　差額

② **本店**

(a) 支店からの振替

(仮払消費税等)	82,900	(仮受消費税等)	123,950
(支　　　店)	41,050		

(b) 確定納付額

(仮受消費税等)※1	315,206	(仮払消費税等)※2	269,313
		(仮　払　金)	9,300
		(未払消費税等)※3	36,593

※1　前T/B191,500－4－240＋123,950＝315,206

※2　前T/B186,400＋8＋5＋82,900＝269,313

※3　差額

(10) 法人税等（**本店**）

(法　人　税　等)	86,800	(仮　払　金)	39,000
		(未払法人税等)※	47,800

※　差額

4　修正及び決算整理後残高試算表（参考）

借方			貸方		
科目	本店	支店	科目	本店	支店
現金預金	135,498	73,297	支払手形	98,700	46,200
受取手形	122,220	81,570	買掛金	237,825	131,094
売掛金	281,295	183,690	借入金	30,099	——
繰越商品	80,600	49,280	リース債務	2,380	——
建物	239,574	153,600	未払法人税等	47,800	——
車両	35,000	18,000	未払消費税等	36,593	——
備品	15,968	8,982	未払費用	144	——
リース資産	2,524	——	貸倒引当金	4,812	3,642
土地	282,396	130,000	繰延内部利益	1,430	——
投資有価証券	4,543	——	社債	19,000	——
貸付金	5,000	——	長期前受収益	275	——
破産更生債権等	660	990	本店	——	472,850
繰延税金資産	27,202	——	資本金	500,500	——
支店	472,850	——	資本準備金	100,500	——
売上原価	1,674,505	993,750	利益準備金	40,000	——
販売管理費	305,799	182,849	任意積立金	60,000	——
減価償却費	31,330	14,406	繰越利益剰余金	491,061	——
貸倒引当金繰入	3,362	1,772	売上	1,914,960	1,239,500
貸倒損失	750	——	支店へ売上	262,900	——
棚卸減耗費	700	1,100	受取利息	225	——
支払利息	719	——	有価証券利息	256	——
減損損失	67,150	——	為替差損益	413	——
法人税等	86,800	——	法人税等調整額	26,572	——
合計	3,876,445	1,893,286	合計	3,876,445	1,893,286

5　本支店合併損益計算書の金額

(1)　期首商品棚卸高

本店82,500＋支店52,230－内部利益1,430＝133,300

(2)　当期商品仕入高

本店1,674,000＋支店729,000＝2,403,000

(3)　期末商品棚卸高

本店81,300＋支店50,380－内部利益1,380＝130,300

※　内部利益

乙商品$15{,}180 \times \frac{0.1}{1.1} = 1{,}380$

本問のポイント

本問は、決算整理型の本支店会計の問題であるが、応用問題となり、量が多く難度も高くなっている。

本問のポイントは次の３点である。

(1) **未達取引の処理**
(2) **合併Ｐ/Ｌの期首商品、当期仕入、期末商品の算定**
(3) **時間内ですべて解答できない問題への対応**

(1)に関しては、本問の未達取引は難度が高く、講師が解いても難しいと感じるレベルである。各自推定が２箇所あり、未達商品に関しては数量の推定も絡んでいる。また、直接売上は支店では本店仕入と掛売上の２つの仕訳をしなければならないが、本店仕入の計上を忘れる人が多い。未達取引は本支店会計の要の１つであるため、間違えた場合は、しっかり復習してほしい。

(2)に関しては、期首商品は内部利益の算定が絡んでいるものの、さほど難しくはないため正解しなければいけない所である。当期仕入は前Ｔ/Ｂの本店と支店の仕入を合算するだけなので、これも正解しなければいけない所になる。期末商品については、甲商品の算定と未達商品の加算が絡んでくるため、少々難しい。これは、間違えても（あるいは時間切れでできなくても）しかたがないだろう。なお、期末商品について棚卸減耗が生じているが、Ｐ/Ｌの期末商品は「帳簿棚卸高」であることに注意してほしい。

(3)に関しては、本問は講師が解いても60分ですべて解答することはできない。したがって、どこを捨てるかという取捨選択の判断が重要になるが、具体的にどこを捨てるかについては、講師の解き方を参考にしていただきたい。また、本問の決算整理は前半部分に時間のかかる論点（当座預金、商品、貸倒引当金、固定資産）が配置されている。これを資料の順番通りに処理していくと、おそらく固定資産のあたりで時間切れとなってしまい、そのあとの外貨建有価証券、外貨建借入金、新株予約権付社債、法人税といった簡単な所を取りこぼす恐れがある。これは注意しなければいけない。難しい所や時間のかかる所は、「とりあえず飛ばす」という解答の仕方が必要である。

本問は講師が解答して解答時間60分で得点は42点であった。間違えた所は本店の現金預金と借入金、時間切れでできなかった所（捨てた所といってもよい）は、貸倒引当金、税効果、消費税（支店の本店勘定を含む）であった。60分で35点を目標にしてほしい。

講師の解答方法

応用問題 1

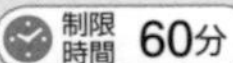

甲商事株式会社（以下「当社」という。）は、商品卸売業を営む会社である。当社は本店の他に支店を有しており、支店独立会計制度を採用している。当社の当期（自×20年４月１日　至×21年３月31日）に関する【資料１】修正及び決算整理前残高試算表、【資料２】未達取引に関する事項及び【資料３】修正及び決算整理事項等に基づいて、次の**問１**から**問３**に答えなさい。

問１　本店の修正及び決算整理後残高試算表（一部）の金額を求めなさい。

問２　支店の修正及び決算整理後残高試算表（一部）の金額を求めなさい。

問３　外部公表用本支店合併損益計算書の、⑴期首商品棚卸高、⑵当期商品仕入高及び⑶期末商品棚卸高の金額を求めなさい。

（留意事項）

1　計算途中で千円未満の端数が生じた場合、その都度切り捨てる。

2　日数計算は月割りとし、１か月未満の端数は１か月として計算する。

3　税効果会計は、特に記述のない項目には適用しない。その適用に当たっては、実効税率を40%とする。税務上の処理との差額は一時差異に該当し、繰延税金資産の回収可能性に問題はないものとする。なお、税効果会計に関する処理は本店で一括して行う。

4　消費税及び地方消費税（以下「消費税等」という。）の会計処理は税抜方式を採用している。消費税等は、資料に（税込み）という記述がある場合にのみ消費税等10%を考慮して処理し、それ以外は考慮しないものとする。

5　当社は甲商品、乙商品及び丙商品を取り扱っている。甲商品は本店のみで仕入れ、本店のみで販売を行っている。乙商品は本店のみで仕入れ、一部を支店に送付して支店でも販売を行っている。丙商品は支店のみで仕入れ、支店のみで販売を行っている。

なお、本店が支店に乙商品を送付するときの振替価額は、本店における仕入原価の10%増の金額である。

1

応用問題1

商品の種類、本店・支店の取扱商品、内部利益の加算率など、非常に重要な資料である

1 全体像の把握

問題全体にざっと目を通す。決算整理型の本支店会計の問題であることは一目瞭然だ。

資料の流れは、前T/B→未達取引→決算整理となっており、資料の流れにしたがって解答していけばよい。

この程度のことをざっと確認した後、問題のはじめの部分を読んでいく。

本店と支店の位置づけ、事業年度、問1から問3の内容、留意事項など、重要事項にマーキングしながら読んでいく。

解答要求事項は、問1から問3まであるが、中心は本店及び支店の後T/Bの作成である。ここで答案用紙をみると後T/Bは一部科目である。このような場合、解答要求の勘定科目をよく確認しながら解答を進めていかなければならない。確認を怠ったため、解答要求でない勘定科目の金額を一生懸命計算していたということがあるからだ。

留意事項では、税効果について「本店で一括」とある。この段階では具体的な内容までは分からないが、とにかく「税効果は本店で一括」ということを頭に留めておく。

最後の商品に関する資料は重要である。甲、乙、丙の3種類があり、内部利益が関係するのは乙のみで、商品の流れは「本店から支店へ」、内部利益率は「原価の10%増し」ということをしっかりと頭に入れる。

ここまでで2分程度である。続いて前T/Bのチェックに移る。

入らないので欄外に記入している

【資料１】修正及び決算整理前残高試算表

+12+705

（単位：千円）

借方			貸方		
科目	本店	支店	科目	本店	支店
現金預金	+500 134,781	△45 73,342	支払手形	98,700	46,200
受取手形	+420 121,800	△330 81,900	買掛金	+525 237,300	131,094
売掛金	△105 281,400	+1,650 △660 182,700	借入金	+699 △300 30,200	——
繰越商品	82,500	52,230	仮受消費税等	191,500	123,800
仮払金	△100 48,400	——	貸倒引当金	△1,650 3,100	1,870
仮払消費税等	186,400	82,900	繰延内部利益	1,430 （各自推定）	——
建物	284,600	159,000	社債	20,000	——
車両	45,000	24,000	本店	——	427,930
備品	21,312	11,988	資本金	500,000	——
土地	320,000	130,000	資本準備金	100,000	——
投資有価証券	4,750	——	利益準備金	40,000	——
貸付金	5,000	——	任意積立金	60,000	——
破産更生債権等	△2,640 3,300	——	繰越利益剰余金	491,061	——
繰延税金資産	630	——	売上	△40 （各自推定） 1,915,000	1,238,000 +1,500
支店	432,195	——	支店へ売上	262,900	——
仕入	△695 1,674,000	729,000	受取利息	225	——
本店より仕入	——	259,105	有価証券利息	+60 196	——
販売管理費 (+695 △650)	+80 +50 305,624	+120 182,729	為替差損益	680	——
支払利息	+85 +34 600	——			
合計	3,952,292	1,968,894	合計	3,952,292	1,968,894

2

未達取引はＴ勘定と仕訳を書いて考えていく

【資料２】未達取引に関する事項

1　本店は、支店に乙商品（各自推定）個を送付したが、支店に未達である。なお、送付した商品の本店仕入単価は23,000円である。（100）

2　本店は、乙商品50個を支店の得意先に対して1,650千円（税込み）で掛による直接売上を行ったが、支店に未達である。当該販売は支店を経由して販売したものとして処理を行う。なお、送付した商品の本店仕入単価は23,000円である。

3　支店は、本店の当座預金口座に500千円の入金を行ったが、本店に未達である。

4　支店は、本店の売掛金105千円を本店に代わって小切手で回収したが、本店に未達である。なお、支店では当該取引を誤って150千円で記帳していた。

5　本店は、支店の販売管理費（各自推定）千円を立替払いしたが、支店に未達である。

3

70

本店と支店のどちらに未達であるのかをしっかり確認する

2 決算整理前残高試算表

前T/Bの勘定科目について以下のチェックを行った。

❶ 資産と費用、負債・純資産・収益の境界線に線を引いた。いつもの作業である。

❷ 繰越商品をチェックした後、貸方の繰延内部利益を見ると各自推定である。さらに、売上が各自推定になっているが、これは繰延内部利益の算定後、前T/Bの差額で算定することは容易に見当がつく。

❸ 照合勘定をチェックする。支店勘定と本店勘定、支店へ売上勘定と本店より仕入勘定、いつものとおり金額は不一致だ。

❹ その他の科目も一通り確認するがとくに疑問に感じるところはない。

これらの作業と確認に要した時間は１分程度である。次の資料に移る。

3 未達取引

❶ 計算用紙に、支店、本店、支店へ売上、本店より仕入のT勘定を設け、前T/Bの金額を記入する。さて、未達取引である。

❷ 未達取引１は未達商品であるが、数量・金額が不明である。これは勘定の差額で算定するのだろう。計算用紙のT勘定の金額部分は（　　）にして次に進む。

❸ 未達取引２は直接売上である。仕訳を書きT勘定に記入するとともに、売上と売掛金は前T/Bに加算記入する。消費税はどうしようかと迷ったが、答案用紙の支店後T/Bに未払消費税等がないことから解答要求でないと判断し、無視することにした（これが判断ミスであったことは後になって気がついた）。

❹ 未達取引３はとくに問題なし。現金預金は前T/Bに加算記入する。

❺ 未達取引４は、本店は未達取引、支店は誤処理の修正となる。本店の売掛金、支店の現金預金は前T/Bに加減記入する。

❻ 未達取引５は、計算用紙のT勘定の金額部分を（　　）にしておく。

❼ （　　）のうち未達商品は本店より仕入勘定の差額で算定する。未達商品の数量を計算すると100個になるため、これを期末商品の乙商品に加算する。

❽ 最後に本店勘定の差額で販売管理費を算定する。

❾ 未達取引処理後の本店勘定の残高431,800を答案用紙の支店後T/Bに記入した（後で消費税の振替でこの金額を修正しなければならないが、これは稀なケースである）。

このように書くとすらすら解いているようであるが、本問の未達取引はなかなか難しいため、実際には、かなり慎重にじっくり解いている。そのため、未達取引終了時点で時計をみると、開始から13分経過しており、未達取引だけで10分程度使ったことになる。

問　題

【資料３】修正及び決算整理事項等

１　本店の仮払金には、小口現金として毎月１日に残高が100千円になるように払い出されているものが含まれている。なお、３月の小口現金の使用高は販売管理費88千円（税込み）であるが、未処理である。

販売 80 / 仮払 100
消費 8
現預 12

4

２　×21年３月28日における本店の当座預金勘定残高と取引銀行の当座預金口座残高は一致していたが、決算日現在では不一致となっていた。×21年３月29日以降の当座預金出納帳と当座勘定照合表の記入は次のとおりである。

当社と銀行で数値が異なるものをマーキングする

当座預金出納帳　（単位：千円）

日	付	摘　要	預　入	引　出	残　高
3	28				△ 1,375
	29	A社売掛金回収（税込み）	✓ 880		△ 495
	〃	B社振出小切手預入	210		△ 285
	30	C社買掛金決済による小切手振出（#21）		630	△ 915
	〃	D社振出約束手形取立依頼	✓ 420		△ 495
	31	E社買掛金決済による小切手振出（#22）		✓ 525	△ 1,020
	〃	F社振出小切手預入	✓ 315		△ 705

処理が終了したものはチェックマークを付す

当座勘定照合表　（単位：千円）

日	付	摘　要	支　払	入　金	残　高
3	28				△ 1,375
	29	A社売掛金回収（税込み）		✓ 836	△ 539
	〃	B社振出小切手預入		210	△ 329
	30	電気料金引落（税込み）	✓ 55		△ 384
	31	小切手支払（#21）	630		△ 1,014
	〃	支店より入金		✓ 500	△ 514

（注１）A社は値引控除後（税込み）の金額を入金したが、当社は当該値引に関する記帳を行っていなかった。なお、変動対価に係る返金負債は計上していない。

（注２）D社振出約束手形の取立は完了していない。

売上 40 / 現預 44
消費 4

（注３）小切手（#22）はE社に交付していない。

（注４）F社振出小切手は、銀行の夜間金庫に預け入れたものである。

（注５）電気料金は販売管理費勘定に計上する。

受手 420 / 現預 420
現預 525 / 買掛 525

（注６）期末において当座借越となった場合、借越額は借入金勘定に振り替える。

販売 50 / 現預 55
消費 5
現預 699 / 借入 699

△514	△705
	△ 44
	△420
	＋525
	△ 55
	△699

支店より入金500の記入を忘れ当座借越をミス

5

応用問題１

71

4 小口現金

小口現金の基本的な問題であり、仕訳は簡単だ。仮払金、販売管理費、現金預金は前T/Bに加減記入する。消費税は、答案用紙の本店後T/Bに未払消費税等があることから、計算用紙にT勘定を設けて集計することにした。

5 当座預金

まず資料を一読した。当社と銀行の記録をつき合わせて未処理と誤処理を見つけていくパターンである。資料も少ないし、難しくはないだろうと高をくくっていたが、予想外に手間取り、おまけに当座借越の算定を間違えてしまった（当然、現金預金も合わない）。

次のような手順で解答を行った。

❶ まず、当社と銀行の記録をつき合わせて、金額が違っているものと片方にしかないものについて、金額を（　　）で囲んでおく。処理が一致しているものは、金額に線を引いて消しておく。

❷ （　　）で囲んだ金額について、（注）を確認しながら１つ１つ考えていく。

❸ 当社の880と銀行の836は、（注１）から当社の誤処理と判明し、修正仕訳を書く。

❹ 当社の420は、（注２）から当社の誤処理と判明し、修正仕訳を書く。

❺ 当社の525は、（注３）から未渡小切手と判明し、修正仕訳を書く。

❻ 当社の315は、（注４）から時間外預入と判明するので処理不要。これで当社側は終了である。

❼ 銀行の55は、（注５）から当社未処理と判明し、仕訳を書く。

❽ 銀行の500は、支店より入金とあるので、これは先ほどの未達取引で処理済みであるから、考慮する必要はない（と考えたのが、当座借越の算定を間違える原因となった）。

❾ 最後に当座借越の算定であるが、「はて？　当座借越はどうやって算定するんだ」となってしまった。銀行勘定調整表で算定すればいいことに気がつくまで30秒ほどかかった。その銀行勘定調整表であるが、左ページを見ていただきたい。ご覧のように支店より入金500をすっかり忘れている。後になって考えると、銀行側の修正は時間外預入だけなので、当社側だけでなく銀行側も考えて、きちんと銀行勘定調整表を作ればよかったのだが、当社側だけで算定できると考えたのが失敗であった。

❿ 仕訳した、売上、消費税、受取手形、買掛金、販売管理費、借入金を前T/Bと計算用紙に加減記入し、現金預金は本店・支店とも答案用紙に答えを記入する。

この時点で時計をみると開始から23分経過している。小口現金は１分程度であるから、当座預金の処理に９分程度使ったことになる。残り時間は37分。思ったより時間がかかっているため少々焦る。

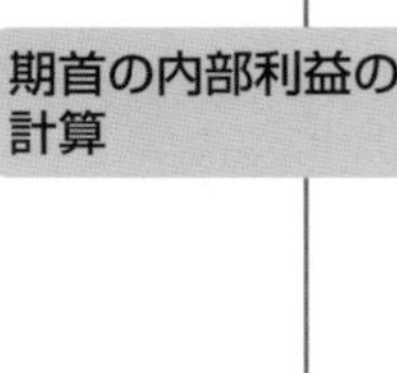

期首の内部利益の計算

3　商品棚卸高は次のとおりである。

(1)　支店の期首商品の内訳は、乙商品15,730千円、丙商品36,500千円である。

$\times \frac{0.1}{1.1}=1,430$

(2)　期末商品の内訳は次のとおりである。なお、帳簿棚卸数量及び実地棚卸数量には未達商品は含まれていない。

未達商品を帳簿と実地にプラスする

		帳簿棚卸数量	帳　簿　単　価	実地棚卸数量	
甲商品	本　店	（各自推定）個 2,650	（各自推定）円	2,600個	37,600　△700
乙商品	本　店	1,900個	23,000円	1,900個	43,700
	支　店	+100　500個	25,300円	+100　500個	$15,180\times\frac{0.1}{1.1}=1,380$
丙商品	支　店	3,200個	11,000円	3,100個	35,200　△1,100

(3)　甲商品の×21年3月1日から修正及び決算整理前までにおける、受入及び払出の状況は次のとおりである。なお、甲商品の評価方法は先入先出法を採用している。

日　　付	摘　　　要	仕入数量	仕入単価	払出数量	
3月1日	前月繰越	3,000個	13,900円		
3月5日	仕　　入	1,200個	14,000円		
3月10日	売　　上			2,500個	@13,900 (695)
3月15日	仕　　入	~~2,000個~~ 150	14,000円		
3月17日	見本品提供			50個	2,100
3月20日	仕　　入	1,400個	14,200円		19,880 } 37,600
3月25日	売　　上			3,500個	15,620
3月30日	仕　　入	1,100個	14,200円		
		8,700		6,050	(2,650)

（注）3月17日の見本品提供については、未処理（販売管理費勘定として処理）となっている。

見本品の仕訳を書き売上原価の算定に含める

~~販売　695~~ / ~~仕入　695~~

6

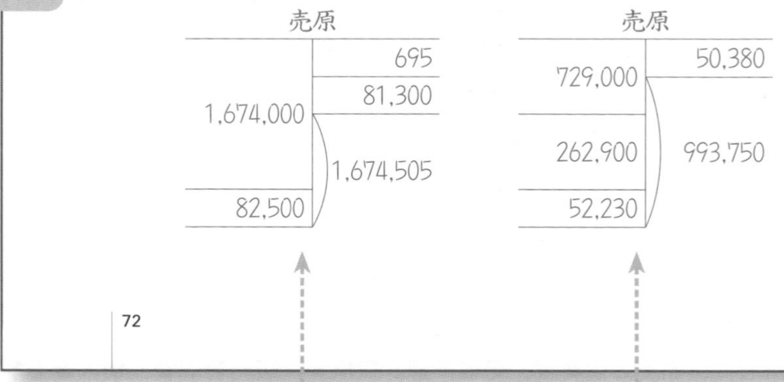

72

本店の売上原価の算定。見本品を忘れないように注意する

支店の売上原価の算定。本店より仕入を含めること。また、期首・期末商品は内部利益を含んだ金額であることに注意する

6 商品

資料をざっと読んでいく。難しくはなさそうだが、先入先出法による期末商品の算定が絡んでおり、これはちょっと時間がかかりそうだなと感じる。とりあえず飛ばそうかとも考えたが、答案用紙をみると、本店・支店とも、売上原価と棚卸減耗費が解答要求になっており、さらに問３は合併Ｐ/Ｌの期首商品、当期仕入、期末商品だ。仮に飛ばしたとしても、解答要求を考えると、結局は解答しなければいけない所であると判断して、解答を始める。

❶ まず、前Ｔ/Ｂの繰延内部利益を算定する。これは簡単だ。

❷ つぎに、前Ｔ/Ｂの売上を算定する。怖いのは電卓ミスだ。慎重に叩く。

❸ 期末商品のうち、甲商品以外を先に算定する。乙商品の支店の所には、すでにプラス100個が記入されている。未達取引の段階で記入したものである。仕入単価が円単位なので、単位に注意しながら計算していく。

❹ 乙商品について期末の内部利益を算定する。これも簡単だ。

❺ 甲商品の算定に移る。まず、仕入数量合計と払出数量合計を算定し、その差として帳簿棚卸数量2,650個を算定する。つぎに帳簿棚卸数量の内訳を考える。新しい商品が残るのだから、新しい商品から（表では下から）2,650個を算定する。減耗50個は古いものから生じるので、減耗商品の単価は14,000円となる。

❻ 未処理の見本品は、逆に古いものから払出を考える。2,500個が売れた次の払出であるから、払出単価は前月繰越の13,900円だ。見本品の未処理は売上原価算定の際、貸方の仕入を忘れやすいので必ず仕訳を書くことにしている。

❼ 本店と支店の売上原価をＴ勘定で算定し、答案用紙の売上原価と棚卸減耗費に答えを記入する。さらに本店と支店の売上も答えを記入する。

❽ 問３の数値を算定する。必要な数値はすべてこのページにあるため、電卓を叩いて、すぐに答案用紙に答えを記入する。

これらの作業が終わって時計を見ると、開始から33分経過している。この作業に10分かかったことになる。

残り時間は27分。問題はまだ３ページも残っていて、答案用紙は白い部分が目立つ状態だ。時間が気になりかなり焦る。

4　当社は、金銭債権を一般債権、貸倒懸念債権及び破産更生債権等の３種類に区分し、その区分ごとに貸倒引当金の算定を行う。なお、貸倒引当金の繰入は差額補充法により行う。

(1)　一般債権は債権金額に１％を乗じた額を貸倒引当金として設定する。

~~消費　240~~ / ~~破産　2,640~~
~~貸引　1,650~~
~~損失　750~~

(2)　本店の金銭債権の状況

①　破産更生債権等3,300千円（税込み）は、すべて前期に民事再生法の再生手続開始申立てを行ったＧ社に対する債権であり、債権金額に対して50％の貸倒引当金を設定している。Ｇ社は×21年２月20日に再生計画が認可決定し、債権金額の80％は切捨てられ、残り20％は10年間で分割弁済される旨の通知を受けたが、これに関する処理が未処理である。なお、当該債権については当期末において債権金額に対して100％の貸倒引当金を設定する。

難しい問題ではないが残り時間が少ないため飛ばすことにした

②　貸付金は、すべてＨ社に対して貸付けたものであるが、当期にＨ社から返済条件の緩和を求められた。当社はこれに応じたため当該債権を貸倒懸念債権に区分し、キャッシュ・フロー見積法により貸倒引当金を設定する。返済条件緩和前の返済日は×22年３月31日、利率は年4.5％、利払日は毎年３月31日であり、返済条件緩和後の返済日は×24年３月31日、翌期からの利率は年3.5％、利払日は毎年３月31日とした。なお、貸倒引当金は下記に示した現価係数を用いて算定することとする。

〈現価係数〉

4.5％の場合	１年0.96	２年0.92	３年0.88
3.5％の場合	１年0.97	２年0.93	３年0.90

③　上記①及び②以外の本店の金銭債権はすべて一般債権に区分されるものである。

(3)　支店の金銭債権の状況

①　得意先であるＩ社は期末日現在、破産していることが判明したため、Ｉ社に対する債権を破産更生債権等に区分し、破産更生債権等勘定に振替えるとともに、債権金額に対して100％の貸倒引当金を設定する。期末におけるＩ社に対する債権は受取手形440千円（Ｉ社振出の約束手形330千円、Ｉ社から裏書譲渡を受けたＹ社振出約束手形110千円）及び売掛金660千円である。

~~破産　990~~ / ~~受手　330~~
~~売掛　660~~

②　上記①以外の支店の金銭債権はすべて一般債権に区分されるものである。

(4)　貸倒引当金繰入限度超過額に対して税効果会計を適用する。なお、本店及び支店の金銭債権に対する前期末の貸倒引当金繰入限度超過額は1,575千円であり、当期末の貸倒引当金繰入限度超過額は855千円である。

7

応用問題１

7 貸倒引当金

資料をざっと読んで、貸倒引当金の算定は飛ばすことにした。貸付金についてキャッシュ・フロー見積法で貸倒引当金を算定するというのが、この判断の大きな要因である。実際、キャッシュ・フロー見積法を苦手とする受験生は多いため、これが本試験ならば本店の貸倒引当金はできなくていい所になる。

しかし、支店の貸倒引当金まで飛ばしたのはまずかったと思う。支店は一般債権と破産更生債権等だけなので、後で振り返ってみるとこれは簡単にできただろうと思うが、そのときは残り時間が気になって内容を冷静に見極める余裕がなかった。

また、税効果会計についても失敗だった。よく読めば、「貸倒引当金繰入限度超過額」とあるため、貸倒引当金の算定に関係なく税効果の処理ができたのだが、これも問題をきちんと読む余裕がなかった。

結局、ここで行ったのは、本店と支店の破産更生債権等の処理だけである。仕訳を書き前T/Bに加減記入した後、答案用紙の受取手形、売掛金、破産更生債権等、貸倒損失に答えを記入した。

ここに要した時間は３分程度であろうが、この時点では時計を見る余裕がなかった。

残存価額を表中に記入する

減損損失と建物と土地への按分

前払であることをよく確認する

5　有形固定資産の内訳は次のとおりである。減価償却の方法は定額法による。

	種　類	取得価額	帳簿価額	耐用年数	償却率	
本　店	建 物 A	360,000千円	165,600千円	50年 10%	0.020	6,480
	建 物 B	200,000千円	119,000千円	20年 10%	0.050	9,000
	車　両	50,000千円	45,000千円	5年 0	0.200	10,000
	備　品	32,000千円	21,312千円	6年 0	0.167	5,344
支　店	建　物	240,000千円	159,000千円	40年 10%	0.025	5,400
	車　両	30,000千円	24,000千円	5年 0	0.200	6,000
	備　品	18,000千円	11,988千円	6年 0	0.167	3,006

（注1）建物については残存価額を取得原価の10%とする。

（注2）車両及び備品については残存価額をゼロとする。

（注3）建物Bと本店の土地のうち140,000千円は賃貸用不動産として保有しているものである。賃貸用不動産は収益性が低下しているため、当期で減損損失を認識し、減損損失認識時の帳簿価額に基づいて、減損損失を建物Bと土地に配分することにした。減損損失の算定に必要な事項は下記のとおりである。なお、減損損失については税効果会計を適用する。　110,000＋140,000＝250,000－182,850＝67,150＜29,546／37,604

(1) 当期末における建物Bの正味売却価額は80,000千円、土地の正味売却価額は100,000千円である。

(2) 賃貸用不動産の残存使用期間は10年であり、使用期間中のキャッシュ・フロー見積額は毎期15,000千円、使用期間終了時における見積処分価額は90,000千円である。なお、使用価値は割引率を4％として算定し、期間10年の年金現価係数8.11と現価係数0.68を使用して算定する。121,650＋61,200＝182,850

（注4）上記以外に、本店では下記の内容で備品をリースにより調達し、×20年4月1日より使用を開始しているが、リース料支払額をもって販売管理費に計上したのみである。

(1) 所有権移転ファイナンス・リースに該当する。

(2) 減価償却は残存価額をゼロとする定額法により行う。

(3) リース期間：5年（定額法償却率0.200）

(4) 経済的耐用年数：6年（定額法償却率0.167）

(5) リース料総額：3,250千円

(6) 年額リース料：650千円（毎年4月1日に前払い）

(7) リース資産の計上価額：3,030千円

(8) 利息相当額は利率年3.6%の利息法により算定する。

~~リ資 3,030／リ債 3,030~~
~~リ債 650／販売 650~~
減費 506／~~リ資 506~~
~~支利 85／未費 85~~
2,380 × 3.6%

8

8 有形固定資産

❶ 資料をざっと見て「ひえー」となった。減損会計にリースまで加わっている。一瞬、「どうする、どうする」となったが、減損会計とリースはいずれも本店だ。支店の資料を見ると面倒なものは何もない。まず、支店をやることにした。

❷ 支店の減価償却費を計算する。どれも簡単だ。答案用紙の備品と減価償却費に答えを記入する。

❸ 本店の固定資産はとりあえずリースだけをやることにした。答案用紙にリース資産とリース債務があるため、最低でもこれだけは取っておこうという判断である。しかし、消費税が絡んでおり、また、リース料が前払であるため、少々難しく感じる。慎重にひとつひとつ仕訳を考えていく。消費税は計算用紙のT勘定に転記、販売管理費と支払利息は前T/Bに加算記入、減価償却費は後で集計することを考えて◯で囲み、リース資産、リース債務、未払費用は答案用紙に答えを記入し、次に移ることした。

ここで時計を見ると開始から42分経過している。残り18分だ。

この後、次ページの外貨建有価証券、外貨建借入金、新株予約権付社債、法人税等の処理を行って、時間が6分ほど余った。この6分をやり残した本店の固定資産に当てることにした。したがって、以下の処理は最後の6分間の作業である。

まず、減損会計に関係ない建物A、車両、備品の減価償却費を算定する。これは簡単だ。

つぎに建物Bの減価償却費を算定する。これも簡単だ。

減損会計に移る。

正味売却価額を算定する。金額は80,000＋100,000で180,000。

使用価値を算定する。121,650＋61,200で182,850。

回収可能価額はいずれか大きいほうで182,850。

簿価合計は110,000＋140,000で250,000。

減損損失は250,000－182,850で67,150。

減損損失の配分は、建物と土地の簿価の比率で按分して、それぞれ29,546と37,604。

やってみると基本問題レベルであったが、答案用紙に答えを記入する際は、以下の点に注意し慎重に作業を行った。

- 減価償却費はリース資産の分を忘れないようにする。
- 建物は、AとBの簿価合計額からそれぞれの減価償却費と減損損失をマイナスする。
- 土地は前T/Bの土地320,000から減損損失をマイナスする。

以上の作業を行って30秒ほど残ったが、30秒でできることはないので解答を終了した。

6　本店の投資有価証券はすべて×20年４月１日に取得した外貨建満期保有目的の債券（満期日：×24年３月31日）である。当該債券の額面金額は40千ドル、取得価額は38千ドルであり、この差額は定額法により償却を行う。なお、×21年３月31日の直物為替相場は１ドル＝118円、当期の平均為替相場は１ドル＝120円である。

4年

9

7　本店の借入金のうち12,200千円は、×21年２月１日に借入れた外貨建長期インパクトローン100千ドル（返済日：×23年１月31日、利率：年３％、利払日：毎年１月31日）である。当該借入金に関しては、借入れと同時に元本に対して１ドル＝119円で為替予約を付したが、借入日の直物為替相場で換算しているのみである。なお、為替予約の処理は振当処理を採用し、直先差額については借入期間で期間按分し、当期分については支払利息に加減算することとする。

2年

10

8　本店の社債は×19年４月１日に下記の条件で発行した新株予約権付社債であり、一括法により処理している。

⑴　社債金額：20,000千円
⑵　払込金額：20,000千円
⑶　償還日：×24年３月31日
⑷　クーポン利子率：０％
⑸　権利行使期間：×19年４月１日から×24年３月31日まで
⑹　権利行使に伴う払込方法：代用払込
⑺　新株の交付による資本金組入額：会社法に規定する最低額

当期中に社債額面1,000千円について権利行使があり、新株を交付したが未処理である。

~~社債　1,000~~ / ~~資本　500~~
資準　500

11

9　当社の消費税等に関する申告納付は本店が一括して行っているため、支店で計上された仮受消費税等と仮払消費税等は本店への振替を行う。よって、本店は、本店と支店で計上された仮受消費税等の合計額と仮払消費税等の合計額の差額から本店が支払った消費税等の中間納付額を差し引いた残額を未払消費税等に計上する。なお、中間納付額9,300千円は仮払金に計上されている。

12

10　当社の法人税等に関する申告納付は本店が一括して行っている。当期の法人税等の年税額は86,800千円である。なお、中間納付額39,000千円は仮払金に計上されている。

13

応用問題1

9 外貨建有価証券

基本的な外貨建満期保有目的債券の処理である。作業は２つ。償却額の計上と期末換算替えである。計算用紙に計算過程と仕訳を書く。答案用紙を見ると、これに関連する解答要求は有価証券利息と為替差損益だ。為替差損益は次の外貨建借入金でも増減があると思い、有価証券利息だけ答えを記入した。

ここで時計を見る。残り14分である。

10 外貨建借入金

これも基本的な問題であるが、為替予約は元本のみであること、直先差額は支払利息に加減する点に注意しなければならない。計算用紙に、タイムテーブルと仕訳を書く。長期前受収益はすぐに答えを記入する。借入金と支払利息は前Ｔ/Ｂに加減記入したあと答えを記入する。未払費用は、すでにリースの85を記入していたため、これを144に訂正する。ここで、為替差損益の増減は先ほどの外貨建有価証券の分だけだと気がつき、為替差損益も答えを記入する。

ここで時計を見る。残り９分である。

11 新株予約権付社債

これまた基本的な問題である。なんだかんだ資料が書いてあるが、要は権利行使があった1,000について社債を減額し資本金と資本準備金に振替えるだけだ。さっと仕訳を書き、社債と資本金に答えを記入する。

12 消費税等

ざっと読んで、「しまった。支店の消費税を集計していない」と思ったが、後の祭りである。消費税は諦めることにした。

13 法人税等

答案用紙を見ると解答要求は未払法人税等で仕訳を書くまでもない。電卓を叩き、答案用紙に答えを記入した。

また、まだ答えを記入していなかった、本店の買掛金、本店と支店の販売管理費を計算し答えを記入する。

ここで時計を見る。残り６分であった。前述したように、この６分を本店の固定資産に当てることにした。

〔計算用紙〕

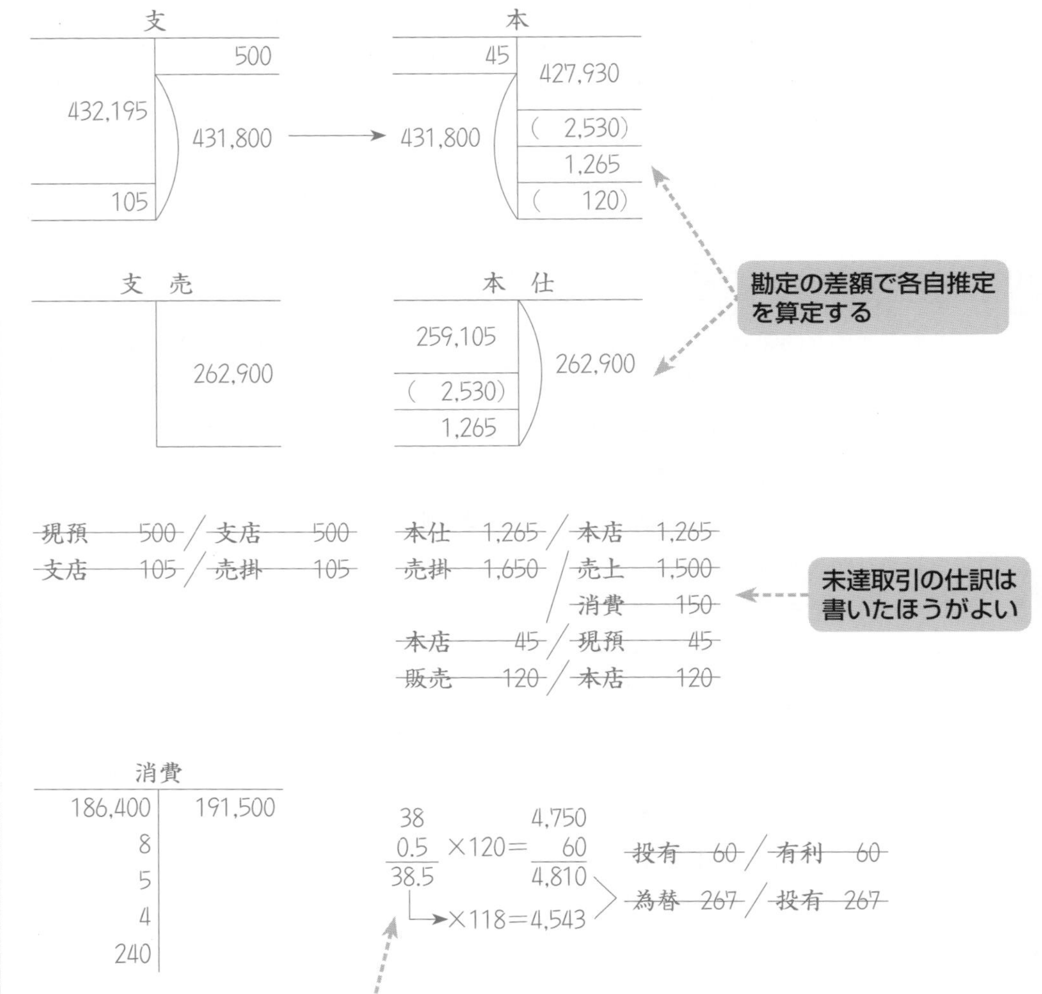

消費

186,400	191,500
8	
5	
4	
240	

38
0.5 ×120＝ 4,750
38.5 60
4,810
→×118＝4,543

投有 60 / 有利 60
為替 267 / 投有 267

2/1 3/末 1/末
2 22
119
12,200 → 11,900
300

外貨建満期保有目的債券の計算と仕訳

借入 300 / 支利 25
長前 275
支利 59 / 未費 59

14 計算用紙

❶ **照合勘定**

未達取引に関しては、T勘定だけでなく仕訳も書くことにしている。受験生時代、速く解こうとT勘定や仕訳を省略したことがあったが、そんなときに限ってケアレスミスをした。何度か同様のミスを繰り返した後、どんなに簡単な問題であっても、未達取引については必ずT勘定と仕訳を書き、丁寧に処理することを心がけるようにした。

本問については、未達商品はT勘定に（　　）の記入を行ったため仕訳を書いていないが、これ以外はすべて仕訳を書いている。未達取引処理後に支店勘定と本店勘定は431,800で一致する。通常はこれで終わりなのだが、本問では決算整理で消費税の工場振替41,050があるため、これを加算した472,850が後T/Bに計上される。

❷ **消費税**

ご覧のように本店の分しか集計していない。

❸ **外貨建有価証券**

償却額の算定は、「外貨償却額×期中平均レート」で簡単だが、換算替えには外貨償却原価38.5千ドルと円貨償却原価4,810が必要なため、左記のような形で計算している。

❹ **外貨建借入金**

為替予約については、常にタイムテーブルと仕訳を丁寧に書くようにしている。

MEMO

応用問題 2

制限時間 60分

甲株式会社（以下「当社」という。）の当期（自×20年４月１日至×21年３月31日）について、【資料１】に示す×21年３月31日現在の決算整理前残高試算表、【資料２】に示す修正及び決算整理事項、【資料３】に示す決算整理前残高試算表の勘定科目に関する事項に基づき、答案用紙の決算整理後残高試算表を完成させなさい。

（留意事項）

1　期間による計算が生ずる場合には月割り計算を行うものとする。

2　利息の計算等については発生主義により計算を行うものとする。

3　計算に当たって円未満の端数が生じた場合は四捨五入する。

4　直物為替相場は以下のとおりである。

D社株式の取得時　１ドル＝100円
×20年３月31日　１ドル＝110円
×21年３月31日　１ドル＝105円

5　消費税及び地方消費税（以下「消費税等」という。）の会計処理は税抜方式を採用している。資料中、（税込）とある金額には消費税等10％が含まれており、それ以外は消費税等を考慮しないものとする。

なお、未払消費税等の計上に当たっては、仮払消費税と仮受消費税を相殺し、中間納付額を考慮して計上する。

6　税効果会計については、税効果会計に関する記載がされている項目についてのみ考慮し、記述のない項目には適用しない。

なお、その適用に当たっては、法定実効税率を前期及び当期とも40％とする。

また、繰延税金資産と繰延税金負債は相殺せずにそれぞれ残高で解答すること。

7　法人税等及び法人税等調整額の合計額は税引前当期純利益に法定実効税率（40％）を乗じた金額とし、法人税等の金額は逆算で計算する。未払法人税等は、預金利息及び受取配当金から控除された源泉所得税等及び法人税等の中間納付額を考慮して計算する。

8　問題文に勘定科目の指示がある場合にはその指示に従うものとし、それ以外については答案用紙に示している適当な勘定科目により処理する。

9　答案用紙に記入する数字は３桁ごとにカンマを付けるものとする。

【資料１】　×21年３月31日現在の決算整理前残高試算表

（単位：円）

借方		貸方	
科目	金額	科目	金額
現金預金	19,620,030	支払手形	34,419,000
受取手形	75,102,000	買掛金	54,201,000
売掛金	113,171,000	前受金	1,200,000
商品	27,567,000	借入金	20,000,000
製品	32,655,000	仮受金	77,580,000
材料	11,544,000	仮受消費税	93,821,000
仕掛品	23,130,000	未払費用	100,000
仮払金	29,889,000	繰延税金負債	1,800,000
仮払消費税	52,938,000	貸倒引当金	4,278,000
前払費用	440,000	製品保証引当金	10,800,000
建物	155,952,000	賞与引当金	15,360,000
機械装置	27,816,000	退職給付引当金	83,400,000
車両運搬具	8,483,000	資本金	77,000,000
器具備品	8,250,000	資本準備金	8,000,000
土地	10,000,000	利益準備金	7,000,000
投資有価証券	68,450,000	繰越利益剰余金	79,362,960
繰延税金資産	44,206,560	その他有価証券評価差額金	2,610,000
商品仕入	295,671,000	売上	938,210,000
材料仕入	114,168,000	受取利息配当金	279,000
人件費	244,200,000	雑収入	16,534,000
貸倒損失	2,662,000	為替差損益	560,000
その他営業費用	111,324,370		
製造経費	47,422,000		
支払利息保証料	1,800,000		
雑損失	54,000		
合計	1,526,514,960	合計	1,526,514,960

【資料２】　修正及び決算整理事項

１　現金預金

決算日における現金の実際有高は403,000円、当座預金の銀行残高証明書は11,824,370円、外貨建定期預金の自動継続後元本は71,680ドルであった。現金預金に関して以下の事項が判明した。なお、現金過不足のうち原因不明のものについては雑損失または雑収入とする。

⑴　得意先振出小切手105,000円について当座預金口座に入金することとなり記帳したが、当該小切手は現金の実査を行ったときに金庫に保管されていた。

⑵　売掛金1,188,000円に関する当座振込があり、手数料660円（税込）が差し引かれた残額が入金されていたが、未記帳であった。

⑶　支払手形（各自推計）円が決済され当座引落が行われていたが、未記帳であった。

⑷　その他営業費用88,000円（税込）を現金で支払ったが、未記帳であった。

⑸　その他営業費用55,000円の支払いのために小切手を振り出して支払先に渡したが、まだ銀行に呈示されていなかった。

⑹　外貨建定期預金（利息は年利３％）は×21年３月31日に満期日を迎えたため、１年分の利息（源泉所得税等20％控除後）が入金されていたが、未記帳であった。当該外貨建定期預金は入金された利息も含め自動継続となっている。

２　棚卸資産

⑴　商品

期末商品の評価は先入先出法を採用している。商品の期末棚卸高は以下のとおりである。

	数　量	単　価
帳簿棚卸高	6,500個	原価4,300円
実地棚卸高	6,450個	原価4,300円

収益性の低下を判定するための正味売却価額は、３月の平均販売単価4,400円を売却市場における合理的な市場価額とし、見積販売直接経費は、当該平均販売単価の３％とする。収益性低下評価損及び棚卸減耗損はいずれも売上原価に含める。なお、前期末の商品に収益性の低下は発生していない。

⑵　材料

期末材料の評価は先入先出法を採用している。材料の期首棚卸数量は3,000個、当期購入数量は26,800個、期末棚卸数量は2,700個である。なお、材料は工程の始点で投入して、製品を製造している。

⑶　仕掛品

期末仕掛品の評価は平均法を採用している。減損は毎期発生する正常なものであるため、減損の発生額については完成品と期末仕掛品に負担させる。なお、期首仕掛品棚卸数量は3,000個（加工進捗度70％）、当期投入数量は27,100個、減損発生数量は100個（加工進捗度50％）、期末仕掛品棚卸数量は3,200個（加工進捗度60％）である。

⑷ 製品

期末製品の評価は先入先出法による。なお、期首製品棚卸数量は3,500個、当期完成数量は（各自推計）個、期末製品棚卸数量は3,600個である。

3 貸倒引当金

⑴ A社債権の貸倒による貸倒引当金の不足額は、当期中の状況の変化によって生じたものであり、会計上の見積りの変更に該当するものである。

⑵ 得意先B社が倒産したため、B社に対する債権はすべて破産更生債権等とする。B社が振出した約束手形のうち210,000円については買掛金の決済として仕入先に対して裏書譲渡していたため、仕入先より手形額面分の遡及を受けたが、支払はまだ行っていないため未払金を計上する。なお、貸倒引当金は債権金額の全額を設定する。

⑶ 受取手形及び売掛金に対する貸倒引当金は、期末債権額に貸倒実績率2％を乗じた金額を設定する。

4 有形固定資産

有形固定資産の減価償却方法は定額法による。製造関係に関する減価償却費はすべて製造原価とする。なお、残存価額は0円とする。

種類	取得価額	期首帳簿価額	償却率	用途
建物	82,000,000円	70,848,000円	0.034	本社
建物	46,000,000円	39,744,000円	0.034	営業所
建物	54,000,000円	45,360,000円	0.040	工場
機械装置	38,000,000円	27,816,000円	0.067	工場にて使用
車両運搬具	9,000,000円	4,491,000円	0.167	営業にて使用
車両運搬具	8,000,000円	3,992,000円	0.167	工場にて使用
器具備品	6,000,000円	3,750,000円	0.125	本社にて使用
器具備品	7,200,000円	4,500,000円	0.125	工場にて使用

建物（本社）に関する修繕は×20年12月1日に終了したが、修繕費のうち3,300,000円（税込）については資本的支出とし、償却率0.034により減価償却計算を行う。

5 投資有価証券

有価証券の保有状況は以下のとおりである。当社の保有する有価証券はすべて市場価格のある株式であるため、決算日の市場価格に基づく時価法で評価し、評価差額については全部純資産直入法で処理する。なお、期末時価が取得価額より50％以下に下落した場合は減損処理を行う。

銘　柄	区　分	保有株数		1株当たりの金額		
		前期末	当期末	取得価額	前期末時価	当期末時価
C社株式	その他有価証券	30,000株	20,000株	1,400円	1,550円	1,700円
D社株式	その他有価証券	500株	500株	190ドル	170ドル	90ドル
E社株式	その他有価証券	6,000株	6,000株	4,400円	2,100円	1,900円

⑴　前期末の評価差額の振戻処理は行っていない。

⑵　当期における株式の追加取得はないが、C社株式のうち10,000株を売却している。

6　製品保証引当金

当社で製造し、販売した製品が1年以内に故障した場合、1回に限り無償で修理を行う契約を結んでいるため、以下の算式で算定した製品保証引当金の設定数量に対して1個当たり2,000円の製品保証引当金を計上する。なお、前期末に計上した製品保証引当金の当期末残高は戻入処理する。当該戻入は当期中の状況の変化により生じたものであり、会計上の見積りの変更に該当するものである。

製品保証引当金の設定数量＝当期販売数量×25％－当期販売分の修理数量

7　賞与引当金

賞与の支給対象期間は夏期賞与が12月1日から5月31日、冬期賞与が6月1日から11月30日である。賞与引当金は支給見込額基準で計上しており、翌期の支払額のうち当期に属する金額を計上する。賞与の状況は以下のとおりである。

支給対象期間	支給見込額	
	営業関係	製造関係
×19年12月1日から×20年5月31日	13,920,000円	9,120,000円
×20年6月1日から×20年11月30日	14,310,000円	9,450,000円
×20年12月1日から×21年5月31日	14,850,000円	9,810,000円

8　退職給付引当金

当社の従業員数は300人未満であるため、退職給付引当金は「退職給付に関する会計基準」の簡便法で計上している。退職給付に関する状況は以下のとおりであり、当期の退職給付費用のうち40％は製造原価とする。

	年金資産	自己都合要支給額	年金財政計算上の責任準備金
前期末	55,700,000円	78,600,000円	60,500,000円
当期末	63,200,000円	84,100,000円	64,400,000円

9　社債の発行

×20年４月１日に額面金額80,000,000円の社債を77,580,000円で割引発行した。償還期限は×24年３月31日、利払日は毎年３月31日の年１回で年1.5％の利息を支払うという条件で発行したものである。額面金額と払込金額の差額は金利調整差額と認められるため、利息法により償却する。社債発行費は繰延資産に計上し、償還期間にわたり利息法により償却する。なお、実効利子率は払込金額を基に算定した場合は2.3％、払込金額から社債発行費を控除した金額を基に算定した場合は2.5％である。

10　税効果会計

当期の税効果会計は下記の項目について適用する。前期においても同様の項目について適用している。

貸倒引当金　製品保証引当金　賞与引当金　退職給付引当金　その他有価証券の評価差額

なお、前期末の貸倒引当金に関する一時差異の金額は806,400円であり、当期末の貸倒引当金に関する一時差異の金額は、破産更生債権等に対して設定した貸倒引当金に50％を乗じた金額である。また、有価証券の減損処理は税務上損金算入が認められるため、税効果会計は適用しない。

【資料３】　決算整理前残高試算表の勘定科目に関する事項

勘　定　科　目	内　　　容
(1)　現金預金	現金　393,000円 当座預金　11,527,030円 定期預金　7,700,000円（全額外貨建定期預金70,000ドルである） 合計　19,620,030円である。
(2)　受取手形	手許に保有のもの　72,435,000円（うちＢ社分825,000円） 取立依頼中のもの　2,667,000円（うちＢ社分189,000円） 合計　75,102,000円である。
(3)　売掛金	Ｂ社に対するものが2,052,000円含まれている。
(4)　貸倒引当金	前期末残高であり、Ａ社債権に対するものが880,000円含まれている。 Ａ社債権以外に個別に設定したものはない。
(5)　商品	前期末残高である。
(6)　製品	前期末残高である。
(7)　材料	前期末残高である。
(8)　仕掛品	前期末残高である。なお、製造原価の内訳は、材料費が11,790,000円、加工費が11,340,000円である。

勘　定　科　目	内　　　　容
(9)　仮払金	法人税等の中間納付額　16,080,000円 消費税等の中間納付額　8,760,000円 社債の発行費用　649,000円（税込） 修繕費　4,400,000円（税込） 合計　29,889,000円である。
(10)　前払費用	×20年２月１日の借入日に支払った融資保証料の残額である。
(11)　前受金	当期に商品を引渡したものが500,000円含まれており、掛売上として処理されている。
(12)　借入金	×20年２月１日に借入期間２年の条件で借り入れたものである。年利３％の利息を毎年１月31日に後払いしている。
(13)　仮受金	社債の発行に伴う払込金額である。
(14)　未払費用	前期末残高であり、借入金の利息に関するものである。
(15)　製品保証引当金	前期末残高であり、１個当たり2,000円を設定している。
(16)　賞与引当金	前期末残高である。
(17)　退職給付引当金	前期末残高である。
(18)　人件費	賃金給料　184,700,000円 賞与　46,800,000円 退職一時金　5,400,000円 企業年金掛金　7,300,000円 合計　244,200,000円である。 　なお、賃金給料のうち73,130,000円、賞与のうち18,570,000円は製造関係のものである。
(19)　貸倒損失	前期に計上した売上債権　1,760,000円（税込） 当期に計上した売上債権　902,000円（税込） 合計　2,662,000円である。 　なお、前期に計上した売上債権はすべてＡ社に関するものである。
(20)　支払利息保証料	前期に借入れた借入金に関するもの　600,000円 当期に発行した社債に関するもの　1,200,000円 合計　1,800,000円である。
(21)　その他営業費用	製品の修理費2,500,000円が含まれている。１個当たりの製品修理費は2,000円であり、前期販売分600個、当期販売分650個を修理している。
(22)　受取利息配当金	保有株式に関する配当金である。源泉所得税等21,000円控除後の手取額をもって計上している。
(23)　雑収入	有価証券の売却収入額　16,500,000円 その他の雑収入　34,000円 合計　16,534,000円である。

解　答

※□内の数字は配点を示す。

決算整理後残高試算表　　　（単位：円）

借方 科目	借方 金額	貸方 科目	貸方 金額
現金預金	1 19,698,770	支払手形	1 33,579,000
受取手形	1 74,088,000	買掛金	54,201,000
売掛金	1 109,431,000	前受金	1 700,000
商品	1 27,528,600	借入金	20,000,000
製品	1 35,640,000	未払金	1 210,000
材料	1 11,502,000	未払法人税等	1 26,386,340
仕掛品	1 24,384,000	未払消費税等	1 31,413,940
前払費用	1 200,000	未払費用	1 100,000
建物	2 152,406,000	繰延税金負債	1 2,400,000
機械装置	1 25,270,000	貸倒引当金	1 6,946,380
車両運搬具	1 5,644,000	製品保証引当金	1 12,050,000
器具備品	1 6,600,000	賞与引当金	2 16,440,000
土地	10,000,000	社債	1 78,164,340
投資有価証券	1 50,125,000	退職給付引当金	1 85,300,000
破産更生債権等	1 3,276,000	資本金	77,000,000
繰延税金資産	1 46,651,200	資本準備金	8,000,000
社債発行費	1 449,590	利益準備金	7,000,000
商品売上原価	1 295,709,400	繰越利益剰余金	79,362,960
製品売上原価	1 262,335,000	その他有価証券評価差額金	1 2,880,000
人件費	1 149,180,000	売上	938,210,000
貸倒損失	1 1,540,000	受取利息配当金	1 520,500
貸倒引当金繰入額	1 3,548,380	雑収入	1 34,000
製品保証引当金繰入額	1 12,050,000	投資有価証券売却益	1 2,500,000
減価償却費	1 6,639,000	製品保証引当金戻入額	1 9,600,000
その他営業費用	1 111,204,970	為替差損益	1 210,000
支払利息保証料	1 2,624,340	法人税等調整額	1 2,024,640
社債発行費償却	1 140,410		
雑損失	1 61,000		
投資有価証券評価損	1 4,775,000		
法人税等	1 42,531,440		
合計	1,495,233,100	合計	1,495,233,100

【配　点】 1 ×46カ所＝46点　2 ×２カ所＝４点　　合計50点

解答への道

（単位：円）

1　現金預金

(1)　未預入小切手（銀行勘定調整・企業側減算）

（現　金　預　金） 〈現　　　金〉	105,000	（現　金　預　金） 〈当　座　預　金〉	105,000

(2)　売掛金の回収（銀行勘定調整・企業側加算）

（現　金　預　金）※1 〈当　座　預　金〉	1,187,340	（売　　掛　　金）	1,188,000
（その他営業費用）※2	600		
（仮　払　消　費　税）※3	60		

※1　1,188,000－660＝1,187,340

※2　$660\times\frac{1}{1.1}=600$

※3　$660\times\frac{0.1}{1.1}=60$

(3)　支払手形の決済（銀行勘定調整・企業側減算）

（支　払　手　形）	840,000	（現　金　預　金）※ 〈当　座　預　金〉	840,000

※　下記(6)参照

(4)　その他営業費用の支払

（その他営業費用）※1	80,000	（現　金　預　金） 〈現　　　金〉	88,000
（仮　払　消　費　税）※2	8,000		

※1　$88,000\times\frac{1}{1.1}=80,000$

※2　$88,000\times\frac{0.1}{1.1}=8,000$

(5)　未取付小切手 ⇨ 仕訳不要（銀行勘定調整・銀行側減算）

(6)　銀行勘定調整表

銀行勘定調整表

当座預金帳簿残高※1	11,527,030	銀行残高証明書残高	11,824,370
翌　日　預　入	△　105,000	未　取　付　小　切　手	△　55,000
売　掛　金　の　回　収	＋ 1,187,340		
支　払　手　形　の　決　済※2	(△　840,000)		
	11,769,370		11,769,370

※1　【資料3】(1)現金預金の内訳より

※2　差額

(7) 外貨建定期預金

① 利息の受取

（現金預金）※３ 〈外貨建定期預金〉	176,400	（受取利息配当金）※１	220,500
（仮払金）※２ 〈仮払法人税等〉	44,100		

※１　70,000ドル（【資料３】(1)現金預金の内訳より）×３％×ＳＲ105＝220,500

※２　220,500×20％＝44,100

※３　差額

② 外貨建定期預金の換算替

（為替差損益）	350,000	（現金預金）※ 〈外貨建定期預金〉	350,000

※　帳簿価額：7,700,000＋176,400＝7,876,400
　　ＣＲ換算額：71,680ドル×当期ＣＲ105＝7,526,400
　　△350,000

(8) 現金過不足

（雑損失）	7,000	（現金預金）※ 〈現金〉	7,000

※　帳簿価額：393,000（【資料３】(1)現金預金の内訳より）＋105,000－88,000＝410,000
　　実際有高：403,000
　　△7,000

２　棚卸資産（商品及び材料を記載、仕掛品及び製品は下記13参照）

(1) 商品

① 売上原価

（商品売上原価）	27,567,000	（商品）	27,567,000
（商品売上原価）	295,671,000	（商品仕入）	295,671,000
（商品）※	27,950,000	（商品売上原価）	27,950,000

※　@4,300×6,500個＝27,950,000

② 期末評価

（商品売上原価）※	421,400	（商品）	421,400

※　棚卸減耗損：@4,300×（6,500個－6,450個）＝215,000
　　低下評価損：{@4,300－（@4,400－@4,400×３％）}×6,450個＝206,400
　　合計421,400

(2) 材料（先入先出法）

（材料仕入）	11,544,000	（材料）	11,544,000
（材料）※	11,502,000	（材料仕入）	11,502,000

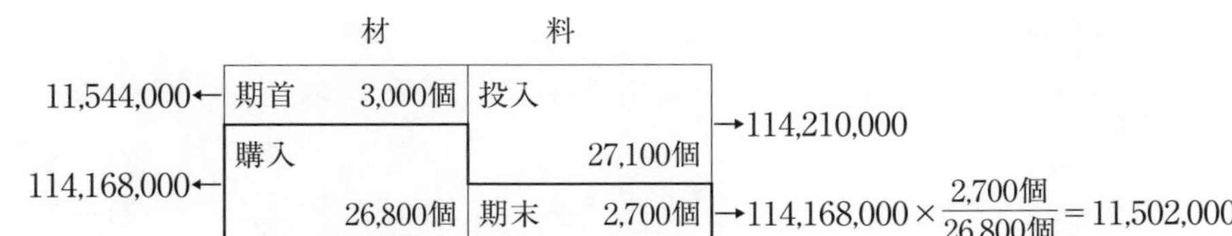

3　貸倒引当金

(1)　売掛金の修正

(前　受　金)※　500,000　(売　掛　金)　500,000

※　【資料３】(11)前受金より

(2)　Ａ社債権に関する貸倒の修正

①　正しい仕訳（貸倒れた債権は全額売掛金と仮定している。）

借方	金額	貸方	金額
(仮受消費税)※１	160,000	(売　掛　金)	1,760,000
(貸倒引当金)※２	880,000		
(貸　倒　損　失)※３	720,000		

※１　$1{,}760{,}000 \times \frac{0.1}{1.1} = 160{,}000$

※２　【資料３】(4)貸倒引当金より

※３　差額

②　当社が行った仕訳

借方	金額	貸方	金額
(貸　倒　損　失)※	1,760,000	(売　掛　金)	1,760,000

※　【資料３】(19)貸倒損失より

③　修正仕訳（①－②）

借方	金額	貸方	金額
(仮受消費税)	160,000	(貸　倒　損　失)	1,040,000
(貸倒引当金)	880,000		

(3)　当期に計上した売上債権の貸倒の修正

①　正しい仕訳（貸倒れた債権は全額売掛金と仮定している。）

借方	金額	貸方	金額
(仮受消費税)※１	82,000	(売　掛　金)	902,000
(貸　倒　損　失)※２	820,000		

※１　$902{,}000 \times \frac{0.1}{1.1} = 82{,}000$

※２　差額

②　当社が行った仕訳

借方	金額	貸方	金額
(貸　倒　損　失)※	902,000	(売　掛　金)	902,000

※　【資料３】(19)貸倒損失より

③　修正仕訳（①－②）

借方	金額	貸方	金額
(仮受消費税)	82,000	(貸　倒　損　失)	82,000

(4) B社債権

(破産更生債権等)※4 3,276,000 (受取手形)※1 1,014,000
(売掛金)※2 2,052,000
(未払金)※3 210,000

※1 手許保有825,000＋取立依頼中189,000(両方とも【資料3】(2)受取手形の内訳より)＝1,014,000

※2 【資料3】(3)売掛金より

※3 仕入先からの遡及を受けたものについては、支払を行っていないため未払金に計上する。

※4 貸方合計

(5) 貸倒引当金の設定

(貸倒引当金繰入額)※ 3,548,380 (貸倒引当金) 3,548,380

※ ① 破産更生債権等

3,276,000×100%＝3,276,000

② 一般債権

受取手形：前T/B75,102,000－1,014,000＝74,088,000

売掛金：前T/B113,171,000－1,188,000－500,000－2,052,000＝109,431,000

∴ (受取手形74,088,000＋売掛金109,431,000)×2%＝3,670,380

③ 繰入額

(破産3,276,000＋一般3,670,380)－(前T/B貸倒引当金4,278,000－880,000)＝3,548,380

4 有形固定資産

(1) 建物

① 修繕

(建物)※2 3,000,000 (仮払金)※1 4,400,000
(その他営業費用)※3 1,000,000
(仮払消費税)※4 400,000

※1 【資料3】(9)仮払金の内訳より

※2 $3{,}300{,}000 \times \frac{1}{1.1} = 3{,}000{,}000$

※3 $(4{,}400{,}000 - 3{,}300{,}000) \times \frac{1}{1.1} = 1{,}000{,}000$

※4 $4{,}400{,}000 \times \frac{0.1}{1.1} = 400{,}000$

② 減価償却費

(減価償却費)※1 4,386,000 (建物) 6,546,000
(製造経費)※2 2,160,000

※1 本社(既存分)：82,000,000×0.034＝2,788,000
本社(資本的支出分)：$3{,}000{,}000 \times 0.034 \times \frac{4月}{12月} = 34{,}000$
営業所：46,000,000×0.034＝1,564,000
} 合計4,386,000

※2 54,000,000×0.040＝2,160,000

(2) 機械装置

(製造経費)※	2,546,000	(機械装置)	2,546,000

※　38,000,000×0.067＝2,546,000

(3) 車両運搬具

(減価償却費)※１	1,503,000	(車両運搬具)	2,839,000
(製造経費)※２	1,336,000		

※１　9,000,000×0.167＝1,503,000

※２　8,000,000×0.167＝1,336,000

(4) 器具備品

(減価償却費)※１	750,000	(器具備品)	1,650,000
(製造経費)※２	900,000		

※１　6,000,000×0.125＝750,000

※２　7,200,000×0.125＝900,000

5　投資有価証券

(1) Ｃ社株式

① 振戻処理

(繰延税金負債)※２	1,800,000	(投資有価証券)※１	4,500,000
(その他有価証券評価差額金)※３	2,700,000		

※１　前期末簿価：@1,400×30,000株＝42,000,000
　　　前期末時価：@1,550×30,000株＝46,500,000　（＋4,500,000）

※２　4,500,000×40％＝1,800,000

※３　差額

② 売却

(雑収入)※２	16,500,000	(投資有価証券)※１	14,000,000
		(投資有価証券売却益)※３	2,500,000

※１　@1,400×10,000株＝14,000,000

※２　【資料３】㉓雑収入の内訳より

※３　差額

③ 時価評価

(投資有価証券)※１	6,000,000	(繰延税金負債)※２	2,400,000
		(その他有価証券評価差額金)※３	3,600,000

※１　当期末簿価：@1,400×20,000株＝28,000,000
　　　当期末時価：@1,700×20,000株＝34,000,000　（＋6,000,000）

※２　6,000,000×40％＝2,400,000

※３　差額

(2) D社株式

① 振戻処理

(投資有価証券)※1	150,000	(繰延税金資産)※2	60,000
		(その他有価証券評価差額金)※3	90,000

※1 前期末簿価：@190ドル×500株×HR100＝9,500,000
前期末時価：@170ドル×500株×前期CR110＝9,350,000　△150,000

※2 150,000×40％＝60,000

※3 差額

② 時価評価（@190ドル×50％＞@90ドルであるため、減損処理を適用）

(投資有価証券評価損)	4,775,000	(投資有価証券)※	4,775,000

※ 当期末簿価：@190ドル×500株×HR100＝9,500,000
当期末時価：@ 90ドル×500株×当期CR105＝4,725,000　△4,775,000

(3) E社株式

① 振戻処理 ⇨ 前期末において@4,400×50％＞@2,100により減損処理を適用しているため、振戻処理なし

② 時価評価

(繰延税金資産)※2	480,000	(投資有価証券)※1	1,200,000
(その他有価証券評価差額金)※3	720,000		

※1 当期末簿価：@2,100×6,000株＝12,600,000
当期末時価：@1,900×6,000株＝11,400,000　△1,200,000

※2 1,200,000×40％＝480,000

※3 差額

6 製品保証引当金

(1) 前期販売分の修正

(製品保証引当金)※1	1,200,000	(その他営業費用)	1,200,000
(製品保証引当金)※2	9,600,000	(製品保証引当金戻入額)	9,600,000

※1 @2,000×前期販売分600個(【資料3】(21)その他営業費用より)＝1,200,000

※2 前T/B10,800,000－1,200,000＝9,600,000

(2) 当期分の設定

(製品保証引当金繰入額)	12,050,000	(製品保証引当金)※	12,050,000

※ @2,000×(当期販売数量26,700個(下記13(2)参照)×25％－当期販売分の修理数量650個(【資料3】(21)その他営業費用より))＝12,050,000

7　賞与及び賞与引当金

(1)　当期支払分の修正

①　正しい仕訳

(賞与引当金)※２	15,360,000	(現金預金)※１	46,800,000
(人件費)※４	18,950,000		
(労務費)※３	12,490,000		

※１　【資料３】⒅人件費の内訳より

※２　前T/Bより

※３　18,570,000（【資料３】⒅人件費より）－前期引当金設定額9,120,000×$\frac{4月}{6月}$＝12,490,000

※４　差額

②　当社が行った仕訳

(人件費)	46,800,000	(現金預金)	46,800,000

③　修正仕訳（①－②）

(賞与引当金)	15,360,000	(人件費)	27,850,000
(労務費)	12,490,000		

(2)　当期分の設定

(人件費)※１	9,900,000	(賞与引当金)	16,440,000
(労務費)※２	6,540,000		

※１　14,850,000×$\frac{4月}{6月}$＝9,900,000

※２　9,810,000×$\frac{4月}{6月}$＝6,540,000

8　退職給付引当金

(1)　支出額の修正

①　正しい仕訳

(退職給付引当金)※	12,700,000	(現金預金)	12,700,000

※　退職一時金5,400,000＋企業年金掛金7,300,000（両方とも【資料３】⒅人件費の内訳より）
＝12,700,000

②　当社が行った仕訳

(人件費)※	12,700,000	(現金預金)	12,700,000

※　【資料３】⒅人件費の内訳より

③　修正仕訳（①－②）

(退職給付引当金)	12,700,000	(人件費)	12,700,000

⑵　当期の設定

（人件費）※２	8,760,000	（退職給付引当金）※１	14,600,000
（労務費）※３	5,840,000		

※１　①　当期引当金設定額

（自己都合要支給額84,100,000＋責任準備金64,400,000）－年金資産63,200,000＝85,300,000

②　当期繰入額

85,300,000－（前T/B83,400,000－12,700,000）＝14,600,000

※２　14,600,000×60％＝8,760,000

※３　14,600,000×40％＝5,840,000

９　社債

⑴　社債発行の修正

（仮受金）※	77,580,000	（社債）	77,580,000

※　【資料３】⒀仮受金より

⑵　社債発行費の修正

（社債発行費）※２	590,000	（仮払金）※１	649,000
（仮払消費税）※３	59,000		

※１　【資料３】⑼仮払金の内訳より

※２　$649{,}000 \times \frac{1}{1.1} = 590{,}000$

※３　$649{,}000 \times \frac{0.1}{1.1} = 59{,}000$

⑶　金利調整差額の償却

（支払利息保証料）※	584,340	（社債）	584,340

※　払込金額77,580,000×2.3％－クーポン利息1,200,000（【資料３】⒇支払利息保証料の内訳より）＝584,340

⑷　社債発行費の償却

（社債発行費償却）※	140,410	（社債発行費）	140,410

※　（払込金額77,580,000－発行費590,000）×2.5％－77,580,000×2.3％＝140,410

（参考）

	社債発行費の償却　140,410	（払込金額77,580,000－発行費590,000）×2.5％＝1,924,750
払込金額77,580,000×2.3％＝1,784,340	金利調整差額の償却　584,340	
	クーポン利息 1,200,000（＝80,000,000×1.5％）	

10 借入金

(1) 融資保証料

(支払利息保証料)※ 240,000 (前払費用) 240,000

※ 440,000（【資料３】⑽前払費用より）× $\frac{12月}{24月-2月}$ = 240,000

(注) 融資保証料とは、銀行から融資を受ける場合に保証会社の保証を受けるために支払うものであり、借入期間にわたり費用処理を行う。

(2) 利息

① 再振替

(未払費用)※ 100,000 (支払利息保証料) 100,000

※ 【資料３】⒁未払費用より

② 見越

(支払利息保証料)※ 100,000 (未払費用) 100,000

※ 20,000,000 × ３％ × $\frac{2月}{12月}$ = 100,000

11 賃金給料の振替

(労務費)※ 73,130,000 (人件費) 73,130,000

※ 【資料３】⒅人件費より

12 受取利息配当金の修正

(仮払金) 21,000 (受取利息配当金)※ 21,000

※ 【資料３】(22) 受取利息配当金より

13 棚卸資産（仕掛品及び製品）

(1) 仕掛品（平均法）

① 費目別の仕掛品への振替

(仕掛品) 266,574,000 (材料仕入)※１ 114,210,000

(労務費)※２ 98,000,000

(製造経費)※３ 54,364,000

※１ 上記２⑵参照

※２ 賞与支払額12,490,000＋賞引繰入額6,540,000＋退職給付5,840,000＋賃金給料73,130,000 ＝98,000,000

※３ 前T/B47,422,000＋減費（建物2,160,000＋機械2,546,000＋車両1,336,000＋器具900,000） ＝54,364,000

② 期末仕掛品の評価及び当期製品製造原価の振替

(製品)※ 265,320,000 (仕掛品) 265,320,000

※ 減損については完成品と期末仕掛品の両者に負担させるため、減損数量を無視してボックスを作成する。

材　料　費

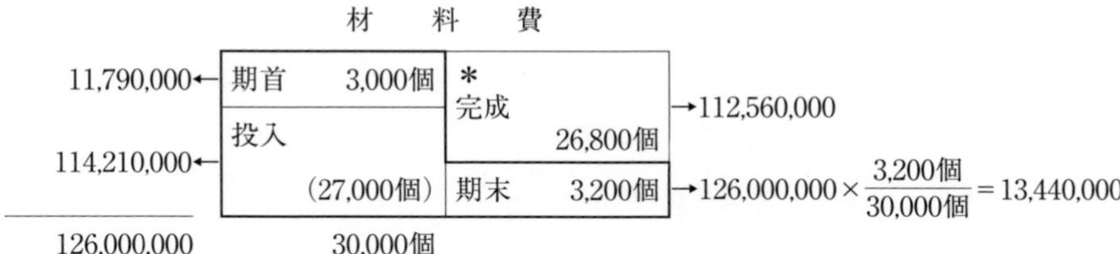

＊　期首仕掛品3,000個＋投入27,100個－減損100個－期末仕掛品3,200個＝26,800個

加　工　費

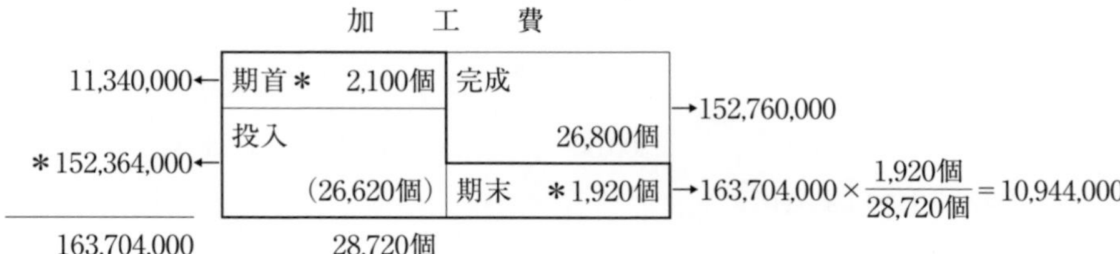

＊　期首仕掛品：3,000個×70％＝2,100個

期末仕掛品：3,200個×60％＝1,920個

加　工　費：労務費98,000,000＋製造経費54,364,000＝152,364,000

∴　当期製品製造原価：材料費112,560,000＋加工費152,760,000＝265,320,000

(2)　製品（先入先出法）

(製品売上原価)※	262,335,000	(製　品)	262,335,000

※

製　品

32,655,000←	期首　3,500個	販売	
		(26,700個)	→262,335,000
265,320,000←	完成		
	26,800個	期末　3,600個	→265,320,000 × 3,600個/26,800個 = 35,640,000
297,975,000			

14　消費税

(仮受消費税)※1	93,579,000	(仮払消費税)※2	53,405,060
		(仮　払　金)※3	8,760,000
		(未払消費税等)※4	31,413,940

※1　前T/B93,821,000－160,000－82,000＝93,579,000

※2　前T/B52,938,000＋60＋8,000＋400,000＋59,000＝53,405,060

※3　【資料3】(9)仮払金の内訳より

※4　差額

15　税効果会計（差額補充法）

(繰延税金資産)※	2,024,640	(法人税等調整額)	2,024,640

※　(1)　貸倒引当金

当期末3,276,000×50％×40％－前期末806,400×40％＝332,640

(2) 製品保証引当金

当期末12,050,000×40％－前期末10,800,000×40％＝500,000

(3) 賞与引当金

当期末16,440,000×40％－前期末15,360,000×40％＝432,000

(4) 退職給付引当金

当期末85,300,000×40％－前期末83,400,000×40％＝760,000

∴ 貸引332,640＋製引500,000＋賞引432,000＋退引760,000＝2,024,640

16 法人税等

(法人税等)※1	42,531,440	(仮払金)※2	16,145,100
		(未払法人税等)※3	26,386,340

※1 法人税等：税引前当期純利益(収益合計951,074,500－費用合計849,807,500)×40％
＝40,506,800

税金費用：40,506,800＋法人税等調整額2,024,640＝42,531,440

※2 中間納付16,080,000（【資料３】(9)仮払金の内訳より）＋44,100＋21,000＝16,145,100

※3 差額

MEMO

本問のポイント

本問は決算整理型の商的工業簿記（商品売買も一部含まれているが）であり、問題の構造自体は、前T/B→決算整理→後T/Bという単純なものである。

本問のポイントは次の2点である。

> ⑴　決算整理に必要な資料が、【資料2】と【資料3】の2つに分割されており、この点が一般的な問題と大きく異なっている。このような問題では、各項目で必要となる仕訳を考えるために、【資料2】と【資料3】を同時に読むことが必要となる。
>
> ⑵　量が多いため60分ですべて解答するのは不可能である。そのため、簡単な所を拾っていかなければならないが、それには取捨選択の判断が重要になる。

⑴については、まず【資料2】を読み、つぎに【資料3】から必要な資料をピックアップするという手順になるが、これはかなり面倒な作業であり、パラパラとページをめくる作業だけでもイライラしてくる。さらに、項目によっては必要な資料が【資料3】の中でも分散している場合（借入金など）や、【資料3】にしか記載されていないもの（前受金など）があり、これにより見落としといったものが生じやすい。また、2つに分割された資料を頭の中で1つにまとめなければならないが、どうしても頭が混乱してくる。講師でも要領よく解くのは難しい問題である。

このような問題の対処法としては、最初の時点で【資料3】の内容をきっちり読んでから決算整理に取りかかるのがいいだろう。もちろん量が多いため全部は覚えきれないが、ある程度は記憶に残る。そうすると、【資料2】を読んでいく過程で、「あっ、そういえばこれに関連することが【資料3】に何か書いてあったな」と思いあたることになるが、これだけでもかなり違う。このような問題を初めて解いて右往左往した方はぜひ試してもらいたい。

なお、本問のように資料が分割された問題は、平成19年以降の本試験でほぼ毎年出題されており、今後も出題される可能性が高い。本問のような問題にどう対処するかについて、受験生は十分な練習が必要である。

⑵については、大胆にいえば、本試験レベルの商的工業簿記に関しては、仕掛品以降の計算は捨てる所になる。本問ならば、材料費、労務費、製造経費は集計しない。「絶対に仕掛品を合わせてやろう」などとムキにならないほうがいい。仕掛品以降の計算を合わせられる人などほとんどいないのだから。また、人件費、その他営業費用、支払利息保証料、消費税、貸倒引当金、税効果、法人税なども捨てる所になる。

本問は講師が解答して解答時間60分で37点であった。60分で30点を目標にしてほしい。

講師の解答方法

応用問題 2

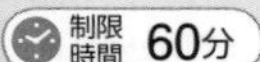

配点 50点

甲株式会社（以下「当社」という。）の当期（自×20年4月1日至×21年3月31日）について、【資料1】に示す×21年3月31日現在の決算整理前残高試算表、【資料2】に示す修正及び決算整理事項、【資料3】に示す決算整理前残高試算表の勘定科目に関する事項に基づき、答案用紙の決算整理後残高試算表を完成させなさい。

（留意事項）

1　期間による計算が生ずる場合には月割り計算を行うものとする。

2　利息の計算等については発生主義により計算を行うものとする。

3　計算に当たって円未満の端数が生じた場合は四捨五入する。

4　直物為替相場は以下のとおりである。

D社株式の取得時	1ドル＝100円
×20年3月31日	1ドル＝110円
×21年3月31日	1ドル＝105円

5　消費税及び地方消費税（以下「消費税等」という。）の会計処理は税抜方式を採用している。資料中、（税込）とある金額には消費税等10%が含まれており、それ以外は消費税等を考慮しないものとする。

　なお、未払消費税等の計上に当たっては、仮払消費税と仮受消費税を相殺し、中間納付額を考慮して計上する。

6　税効果会計については、税効果会計に関する記載がされている項目についてのみ考慮し、記述のない項目には適用しない。

　なお、その適用に当たっては、法定実効税率を前期及び当期とも40%とする。

　また、繰延税金資産と繰延税金負債は相殺せずにそれぞれ残高で解答すること。

7　法人税等及び法人税等調整額の合計額は税引前当期純利益に法定実効税率（40%）を乗じた金額とし、法人税等の金額は逆算で計算する。未払法人税等は、預金利息及び受取配当金から控除された源泉所得税等及び法人税等の中間納付額を考慮して計算する。

8　問題文に勘定科目の指示がある場合にはその指示に従うものとし、それ以外については答案用紙に示している適当な勘定科目により処理する。

9　答案用紙に記入する数字は3桁ごとにカンマを付けるものとする。

1

応用問題2

きちんとカンマを
付けなくてはいけない

1 全体像の把握

問題全体にざっと目を通す。どうやら決算整理型の商的工業簿記のようだ。

問題の最後に表がある。最近の本試験で何度も目にしている前T/Bの勘定科目の内訳が書かれた表だ。ざっと眺める程度に目を通すがなかなか量が多い。

この表があるということは、資料が２つに分割されているということだ。【資料２】と【資料３】をセットで解答していかなければならない。おまけに商的工業簿記で、結構量もありそうだ。「これはちょっと厄介な問題だな」と感じる。

第一印象で、「すべて解答するのは無理だ。簡単な所を拾っていこう」と作戦を決めた。

問題のはじめの部分を読んでいく。

問題の構造は、前T/B→決算整理→後T/B。

留意事項は、いつもの前提条件が書かれているが、気を抜かないで重要事項にマーキングしながら読んでいく。

ここまでで２分程度である。続いて前T/Bのチェックに移る。

【資料1】 ×21年3月31日現在の決算整理前残高試算表

（単位：円）

	借方		貸方		
	科目	金額	科目	金額	
+78,740	現金預金	19,620,030	支払手形	34,419,000	△840,000
△1,014,000	受取手形	75,102,000	買掛金	✗ 54,201,000	
△1,188,000 △2,052,000	売掛金	113,171,000	前受金	1,200,000	
	商品	27,567,000	借入金	✗ 20,000,000	
	製品	32,655,000	仮受金	77,580,000	
	材料	11,544,000	仮受消費税	93,821,000	
	仕掛品	23,130,000	未払費用	100,000	
	仮払金	29,889,000	繰延税金負債	1,800,000	
	仮払消費税	52,938,000	貸倒引当金	4,278,000	△880,000
	前払費用	440,000	製品保証引当金	10,800,000	
	建物	155,952,000	賞与引当金	15,360,000	
	機械装置	27,816,000	退職給付引当金	83,400,000	
	車両運搬具	8,483,000	資本金	✗ 77,000,000	
	器具備品	8,250,000	資本準備金	✗ 8,000,000	
	土地	✗ 10,000,000	利益準備金	✗ 7,000,000	
	投資有価証券	68,450,000	繰越利益剰余金	✗ 79,362,960	
	繰延税金資産	44,206,560	その他有価証券評価差額金	2,610,000	
	商品仕入	295,671,000	売上	✗ 938,210,000	
	材料仕入	114,168,000	受取利息配当金	+220,500 279,000	+21,000
	人件費	244,200,000	雑収入	16,534,000	
△1,122,000	貸倒損失	2,662,000	為替差損益	△350,000 560,000	
+80,600 +1,000,000	その他営業費用	111,324,370			
	製造経費	47,422,000			
	支払利息保証料	1,800,000			
	雑損失	+7,000 54,000			
	合計	1,526,514,960	合計	1,526,514,960	

2

106

2 決算整理前残高試算表

前T/Bの勘定科目について以下のチェックを行った。

❶ 資産と費用、負債・純資産・収益の境界線に線を引いた。いつもの作業である。

❷ 前払費用と未払費用が計上されている。おそらく、期首の再振替仕訳が未処理というパターンであろうと推測される。

❸ その他有価証券評価差額金が計上されている。これについても、期首の振戻処理が未処理というパターンであろうと推測される。

❹ 賞与引当金は前期末計上額のままであると思われる。これはよくあるパターンだ。

❺ その他の科目も一通り確認するが特に疑問に感じるところはない。

❻ 答案用紙の後T/Bに金額が記入されている科目に×印を付した。

これらの作業と確認に要した時間は1分程度である。

このあと、【資料2】ではなく、【資料3】の表のチェックに移った。

(1)の現金預金から、丁寧に読んでいく。

読みながら、「これは重要な資料になりそうだ」と感じたものにはマーキングをする。

すべて読み終わった段階で、「半分ぐらいは頭に入ったかな」という感じである。少々頼りないが、量が多いのでしかたがない。

ここで時計を見ると、開始から7分経過している。【資料3】の表のチェックに4分ほど使ったことになる。7分も使ってやったのは資料のチェックだけ。まだ、1つの仕訳も書いていないし、電卓すら叩いていない。資料のチェックを少々丁寧にやり過ぎたかなと思いながら【資料2】に移る。

仕訳等は計算用紙で行っている

未預入小切手は間違えやすいので注意が必要

【資料２】　修正及び決算整理事項

1　現金預金

決算日における現金の実際有高は403,000円、当座預金の銀行残高証明書は11,824,370円、外貨建定期預金の自動継続後元本は71,680ドルであった。現金預金に関して以下の事項が判明した。なお、現金過不足のうち原因不明のものについては雑損失または雑収入とする。

(1)　得意先振出小切手105,000円について当座預金口座に入金することとなり記帳したが、当該小切手は現金の実査を行ったときに金庫に保管されていた。

(2)　売掛金1,188,000円に関する当座振込があり、手数料660円（税込）が差し引かれた残額が入金されていたが、未記帳であった。

(3)　支払手形（各自推計）円が決済され当座引落が行われていたが、未記帳であった。

(4)　その他営業費用88,000円（税込）を現金で支払ったが、未記帳であった。

(5)　その他営業費用55,000円の支払いのために小切手を振り出して支払先に渡したが、まだ銀行に呈示されていなかった。

(6)　外貨建定期預金（利息は年利３％）は×21年３月31日に満期日を迎えたため、１年分の利息（源泉所得税等20％控除後）が入金されていたが、未記帳であった。当該外貨建定期預金は入金された利息も含め自動継続となっている。

3

応用問題2

2　棚卸資産

(1)　商品

期末商品の評価は先入先出法を採用している。商品の期末棚卸高は以下のとおりである。

	数　量	単　価	
帳簿棚卸高	6,500個	原価4,300円	
実地棚卸高	6,450個	原価4,300円	正4,268

帳 27,950,000
減 215,000
低 206,400

収益性の低下を判定するための正味売却価額は、３月の平均販売単価4,400円を売却市場における合理的な市場価額とし、見積販売直接経費は、当該平均販売単価の３％とする。収益性低下評価損及び棚卸減耗損はいずれも売上原価に含める。なお、前期末の商品に収益性の低下は発生していない。

(2)　材料

期末材料の評価は先入先出法を採用している。材料の期首棚卸数量は3,000個、当期購入数量は26,800個、期末棚卸数量は2,700個である。なお、材料は工程の始点で投入して、製品を製造している。

(3)　仕掛品

期末仕掛品の評価は平均法を採用している。減損は毎期発生する正常なものであるため、減損の発生額については完成品と期末仕掛品に負担させる。なお、期首仕掛品棚卸数量は3,000個（加工進捗度70％）、当期投入数量は27,100個、減損発生数量は100個（加工進

4

3 現金預金

❶ まず資料を一読した。１つの資料の中に、現金、当座預金、外貨建定期預金に関する取引が混在しており、現金に関しては現金過不足、当座預金に関しては各自推定が絡んでいる。この問題では現金預金で仕訳すると途中で訳がわからなくなるなと感じ、現金、当座預金、外貨建定期預金、それぞれの勘定を使って仕訳することにした。

❷ 【資料３】の(1)を確認する。前Ｔ／Ｂの現金預金の内訳であり、疑問の余地はない。

❸ 現金はＴ勘定を設け、当座預金は、銀行勘定調整表を作る。

❹ ひとつひとつ仕訳を書き、仕訳したものを現金勘定と銀行勘定調整表に転記していく。支払手形の仕訳はとりあえず、支払手形（　　　）/当座預金（　　　）としておく。

❺ 外貨建定期預金は少々混乱した。利息を１年分計上するのは問題ないが、期末換算替をしなければいけないこと、そして期末換算替は元本の70,000ドル部分のみ考えればいいことに気がつくまで、１分ほど考えてしまった。

❻ 現金の修正後残高と実際有高の差額で現金過不足を算定し、仕訳を書く。

❼ 銀行勘定調整表の差額で支払手形を算定し、（　　　）に金額を記入する。

❽ 現金預金以外の科目について前Ｔ／Ｂに加減記入する。ただし、消費税と源泉所得税（法人税）はこの段階で集計するのを諦めた。法人税は当然であるが、消費税も量が多くとても集計できないと判断したからである。

❾ 最後に現金預金を集計し、答案用紙に答えを記入した。ただし、現金/当座預金の仕訳は貸借とも現金預金のため無視している。

これらの作業が終わって時計を見ると、開始から19分経過している。現金預金に12分かかったことになる。

4 棚卸資産

❶ 商品は基本問題だ。帳簿棚卸高、棚卸減耗、正味売却価額、収益性低下評価損、何の問題もない。答案用紙の商品と商品売上原価に答えを記入する。

❷ 材料も基本問題だ。期末材料を計算し、答案用紙の材料に答えを記入するが、当期材料費は計算しなかった。どうせ仕掛品以降の計算は捨てることになるだろうという判断からだ。

❸ 仕掛品と製品の資料は内容をまったく見ずに飛ばした（ただし、製品保証引当金の計算で見ることになる）。

これらの作業が終わって時計を見ると、開始から24分経過している。商品と材料に５分かかったことになる。

4
(続き)

捗度50%）、期末仕掛品棚卸数量は3,200個（加工進捗度60%）である。

(4) 製品

期末製品の評価は先入先出法による。なお、期首製品棚卸数量は3,500個、当期完成数量は（各自推計）個、期末製品棚卸数量は3,600個である。

5

3 貸倒引当金

消費 160,000 / 損失 1,040,000
貸引 880,000 /

(1) A社債権の貸倒による貸倒引当金の不足額は、当期中の状況の変化によって生じたものであり、会計上の見積りの変更に該当するものである。消費 82,000 / 損失 82,000

(2) 得意先B社が倒産したため、B社に対する債権はすべて破産更生債権等とする。B社が振出した約束手形のうち210,000円については買掛金の決済として仕入先に対して裏書譲渡していたため、仕入先より手形額面分の遡及を受けたが、支払はまだ行っていないため未払金を計上する。なお、貸倒引当金は債権金額の全額を設定する。

(3) 受取手形及び売掛金に対する貸倒引当金は、期末債権額に貸倒実績率２％を乗じた金額を設定する。

破産 3,276,000 / 受手 1,014,000
/ 売掛 2,052,000
/ 未払 210,000

6

4 有形固定資産

有形固定資産の減価償却方法は定額法による。製造関係に関する減価償却費はすべて製造原価とする。なお、残存価額は0円とする。

資本的支出は帳簿価額の欄に記入する

種　　類	取 得 価 額	期首帳簿価額	償 却 率	用　　途	
建　　物	82,000,000円	+3,000,000 70,848,000円	0.034	本社	④34,000 2,788,000
建　　物	46,000,000円	39,744,000円	0.034	営業所	1,564,000
建　　物	54,000,000円	45,360,000円	0.040	工場	2,160,000
機 械 装 置	38,000,000円	27,816,000円	0.067	工場にて使用	2,546,000
車両運搬具	9,000,000円	4,491,000円	0.167	営業にて使用	1,503,000
車両運搬具	8,000,000円	3,992,000円	0.167	工場にて使用	1,336,000
器 具 備 品	6,000,000円	3,750,000円	0.125	本社にて使用	750,000
器 具 備 品	7,200,000円	4,500,000円	0.125	工場にて使用	900,000

集計ミスしないように営業分をマーキングしている

建物（本社）に関する修繕は×20年12月１日に終了したが、修繕費のうち3,300,000円（税込）については資本的支出とし、償却率0.034により減価償却計算を行う。

7

5 投資有価証券

有価証券の保有状況は以下のとおりである。当社の保有有価証券はすべて市場価格のある株式であるため、決算日の市場価格に基づく時価法で評価し、評価差額については全部純資産直入法で処理する。なお、期末時価が取得価額より50%以下に下落した場合は減損処理を行う。

108

5 貸倒引当金

❶ Ａ社債権の貸倒により貸倒引当金の不足が生じたとあるが、金額及び期中どのような処理をしたかについてはいっさい書かれていない。「そういえば、【資料３】の表にＡ社というのがあったな」と思いながら【資料３】を見る。まず(4)で貸倒引当金880,000を確認する。つぎに(19)で貸倒額1,760,000を確認し、修正仕訳を考える。期中の仕訳は、貸倒損失/売掛金だから消費税の精算と貸倒引当金の取崩を行っていない。修正仕訳を書く。

❷ 当期計上分についても消費税の精算を行っていないため、これも修正仕訳を書く。

❸ Ｂ社についても【資料３】の表にあったなと思いながら【資料３】を見る。(2)で受取手形、(3)で売掛金をピックアップし、未払金と合わせて破産更生債権等への振替仕訳を書く。

❹ 受取手形、売掛金、貸倒損失は前Ｔ/Ｂに減算記入したあと、答案用紙に答えを記入した。また、破産更生債権等と未払金は前Ｔ/Ｂを確認後、答案用紙に答えを記入した。未払金についてはこのあと追加が出てくるかもしれないが、その時は答えを訂正するだけである。

❺ 貸倒引当金は飛ばすことにした。

ここで時計を見るのを忘れた。おそらく５～６分かかったと思う。

6 有形固定資産

❶ 資料をざっと見て「これは簡単だ」と思った。

❷ まず、表の営業関係（本社、営業所等）のものにマーキングをした。これは後Ｔ/Ｂの減価償却費は営業関係だけなので、あとで集計しやすくするためである。

❸ 資本的支出について内容を確認した。これも簡単だと思いながら【資料３】の(9)を見ると修繕費4,400,000とある。先に修繕費だけ答えを書いてしまおうと思い後Ｔ/Ｂを見るが修繕費がない。ではどこに計上するのかと考えたが、該当しそうなものはその他営業費用しかない。１点損したような気分で、前Ｔ/Ｂのその他営業費用に加算記入する。なお、資本的支出3,000,000は取得価額ではなく、期首帳簿価額の欄に記入したほうが、あとで期末簿価を計算する際に間違えなくてよい。

❹ 減価償却費を計算する。注意しなければならないのは、資本的支出の月割計算だけだ。計算した減価償却費のうち営業関係だけを集計し答えを記入する。

❺ 固定資産の種類ごとに簿価を計算し、答案用紙の建物、機械装置、車両運搬具、器具備品に答えを記入する。

❻ 製造関係の減価償却費は集計しなかった。

これらの作業が終わって時計を見ると、開始から37分経過していた。

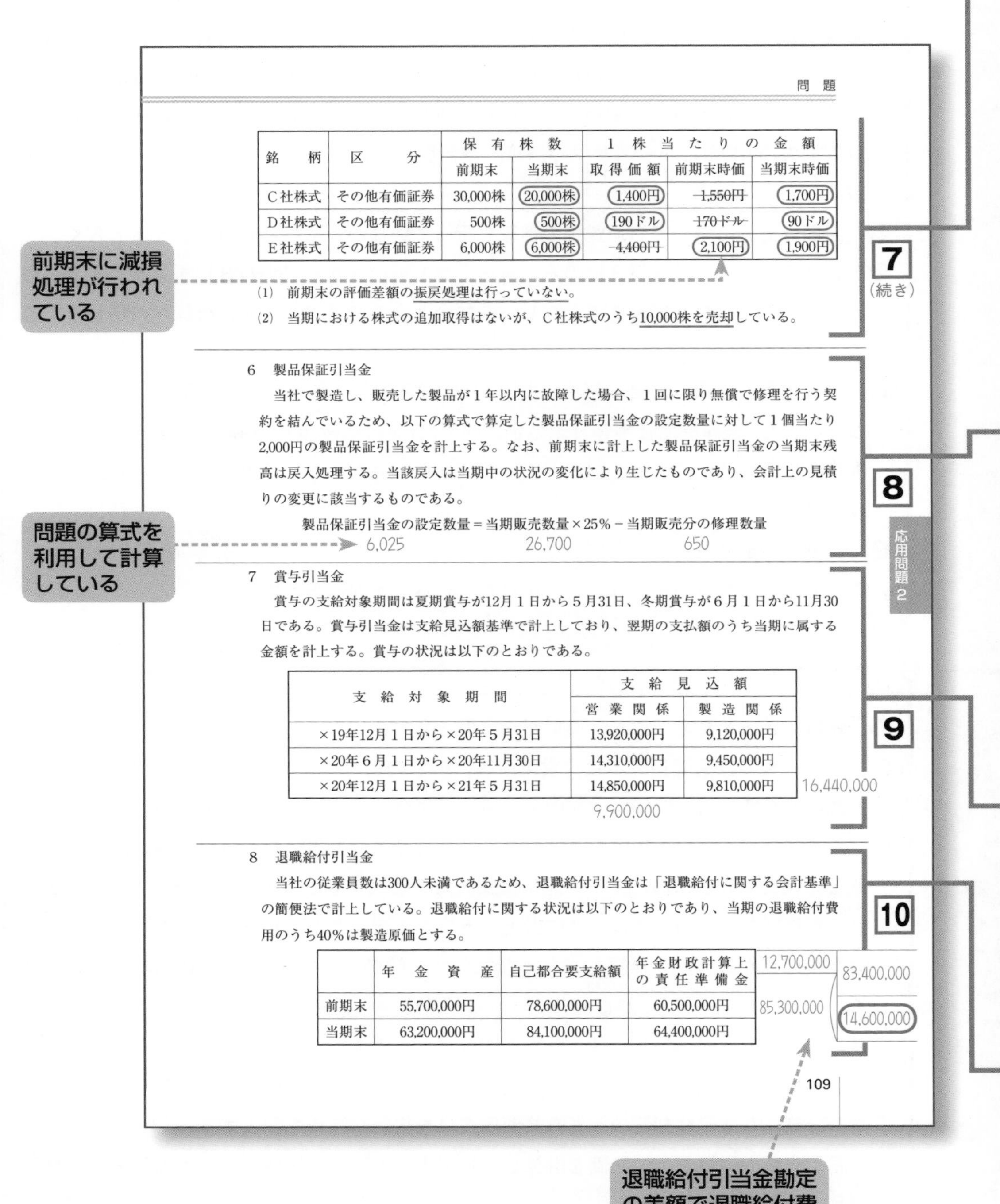

問　題

銘　柄	区　分	保有株数		1株当たりの金額		
		前期末	当期末	取得価額	前期末時価	当期末時価
C社株式	その他有価証券	30,000株	20,000株	1,400円	~~1,550円~~	1,700円
D社株式	その他有価証券	500株	500株	190ドル	~~170ドル~~	90ドル
E社株式	その他有価証券	6,000株	6,000株	~~4,400円~~	2,100円	1,900円

(1) 前期末の評価差額の振戻処理は行っていない。

(2) 当期における株式の追加取得はないが、C社株式のうち10,000株を売却している。

6　製品保証引当金

当社で製造し、販売した製品が1年以内に故障した場合、1回に限り無償で修理を行う契約を結んでいるため、以下の算式で算定した製品保証引当金の設定数量に対して1個当たり2,000円の製品保証引当金を計上する。なお、前期末に計上した製品保証引当金の当期末残高は戻入処理する。当該戻入は当期中の状況の変化により生じたものであり、会計上の見積りの変更に該当するものである。

製品保証引当金の設定数量＝当期販売数量×25％－当期販売分の修理数量

7　賞与引当金

賞与の支給対象期間は夏期賞与が12月1日から5月31日、冬期賞与が6月1日から11月30日である。賞与引当金は支給見込額基準で計上しており、翌期の支払額のうち当期に属する金額を計上する。賞与の状況は以下のとおりである。

支給対象期間	支給見込額	
	営業関係	製造関係
×19年12月1日から×20年5月31日	13,920,000円	9,120,000円
×20年6月1日から×20年11月30日	14,310,000円	9,450,000円
×20年12月1日から×21年5月31日	14,850,000円	9,810,000円

8　退職給付引当金

当社の従業員数は300人未満であるため、退職給付引当金は「退職給付に関する会計基準」の簡便法で計上している。退職給付に関する状況は以下のとおりであり、当期の退職給付費用のうち40％は製造原価とする。

	年金資産	自己都合要支給額	年金財政計算上の責任準備金
前期末	55,700,000円	78,600,000円	60,500,000円
当期末	63,200,000円	84,100,000円	64,400,000円

109

7 投資有価証券

❶ 予想通り期首の振戻処理が行われていないが、当期末の処理だけならば振戻処理を考える必要はない（ただし、税効果会計まで行う場合には、振戻処理を行い前T/Bの繰延税金資産を修正する必要がある）。

❷ まず、取得価額と前期末の時価を比較する。注意すべきはE社株式で、前期末に減損処理が行われている。

❸ C社株式の売却原価は簡単である。売却代金は、【資料3】の(23)からピックアップし売却の仕訳を書く。

❹ あとは評価替えであるが、これは基本問題である。仕訳を書き、答案用紙の投資有価証券、投資有価証券評価損、繰延税金負債、その他有価証券評価差額金、投資有価証券売却益に答えを記入する。

8 製品保証引当金

❶ 問題を一読してこれはできると思った。算式どおりに計算すればいいだけだ。

❷ 当期販売数量を、仕掛品・製品の資料に戻って計算する。当期販売分の修理数量を【資料3】の(21)からピックアップしたあと、設定数量を計算する。単価は、前期・当期とも同じなので計算しやすい。

❸ 後T/Bを見ると、繰入と戻入があり洗替法と分かる。仕訳を書くまでもなく、答案用紙の製品保証引当金、繰入、戻入に答えを記入する。

❹ この時点で、その他営業費用の集計は諦めることにした。

9 賞与引当金

基本問題である。賞与引当金を計算し、すぐに答案用紙に答えを記入した。営業関係の賞与引当金繰入を計算し、答えを書こうとしたが、後T/Bに賞与引当金繰入がない。該当するものといったら人件費しかない。「うへ。人件費に含めるのか」と思い、人件費は後回しにすることにした。

10 退職給付引当金

これも基本問題である。期末の退職給付引当金はすぐに計算できる。【資料3】の(18)から一時金と掛金をピックアップして退職給付費用を計算する。退職給付費用の営業と製造の按分計算を行う前に、待てよと思い後T/Bを見ると退職給付費用がない。「うへ。これもか」という感じで、この時点で人件費の集計はほぼ諦めた。退職給付引当金だけ答えを記入し次に移った。

9　社債の発行

×20年４月１日に額面金額80,000,000円の社債を77,580,000円で割引発行した。償還期限は×24年３月31日、利払日は毎年３月31日の年１回で年1.5%の利息を支払うという条件で発行したものである。額面金額と払込金額の差額は金利調整差額と認められるため、利息法により償却する。社債発行費は繰延資産に計上し、償還期間にわたり利息法により償却する。なお、実効利子率は払込金額を基に算定した場合は2.3%、払込金額から社債発行費を控除した金額を基に算定した場合は2.5%である。

11

10　税効果会計

当期の税効果会計は下記の項目について適用する。前期においても同様の項目について適用している。

貸倒引当金　製品保証引当金　賞与引当金　退職給付引当金　その他有価証券の評価差額

なお、前期末の貸倒引当金に関する一時差異の金額は806,400円であり、当期末の貸倒引当金に関する一時差異の金額は、破産更生債権等に対して設定した貸倒引当金に50%を乗じた金額である。また、有価証券の減損処理は税務上損金算入が認められるため、税効果会計は適用しない。

12

【資料３】　決算整理前残高試算表の勘定科目に関する事項

勘　定　科　目	内　　　容
(1)　現金預金	現金　　393,000円 当座預金　11,527,030円 定期預金　7,700,000円（全額外貨建定期預金70,000ドルである） 合計　19,620,030である。
(2)　受取手形	手許に保有のもの　72,435,000円（うちB社分825,000円） 取立依頼中のもの　2,667,000円（うちB社分189,000円） 合計　75,102,000円である。
(3)　売掛金	B社に対するものが2,052,000円含まれている。
(4)　貸倒引当金	前期末残高であり、A社債権に対するものが880,000円含まれている。 A社債権以外に個別に設定したものはない。
(5)　商品　✓	前期末残高である。
(6)　製品　✓	前期末残高である。
(7)　材料　✓	前期末残高である。
(8)　仕掛品　✓	前期末残高である。なお、製造原価の内訳は、材料費が11,790,000円、加工費が11,340,000円である。

13

110

11 社債

社債及び社債発行費とも利息法であるが、計算パターンを理解していれば簡単である（具体的には計算用紙をご覧いただきたい）。【資料3】の(9)から社債発行費をピックアップし、計算式を書いて計算する。仕訳を書くまでもなく、答案用紙の社債、社債発行費、社債発行費償却に答えを記入する。社債利息はと後T/Bを見るが社債利息がない。【資料3】の(20)を見ると、支払利息保証料に含まれているため、後回しにすることにした。

時計を見ると開始から53分経過していた。残り7分である。

12 税効果会計

ざっと見ただけで、捨てることにした。

13 決算整理前残高試算表の勘定科目に関する事項

❶ 【資料2】はひととおり解答し、できるところは解答を記入したが、答案用紙を見るとまだ答えを記入していない箇所がいくつもある。残り時間も少ないため、あとは【資料3】の表について見落としがないかチェックしながら、できそうな所を拾っていくことにした。

❷ (1)から(5)までは、すべて解答しており見落としはない。

❸ (7)は解答済みであるが、(6)と(8)については、期末仕掛品の計算は捨てているのでスルーした。

勘　定　科　目	内　　　　　　　　　　容
⑼　仮払金	法人税等の中間納付額　16,080,000円 消費税等の中間納付額　8,760,000円 社債の発行費用　649,000円（税込） 修繕費　4,400,000円（税込） 合計　29,889,000円である。
⑽　前払費用	×20年２月１日の借入日に支払った融資保証料の残額である。
⑾　前受金	当期に商品を引渡したものが500,000円含まれており、掛売上として処理されている。　前受　500,000／売掛　500,000
⑿　借入金	×20年２月１日に借入期間２年の条件で借り入れたものである。年利３％の利息を毎年１月31日に後払いしている。
⒀　仮受金	社債の発行に伴う払込金額である。
⒁　未払費用	前期末残高であり、借入金の利息に関するものである。
⒂　製品保証引当金	前期末残高であり、１個当たり2,000円を設定している。
⒃　賞与引当金	前期末残高である。
⒄　退職給付引当金	前期末残高である。
⒅　人件費	賃金給料　184,700,000円 賞与　46,800,000円 退職一時金　5,400,000円 企業年金掛金　7,300,000円 合計　244,200,000円である。 なお、賃金給料のうち73,130,000円、賞与のうち18,570,000円は製造関係のものである。
⒆　貸倒損失	前期に計上した売上債権　1,760,000円（税込） 当期に計上した売上債権　902,000円（税込） 合計　2,662,000円である。 なお、前期に計上した売上債権はすべてA社に関するものである。
⒇　支払利息保証料	前期に借入れた借入金に関するもの　600,000円 当期に発行した社債に関するもの　1,200,000円 合計　1,800,000円である。
(21)　その他営業費用	製品の修理費2,500,000円が含まれている。１個当たりの製品修理費は2,000円であり、前期販売分600個、当期販売分650個を修理している。
(22)　受取利息配当金	保有株式に関する配当金である。源泉所得税等21,000円控除後の手取額をもって計上している。
(23)　雑収入	有価証券の売却収入額　16,500,000円 その他の雑収入　34,000円 合計　16,534,000円である。

13
（続き）

応用問題2

13 決算整理前残高試算表の勘定科目に関する事項（続き）

❹ ⑼の法人税と消費税の中間納付についてはスルーした。

❺ ⑽の前払費用は再振替の未処理と思っていたが、よく読んでみると融資保証料の残額だ。⑿の借入金を見るとこの借入金にかかるものであることがわかる。融資保証料は借入期間にわたり費用処理する。借入期間は２年で、前期に２月分費用処理済みなので、前Ｔ/Ｂの440,000は残り22月分の金額になる。ならば、前払費用の計算は簡単だと気がつき、次期に繰越す10月分の額を計算し、答えを記入する。

つぎに、借入金に関連する項目として、⒁の未払費用を見る。これは再振替の未処理であることは明白だ。当期末の未払費用はと考えると、借入金残高は×20年に借入れた20,000,000だけだ。この未払費用を計算すると100,000となる。すぐに、答えを記入する。

続いて、⒇の支払利息保証料を見る。この金額に先ほどの前払費用を加算し、未払費用は前期分と当期分を加減、さらに社債利息の償却額もあるなと思ったら、頭が混乱してきた。余裕があればできるが、残り時間が少なく焦っているため、冷静に考えられない。これは捨てることにした。

❻ ⑾の前受金を見て、「しまった、忘れていた」となった。仕訳を書くと、売掛金の答えを修正しなければならないことに気がついた。答案用紙の前受金に答えを記入するとともに、売掛金の答えを訂正した。

❼ ⒅の人件費を見る。退職給付関係は処理済みであるが、賃金給料と賞与から製造関係をマイナス、営業関係の賞与引当金繰入と退職給付費用をプラス、さらに前期の賞与引当金の修正もある。時間がないため、捨てることにした。

❽ ㉒の受取利息配当金を見て、「あっ、これも忘れていた」となった。ただし、21,000を加算するだけなので、前Ｔ/Ｂに戻り、合計額を答案用紙に記入した。

❾ ㉓の雑収入を見て、まだ答えを書いていないことに気がつく。現金過不足は雑損失であったので、雑収入はその他の34,000だけだ。すぐに答えを記入する。

❿ あと、前Ｔ/Ｂに増減を記入したものの、答えを記入していないものをチェックすると、支払手形、雑損失、為替差損益がまだであった。答案用紙にこれらの答えを記入する。

時計を見ると、残り１分であった。１分でできるところはもうないなと思い解答を終了した。

〔計算用紙〕

14

現　金

	88,000
393,000	410,000
105,000	↓
	403,000

11,824,370	11,527,030
△55,000	△　105,000
	＋1,187,340
	△(840,000)
	11,769,370

現金 105,000 ／ 当預 105,000

当預 1,187,340 ／ 売掛 1,188,000
そ営 600
消費 60

支手 (840,000) ／ 当預 (840,000)

そ営 80,000 ／ 現金 88,000
消費 8,000

定預 176,400 ／ 受利 220,500
法人 44,100

為替 350,000 ／ 定預 350,000

雑損 7,000 ／ 現金 7,000

材

	3,000	
		27,100
114,168,000	26,800	
@4,260		2,700
		11,502,000

仕

3,000	26,800
27,100	100
	3,200

製

3,500	26,700
26,800	
	3,600

現預 16,500,000 ／ 投有 14,000,000
益 2,500,000

C　28,000,000 → 34,000,000
D　9,500,000 → 4,725,000
E　12,600,000 → 11,400,000

投有 6,000,000 ／ 負債 2,400,000
差額 3,600,000

損 4,775,000 ／ 投有 4,775,000

資産 480,000 ／ 投有 1,200,000
差額 720,000

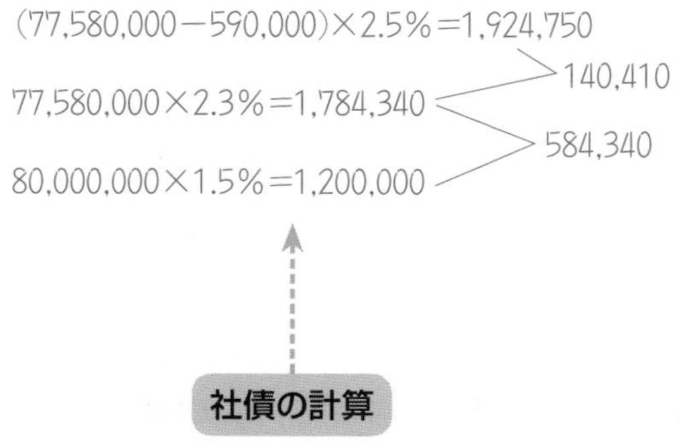

(77,580,000－590,000)×2.5%＝1,924,750
140,410
77,580,000×2.3%＝1,784,340
584,340
80,000,000×1.5%＝1,200,000
社債の計算

14 計算用紙

❶ 現金

仕訳を書く際、現金、当座預金、外貨建定期預金、それぞれの勘定を使い分けており、これで正解であった。現金預金を使うと、最初の仕訳は、現金預金105,000/現金預金105,000となり訳がわからなくなる。

なお、最後に現金預金の純増減額を算定する際は、105,000は除外し、これ以外の（　　）で囲んだ金額を集計している。105,000は貸借とも現金預金で増減ゼロとなるからである。

（注） 現金、当座預金、外貨建定期預金で仕訳するという判断は、解答時に突然閃いたわけではなく、以前似たような問題を解いたことがあり、その際、現金預金で仕訳をして大失敗した経験を覚えていたからである。

❷ 材料・仕掛品・製品

最初の時点で書いたのは材料のボックスと期末材料の算定だけである。製品保証引当金を計算する段階で、仕掛品と製品のボックスを追加し、当期販売数量26,700個を算定した。

❸ 有価証券

通常は問題の余白に書くことが多いが、本問では余白があまりなかったため、計算用紙を使用した。

❹ 社債

社債発行費の利息法は以下のように算定する。

（発行価額－発行費）×発行価額から発行費を控除した額に係る実効利子率＝①

発行価額×発行価額に係る実効利子率＝②（社債利息）

額面金額×クーポン利子率＝③（クーポン利息）

社債発行費償却は、①－②で算定する。

社債の償却額は、②－③で算定する。

第3章

本試験問題

本試験問題 1

（編者注）本問については、現行の法令に基づいて問題の一部を修正していますが、「収益認識に関する会計基準」については適用していないものとして編集しています。

甲株式会社（以下「甲社」という。）は商品の販売業及び不動産賃貸業を営んでいる。甲社の×20年度（自×20年４月１日　至×21年３月31日）における次の【資料１】決算整理前残高試算表、【資料２】決算整理事項等に基づき、【資料３】決算整理後残高試算表の⑴から㉟までの金額を答案用紙に記入しなさい。

（解答上の留意事項）

1　【資料２】の（　　）に該当する金額は、各自推定すること。

2　解答金額については、【資料１】の決算整理前残高試算表の金額欄の数値のように３桁ごとにカンマで区切ること。この方法によっていない場合には正解としないので注意すること。

3　金額計算において、円未満の端数が生じた場合は、最終的な解答金額を切り捨てる。

（問題の前提条件）

1　問題文に指示のない限り、会計基準に示された原則的な会計処理による。
　なお、企業会計基準第29号「収益認識に関する会計基準」は適用していない。

2　税効果会計については、適用する旨の記載がある項目についてのみ適用するものとする。
　なお、法定実効税率は前期より変更はなく当期も30％とする。繰延税金資産の回収可能性及び繰延税金負債の支払可能性に問題はない。また、答案作成上、繰延税金資産と繰延税金負債は相殺しないこと。

3　消費税及び地方消費税（以下「消費税等」という。）の会計処理については税抜方式を採用しており、（税込み）もしくは（税抜き）と記載されている項目についてのみ税率10％で税額計算を行う。
　未払消費税等は、仮払消費税等と仮受消費税等を相殺後に中間納付額（決算整理前残高試算表の仮払消費税等勘定に計上）を控除して計算する。

4　法人税等及び法人税等調整額の合計額は、税引前当期純利益に法定実効税率（30％）を乗じて算出した金額とし、法人税等の金額は逆算で計算する。未払法人税等は中間納付額（決算整理前残高試算表の法人税等勘定に計上）を控除して計算する。

5　配分計算は、すべて月割計算とし、１ヶ月未満は切り上げて１ヶ月として計算する。

【資料1】　決算整理前残高試算表（×21年3月31日現在）

（単位：円）

借方		貸方	
勘定科目	金額	勘定科目	金額
現金	530,000	買掛金	13,600,000
当座預金（X銀行）	2,780,000	短期借入金	1,200,000
受取手形	1,580,000	未払金	450,000
売掛金	14,800,000	仮受消費税等	15,886,000
有価証券	5,000,000	仮受金	150,000
繰越商品	6,000,000	貸倒引当金（流動）	360,000
積送品	2,090,000	その他流動負債	300,000
仮払消費税等	10,468,800	長期借入金	14,400,000
その他流動資産	150,000	貸倒引当金（固定）	1,000,000
建物	25,500,000	資本金	18,000,000
機械	9,000,000	資本準備金	3,000,000
土地	58,000,000	利益準備金	4,500,000
のれん	3,500,000	繰越利益剰余金	53,594,300
投資有価証券	11,250,000	売上高	158,000,000
子会社株式	10,000,000	受取賃貸料	760,000
子会社貸付金	20,000,000	雑収入	220,000
差入保証金	3,000,000	保険差益	2,700,000
破産更生債権等	2,000,000		
繰延税金資産	300,000		
仕入高	76,888,000		
積送諸掛費	2,010,500		
給与手当	12,000,000		
賞与	3,000,000		
法定福利費	184,500		
その他販管費	2,800,000		
支払利息	238,500		
有価証券運用損	50,000		
法人税等	5,000,000		
合計	288,120,300	合計	288,120,300

【資料２】決算整理事項等

１．当座預金

Ｘ銀行の期末残高について、Ｘ銀行から送付された当座預金の残高証明書と甲社の当座預金出納帳に差異があったため、甲社の経理部スタッフが以下のような銀行勘定調整表を作成した。決算整理に際し必要な修正を行うこと。

銀行勘定調整表
×21年３月31日現在

（単位：円）

Ⅰ　当座預金出納帳残高		2,780,000
Ⅱ　加　算		
銀行未渡小切手		
No.KA3265　３/29振出　Ａ商事	250,000	
No.KA3266　３/29振出　Ｂ物産	780,000	
Ⅲ　減　算		
銀行引落未通知		
No.KA3032　２/20振出　Ｃ通商	150,000	
水道光熱費引落額の記帳誤り	(　　　　)	
Ⅳ　Ｘ銀行残高証明書		(　　　　)

（注１）　Ａ商事及びＢ物産の買掛金支払のために小切手を振り出したが、金庫の中に保管したまま未渡しとなっている。

（注２）　Ｃ通商の買掛金支払のために振り出した小切手が当座預金から引き落とされていたが、甲社には未通知であった。なお、甲社は小切手振り出し時ではなく、帳簿上引き落とし時に処理している。

（注３）　２月分の水道光熱費（「その他販管費」で処理）の自動引落分198,000円（税込み）を19,800円（税込み）として記帳していた。

２．商品

甲社はＡ商品を掛で通常販売するとともに、Ａ商品の一部についてＢＢ株式会社に毎月商品を積送し、Ａ商品の販売を委託している。委託されたＡ商品は、委託先の外部倉庫に預けられているため、甲社は委託商品を通常販売商品と別に管理し、期末に外部倉庫から在庫証明書を入手して期末実際数量を確定している。委託商品の販売実績については、委託先から毎月末締めで翌月５営業日以内に仕切計算書が届くことになっており、翌月の20日に販売諸掛を控除した金額がＸ銀行に振り込まれる。また、委託販売に係る売上原価は、委託商品の収益認識の都度、積送品勘定（積送時に、積送時の原価で仕入高勘定から積送品勘定に振り替えられている。）から仕入高勘定に振り替えられており、積送時の原価及び売上原価ともに、委託商品有高帳に記帳されている。Ａ商品の通常販売分の評価方法は移動平均法であり、また、決算整理前残高試算表の繰越商品はA商品（通常販売分）の前期末残高であるが、委託商品の原価は、積送時にA商品の積送時の原価で委託商品有高帳に記帳し、月末に月別総平均法によって売上原価が算定されている。決算日にA商品（通常販売分）の実地棚卸を実施したところ、期末実際在庫数量は5,000個であった。一方、外部倉庫から届いた在庫証明書には1,200個と記載されていた。いずれも期末帳簿在庫数量との差額分は棚卸減耗損（「仕入高」勘定で処理）として会計処理する。

⑴　3月分商品有高帳（通常販売分）

（単位：円）

日付	受入		払出		残高	
	個数	金額	個数	金額	個数	金額
3月1日					5,800	5,800,000
3月8日			2,000	2,000,000	3,800	3,800,000
3月12日	1,200	1,260,000			5,000	5,060,000
3月14日			800	809,600	4,200	4,250,400
3月18日			1,000	1,012,000	3,200	3,238,400
3月22日	1,800	1,821,600			5,000	5,060,000
3月26日			500	506,000	4,500	4,554,000
3月29日	500	557,000			5,000	5,111,000

3月14日にＡＡ株式会社に販売した商品のうち100個（販売価格2,200円（税込み））が3月28日に返品されたが未処理である（商品有高帳にも記帳していない。）。

⑵　3月分委託商品有高帳

（単位：円）

日付	受入（積送）		払出		残高	
	個数	金額	個数	金額	個数	金額
3月1日					500	520,000
3月18日	1,000	1,012,000			1,500	1,532,000
3月26日	500	506,000			2,000	2,038,000
3月31日			（　　）	（　　）	（　　）	（　　）

なお、A商品積送時に積送品原価の10%（毎月一定）の積送諸掛が発生しているが（積送時に「積送諸掛費」として処理）、毎月末に期末在庫分を積送諸掛費勘定から積送品勘定に振り替えている（委託商品有高帳の金額には積送諸掛は含まれていない。）。月初及び月末の積送諸掛費勘定の洗替処理が行われていない。

(3)　販売委託先より、すでに×21年３月分の仕切計算書が到着しているが、会計処理が行われていない。なお、３月分の販売数量は500個であった。

仕切計算書

×21年４月３日

甲株式会社　御中

ＢＢ株式会社

×21年３月分

Ⅰ　３月分売上高（税込み）　500個		1,100,000円
Ⅱ　販売諸掛（税込み）		
販売手数料（30％）	330,000円	
発送運賃	55,000円	385,000円
Ⅲ　貴社手取額		715,000円

（注）　手取額については「売掛金」、販売諸掛に関しては、「その他販管費」で処理すること。

３．売掛金

甲社は期末に得意先に売掛金の残高確認書を送付しているが、以下の得意先について、得意先元帳と残高確認書に以下の差異が生じていた。決算修正が必要と思われる差異について会計処理を行うこと。

得　意　先	差 異 金 額	備　考
ＡＡ株式会社	(　　　)	返品が未処理である（２．(1)参照）。
ＢＢ株式会社	(　　　)	３月分仕切計算書の未計上による。
ＣＣ株式会社	528,000	ＣＣ社が立替えた運送費（税込み）は、甲社の負担であったが未処理であった（「その他販管費」として処理）。
ＤＤ株式会社	1,800,000	甲社は出荷基準で収益認識しているが、ＤＤ社は着荷基準で仕入及び買掛金を認識している。

４．貸倒引当金

(1)　受取手形及び売掛金の期末残高は一般債権として、貸倒引当金（「貸倒引当金（流動）」勘定で処理）を設定する。なお、甲社の過去の平均貸倒実績率は前期、当期ともに２％であり、毎期洗替法により会計処理（貸倒引当金繰入額と戻入額は「その他販管費」で相殺表示）する。税務上の繰入限度額も同じである。

(2)　破産更生債権等に関しては、当期に破産手続が終結し配当がゼロであることが確定したため、当該債権額の全額が回収不能となった。なお、前期末において当該債権額に対して

50%の貸倒引当金（「貸倒引当金（固定）」勘定で処理）を設定していたが、税務上の繰入限度額はゼロであったため、将来減算一時差異が発生している。決算整理前残高試算表の繰延税金資産は当該将来減算一時差異に係るものである。一方、当期末において当該債権額と貸倒引当金との差額を「貸倒損失」として処理するが（未処理）、税務上は全額損金として認められるものとする。税効果会計を適用する。

(3) 甲社は、X社の議決権の100%を自己の計算において所有している。X社は事業年度である×20年度（自×20年4月1日　至×21年3月31日）において、財政状態の悪化により債務超過に陥ってしまった。×20年度末のX社の貸借対照表は次のとおりである。甲社はX社に対する貸付金について、当該債権額とX社の債務超過額を比較して、いずれか少ない額まで貸倒引当金を計上することとした（借方は「その他特別損失」として処理する。なお、前期は貸倒引当金を計上していない。）。

また、子会社株式に関しても、事業計画等に基づく業績回復が予定通りに進まないことが判明したため、備忘価額1円まで減損処理を行う。なお、すべて税効果会計を適用する。

X社貸借対照表
×21年3月31日現在

（単位：円）

借　方	金　額	貸　方	金　額
諸資産	63,500,000	諸負債	71,000,000
		（うち、親会社借入金）	(20,000,000)
		資本金	10,000,000
		利益準備金	2,500,000
		繰越利益剰余金	△20,000,000
合計	63,500,000	合計	63,500,000

5．圧縮積立金

×20年10月1日に、災害により受け取った保険金2,700,000円に自己資金を加えて機械9,000,000円を取得し事業の用に供している。この機械には、受取保険金相当額について圧縮記帳を行い積立金方式で会計処理を行うが未処理である。減価償却（直接法）は、会計上も税務上も、耐用年数9年、残存価額0円、定額法により計算する。また、機械の滅失と取得については期中で処理済みであり、受け取った保険金については全額を保険差益として計上している。なお、圧縮積立金について税効果会計を適用する。

6．差入保証金

決算整理前残高試算表の差入保証金は、×20年8月に甲社が営業所を開設する際にオフィスビルのオーナーに敷金を支払ったものである。当該賃貸契約に係る契約書（一部抜粋）は以下のとおりである。当該敷金のうち、退去時に返還されない金額に関しては、その支出時から5年間で費用配分する（「雑損失」として処理）。なお、賃貸借契約上、甲社に退去時の原状回復義務はないものとして処理すること。税効果会計を適用しない。

> 建物賃貸借契約書
>
> （省　略）
>
> 第○○条
>
> 賃貸借契約を終了する場合又は賃借人の都合により賃貸借契約を解除する場合は、敷金等のうち20％に相当する金額は、賃借人に対し返還を要しないものとする。
>
> （省　略）

7．のれん

決算整理前残高試算表ののれんは、×17年４月１日に不動産賃貸業を営むＴ社を吸収合併した際に計上したものである。のれんの償却期間は10年であるが、当期末においてのれんに減損の兆候が生じている（減損損失を認識するかどうかの判定は、のれんを含むより大きな単位で行うが、それは建物及び土地から構成される旧Ｔ社が保有していた賃貸物件であるものとする。）。減損の認識に関しては、のれんを含まない資産グループの減損損失控除前の期末帳簿価額（当期分の減価償却費計上後）にのれんの期末帳簿価額（当期分の償却費を「その他販管費」として計上後）を加えた金額と、割引前将来キャッシュ・フローの総額とを比較する。以下の資料を参考にして、減損損失の計上の要否を判定し、減損損失を計上する場合、その他特別損失勘定で処理し、のれんに配分された減損損失が、その帳簿価額を超過する額については、期末帳簿価額に基づく比率により、賃貸物件を構成する建物及び土地に配分する。なお、決算整理前残高試算表の建物勘定はすべて当該不動産賃貸業に係るものであり、吸収合併時の取得原価を、耐用年数20年、残存価額０円で定額法により減価償却（直接法）を行っている。決算整理前残高試算表の建物及びのれんは、前期末まで適正に償却されていた。税効果会計を適用しない。

（単位：円）

	賃貸物件			のれん	合計
	建物	土地	合計		
帳簿価額	（　　）	18,000,000	（　　）	（　　）	（　　）
割引前将来キャッシュ・フロー			39,000,000	―	39,000,000
回収可能価額			（　　）	―	（　　）
減損損失					（　　）

（注）　当該賃貸物件の使用価値は28,000,000円であり、時価は29,000,000円（処分費用見込額は5,000,000円）である。

本試験問題1

8．有価証券及び投資有価証券

有価証券及び投資有価証券の内訳は以下のとおりである。

それぞれの銘柄について、その保有目的を判断し、適切に会計処理すること。

税効果会計の適用に当たっては、評価差額を評価差損と評価差益に区分し、銘柄ごとに繰延税金資産又は繰延税金負債を認識する。

（単位：円）

	帳簿価額(円)	当期末時価(円)	株(口)数	備　考
E社株式	3,000,000	3,200,000	5,000	上場株式
F社株式	1,000,000	1,500,000	2,000	その他有価証券
G社株式	1,050,000	（　　　）	（　　）	その他有価証券
H社社債	9,200,000	9,500,000	1,000	満期保有目的
I社株式	2,000,000	2,100,000	2,000	保有目的区分の変更

⑴　E社株式は、売買目的有価証券である。当社は、売買による損益と評価による損益を合算して、有価証券運用損益としている。

⑵　F社株式及びG社株式は、得意先との持合い株式であり、前期末の評価差額金（全部純資産直入法）については、当期首に振戻しを行っている。G社株式に用いる外貨換算レートは、取得時レート105円／ドル、当期中平均レート108円／ドル、当期末レート110円／ドルであり、ドルベースの期末評価（時価）は取得時から変動していない。

⑶　H社社債は、5年後の満期まで保有する目的で当期首に発行と同時に取得したもので、券面総額は10,000,000円、クーポン利率年1.5％、実効利子率年3％、利払い日は9月末及び3月末の年2回である。償却原価（帳簿価額）と券面総額の差額は、全て金利調整差額であるため、償却原価法（利息法）により処理する。当該社債の利息は月割計算とし、既に9月と3月の受取利息（源泉所得税を考慮する必要はない。）は仮受金に計上済みである。

⑷　I社株式は、前期末まで売買目的で保有してきた。しかし、当期中に業務提携が成立したため持ち合い株式（その他有価証券）に保有目的を変更した。当期中に同社株式の売買は行っておらず、保有目的変更時の時価は帳簿価額と同額であった。計上科目の振替が未処理である。

【資料3】 決算整理後残高試算表（×21年3月31日現在）

（単位：円）

借方		貸方	
勘定科目	金額	勘定科目	金額
現金	530,000	買掛金	(23)
当座預金（X銀行）	(1)	短期借入金	1,200,000
受取手形	1,580,000	未払金	450,000
売掛金	(2)	未払法人税等	(24)
有価証券	(3)	未払消費税等	(25)
繰越商品	(4)	貸倒引当金（流動）	(26)
積送品	(5)	その他流動負債	300,000
その他流動資産	150,000	長期借入金	14,400,000
建物	(6)	貸倒引当金（固定）	(27)
機械	(7)	繰延税金負債	(28)
土地	(8)	資本金	18,000,000
投資有価証券	(9)	資本準備金	3,000,000
子会社株式	(10)	利益準備金	4,500,000
子会社貸付金	(11)	圧縮積立金	(29)
差入保証金	(12)	繰越利益剰余金	(30)
繰延税金資産	(13)	その他有価証券評価差額金	(31)
仕入高	(14)	売上高	(32)
積送諸掛費	(15)	受取賃貸料	760,000
給与手当	12,000,000	雑収入	220,000
賞与	3,000,000	保険差益	2,700,000
法定福利費	184,500	有価証券運用益	(33)
減価償却費	(16)	有価証券利息	(34)
その他販管費	(17)	法人税等調整額	(35)
支払利息	238,500		
雑損失	(18)		
子会社株式評価損	(19)		
貸倒損失	(20)		
その他特別損失	(21)		
法人税等	(22)		

本試験問題1

解答

※■内の数字は配点を示す。

（単位：円）

番号	金額	
(1)	2	3,481,800
(2)	1	14,767,000
(3)	2	3,200,000
(4)	1	5,110,000
(5)	1	1,345,080
(6)	1	16,000,000
(7)	2	8,500,000
(8)	1	52,000,000
(9)	2	14,026,945
(10)	2	1
(11)	2	20,000,000
(12)	2	2,920,000
(13)	1	5,249,999
(14)	1	78,593,200
(15)	1	1,940,220
(16)	1	2,000,000
(17)	1	4,258,940
(18)	2	80,000

番号	金額	
(19)	2	9,999,999
(20)	2	1,000,000
(21)	1	24,500,000
(22)	1	11,718,474
(23)	2	14,480,000
(24)	1	6,718,474
(25)	1	5,398,000
(26)	1	326,940
(27)	1	7,500,000
(28)	1	960,000
(29)	2	1,785,000
(30)	1	51,809,300
(31)	2	455,000
(32)	1	158,800,000
(33)	2	150,000
(34)	2	276,945
(35)	1	4,184,999

【配　点】 1 ×20カ所＝20点　 2 ×15カ所＝30点　　合計50点

解答への道

（単位：円）

1　当座預金

⑴　未渡小切手

①　A商事

（当座預金（X銀行））	250,000	（買掛金）	250,000

②　B物産

（当座預金（X銀行））	780,000	（買掛金）	780,000

⑵　買掛金引落未記帳

（買掛金）	150,000	（当座預金（X銀行））	150,000

⑶　水道光熱費引落額の誤記帳

①　適正な仕訳

（その他販管費）※1	180,000	（当座預金（X銀行））	198,000
（仮払消費税等）※2	18,000		

※1　$198{,}000 \times \frac{1}{1.1} = 180{,}000$

※2　$198{,}000 \times \frac{0.1}{1.1} = 18{,}000$

②　甲社が行った仕訳

（その他販管費）※1	18,000	（当座預金（X銀行））	19,800
（仮払消費税等）※2	1,800		

※1　$19{,}800 \times \frac{1}{1.1} = 18{,}000$

※2　$19{,}800 \times \frac{0.1}{1.1} = 1{,}800$

③　修正仕訳（①－②）

（その他販管費）	162,000	（当座預金（X銀行））	178,200
（仮払消費税等）	16,200		

2　商品

⑴　通常販売商品

①　売上返品の未処理

（売上高）※2	200,000	（売掛金）※1	220,000
（仮受消費税等）※3	20,000		

※1　@2,200×100個＝220,000

※2　$220{,}000 \times \frac{1}{1.1} = 200{,}000$

※3　$220{,}000 \times \frac{0.1}{1.1} = 20{,}000$

本試験問題1

② 引渡原価の算定

(仕　　入　　高)	6,000,000	(繰　越　商　品)	6,000,000
(繰　越　商　品)※	5,212,200	(仕　　入　　高)	5,212,200

※ (a) 返品分原価：$809{,}600 \times \frac{100個}{800個} = 101{,}200$

(b) 期末帳簿棚卸高：３月29日残高5,111,000＋返品101,200＝5,212,200

∴ 平均単価：$\frac{5{,}212{,}200}{帳簿5{,}100個(*)} = @1{,}022$

(＊) ３月29日残高5,000個＋返品100個＝5,100個

③ 棚卸減耗費の計上

(仕　　入　　高)※	102,200	(繰　越　商　品)	102,200

※ @1,022×(帳簿5,100個－実地5,000個)＝102,200

(2) 委託商品

① ３月販売分の未処理

(その他販管費)※３	350,000	(売　　上　　高)※１	1,000,000
(仮払消費税等)※４	35,000	(仮受消費税等)※２	100,000
(売　　掛　　金)	715,000		

※１ $1{,}100{,}000 \times \frac{1}{1.1} = 1{,}000{,}000$

※２ $1{,}100{,}000 \times \frac{0.1}{1.1} = 100{,}000$

※３ $385{,}000 \times \frac{1}{1.1} = 350{,}000$

※４ $385{,}000 \times \frac{0.1}{1.1} = 35{,}000$

② 売上原価の振替

(仕　　入　　高)	509,500	(積　　送　　品)※	509,500

※ (a) ３月総平均単価：$\frac{３月１日520{,}000＋３月18日1{,}012{,}000＋３月26日506{,}000}{３月１日500個＋３月18日1{,}000個＋３月26日500個} = @1{,}019$

(b) @1,019×500個＝509,500

③ 棚卸減耗費の計上

(仕　　入　　高)	305,700	(積　　送　　品)※	305,700

※ @1,019×(帳簿1,500個(＊)－実地1,200個)＝305,700

(＊) ３月26日残高2,000個－３月31日払出500個＝1,500個

④ 積送諸掛（発送諸掛）の洗替処理

(積　送　諸　掛　費)	52,000	(積　　送　　品)※１	52,000
(積　　送　　品)※２	122,280	(積　送　諸　掛　費)	122,280

※１ 520,000×10％＝52,000

※２ (a) 期末実地棚卸高：@1,019×1,200個＝1,222,800

(b) 1,222,800×10％＝122,280

上記２(2)③及び④について、以下の別解が考えられる。

③　積送諸掛（発送諸掛）の洗替処理

(積送諸掛費)	52,000	(積送品)※１	52,000
(積送品)※２	152,850	(積送諸掛費)	152,850

※１　520,000×10%＝52,000

※２　(a)　期末帳簿数量：３月１日500個＋３月18日1,000個＋３月26日500個－３月31日500個＝1,500個

(b)　期末帳簿棚卸高：@1,019×1,500個＝1,528,500

(c)　1,528,500×10%＝152,850

④　棚卸減耗費の計上

(仕入高)	336,270	(積送品)※	336,270

※　(a)　@1,019×(帳簿1,500個－実地1,200個)＝305,700

(b)　305,700×10%＝30,570

(c)　(a)＋(b)＝336,270

よって、上記を反映した後の金額は以下のとおりである。

(14)　仕入高　78,623,770

(15)　積送諸掛費　1,909,650

３　売掛金

(1)　ＡＡ株式会社（返品未処理）　⇒　上記２(1)①参照

(2)　ＢＢ株式会社（３月分の仕切計算書未計上）　⇒　上記２(2)①参照

(3)　ＣＣ株式会社（運送費の未処理）

(その他販管費)※１	480,000	(売掛金)	528,000
(仮払消費税等)※２	48,000		

※１　$528,000\times\frac{1}{1.1}=480,000$

※２　$528,000\times\frac{0.1}{1.1}=48,000$

(4)　ＤＤ株式会社　⇒　処理なし

４　貸倒引当金

(1)　破産更生債権等

①　貸倒処理

(貸倒引当金(固定))※２	1,000,000	(破産更生債権等)※１	2,000,000
(貸倒損失)※３	1,000,000		

※１　前T/Bより

※２　2,000,000×50%＝1,000,000

※３　差額

② 税効果会計

(法人税等調整額) 300,000 (繰延税金資産)※ 300,000

※ 前T/B貸倒引当金(固定)1,000,000×30%＝300,000

(2) 子会社貸付金

① 貸倒引当金の計上

(その他特別損失) 7,500,000 (貸倒引当金(固定))※ 7,500,000

※ 債権額20,000,000 ＞ 債務超過額：諸負債71,000,000－諸資産63,500,000＝7,500,000

∴ いずれか少ない金額 7,500,000

② 税効果会計

(繰延税金資産)※ 2,250,000 (法人税等調整額) 2,250,000

※ 7,500,000×30%＝2,250,000

(3) 子会社株式

① 減損処理

(子会社株式評価損) 9,999,999 (子会社株式)※ 9,999,999

※ 備忘価額１－帳簿価額10,000,000＝△9,999,999

② 税効果会計

(繰延税金資産)※ 2,999,999 (法人税等調整額) 2,999,999

※ 9,999,999×30%＝2,999,999 (円未満切捨)

(4) 一般債権

(貸倒引当金(流動))※１ 360,000 (その他販管費) 360,000

(その他販管費) 326,940 (貸倒引当金(流動))※２ 326,940

※１ 前T/Bより

※２ ① 受取手形：1,580,000

② 売掛金：前T/B 14,800,000－返品220,000＋委託715,000－運送費528,000＝14,767,000

③ 貸倒引当金：(①＋②)×２％＝326,940

5 圧縮積立金

(1) 減価償却

(減価償却費)※ 500,000 (機械) 500,000

※ $9{,}000{,}000\times\frac{1年}{9年}\times\frac{6月}{12月}=500{,}000$

(2) 税効果会計

(法人税等調整額)※ 765,000 (繰延税金負債)※ 765,000

※ $(2{,}700{,}000-2{,}700{,}000\times\frac{1年}{9年}\times\frac{6月}{12月})\times30\%=765{,}000$

(3) 圧縮積立金

(繰越利益剰余金) 1,890,000 (圧縮積立金)※１ 1,890,000

(圧縮積立金)※２ 105,000 (繰越利益剰余金) 105,000

※１ 2,700,000×(１－30%)＝1,890,000

※２　$2,700,000 \times \frac{1年}{9年} \times \frac{6月}{12月} \times (1-30\%) = 105,000$

6　差入保証金

(雑　　損　　失)※	80,000	(差　入　保　証　金)	80,000

※　$3,000,000 \times 20\% \times \frac{8月}{60月} = 80,000$

7　のれん

(1)　建物の減価償却

(減　価　償　却　費)※	1,500,000	(建　　　　物)	1,500,000

※　前T/B　$25,500,000 \times \frac{1年}{20年-3年} = 1,500,000$

(2)　のれんの償却

(そ　の　他　販　管　費)※	500,000	(の　　れ　　ん)	500,000

※　前T/B　$3,500,000 \times \frac{1年}{10年-3年} = 500,000$

(3)　減損損失の計上

(その他特別損失)※１	17,000,000	(の　　れ　　ん)※２	3,000,000
		(建　　　　物)※３	8,000,000
		(土　　　　地)※４	6,000,000

※１　①　帳簿価額

(a)　建物：前T/B 25,500,000－減費1,500,000＝24,000,000

(b)　土地：18,000,000

(c)　のれん：前T/B 3,500,000－償却500,000＝3,000,000

(d)　(a)＋(b)＋(c)＝45,000,000

②　のれんを含まない資産グループの判定及び測定

(a)　帳簿価額：建物24,000,000＋土地18,000,000

＝42,000,000 ＞ 割引前将来キャッシュ・フロー39,000,000

∴　減損損失を認識

(b)　回収可能価額：使用価値28,000,000 ＞ 正味売却価額29,000,000－5,000,000＝24,000,000

∴　いずれか高い方　28,000,000

(c)　減損損失：帳簿価額42,000,000－回収可能価額28,000,000＝14,000,000

③　のれんを含むより大きな単位

(a)　帳簿価額：45,000,000 ＞ 割引前将来キャッシュ・フロー39,000,000

∴　減損損失を認識

(b)　減損損失：帳簿価額45,000,000－回収可能価額28,000,000＝17,000,000

※２　①　減損損失の増加額：17,000,000－14,000,000＝3,000,000

②　のれんへの配分額：のれん簿価3,000,000 ≧ 増加額3,000,000

∴　3,000,000

※３　$(17,000,000-3,000,000) \times \frac{24,000,000}{24,000,000+18,000,000} = 8,000,000$

※４　$(17,000,000-3,000,000) \times \frac{18,000,000}{24,000,000+18,000,000} = 6,000,000$

8　有価証券及び投資有価証券

(1)　E社株式（売買目的有価証券）

(有　価　証　券)※1	200,000	(有価証券運用損)※2	50,000
		(有価証券運用益)※3	150,000

※1　当期末時価3,200,000－帳簿価額3,000,000＝200,000

※2　前T/Bより

※3　差額

(2)　F社株式（その他有価証券）

(投資有価証券)※1	500,000	(繰延税金負債)※2	150,000
		(その他有価証券評価差額金)※3	350,000

※1　当期末時価1,500,000－帳簿価額1,000,000＝500,000

※2　500,000×30%＝150,000

※3　差額

(3)　G社株式（その他有価証券）

(投資有価証券)※1	50,000	(繰延税金負債)※2	15,000
		(その他有価証券評価差額金)※3	35,000

※1　①　外貨取得原価：帳簿価額1,050,000÷取得時レート105/ドル＝10,000ドル

②　当期末時価：10,000ドル×当期末レート110/ドル＝1,100,000

③　②－1,050,000＝50,000

※2　50,000×30%＝15,000

※3　差額

(4)　H社社債（満期保有目的の債券）

①　9月30日（利払日）の修正

(仮　受　金)※2	75,000	(有価証券利息)※1	138,000
(投資有価証券)※3	63,000		

※1　$9{,}200{,}000 \times 3\% \times \frac{6月}{12月} = 138{,}000$

※2　$10{,}000{,}000 \times 1.5\% \times \frac{6月}{12月} = 75{,}000$

※3　差額

②　3月31日（利払日）の修正

(仮　受　金)※2	75,000	(有価証券利息)※1	138,945
(投資有価証券)※3	63,945		

※1　$(9{,}200{,}000 + 63{,}000) \times 3\% \times \frac{6月}{12月} = 138{,}945$

※2　$10{,}000{,}000 \times 1.5\% \times \frac{6月}{12月} = 75{,}000$

※3　差額

(5) Ｉ社株式（売買目的有価証券からその他有価証券への保有目的区分の変更）

① 保有目的区分の変更

(投資有価証券)	2,000,000	(有価証券)	2,000,000

② 期末評価

(投資有価証券)※１	100,000	(繰延税金負債)※２	30,000
		(その他有価証券評価差額金)※３	70,000

※１ 当期末時価2,100,000－帳簿価額2,000,000＝100,000

※２ 100,000×30％＝30,000

※３ 差額

9 税金

(1) 消費税等

(仮受消費税等)※１	15,966,000	(仮払消費税等)※２	10,568,000
		(未払消費税等)※３	5,398,000

※１ 前T/B 15,886,000－20,000＋100,000＝15,966,000

※２ 前T/B 10,468,800＋16,200＋35,000＋48,000＝10,568,000

※３ 差額

(2) 法人税等

(法人税等)	6,718,474	(未払法人税等)※	6,718,474

※ ① 税引前当期純利益：収益162,906,945－費用137,795,359＝25,111,586

② 年税額：25,111,586×30％＋法調4,184,999＝11,718,474（円未満切捨）

③ ②－前T/B 5,000,000＝6,718,474

10　決算整理後残高試算表

借方		貸方	
勘定科目	金額	勘定科目	金額
現金	530,000	買掛金	(23) 14,480,000
当座預金（X銀行）	(1) 3,481,800	短期借入金	1,200,000
受取手形	1,580,000	未払金	450,000
売掛金	(2) 14,767,000	未払法人税等	(24) 6,718,474
有価証券	(3) 3,200,000	未払消費税等	(25) 5,398,000
繰越商品	(4) 5,110,000	貸倒引当金（流動）	(26) 326,940
積送品	(5) 1,345,080	その他流動負債	300,000
その他流動資産	150,000	長期借入金	14,400,000
建物	(6) 16,000,000	貸倒引当金（固定）	(27) 7,500,000
機械	(7) 8,500,000	繰延税金負債	(28) 960,000
土地	(8) 52,000,000	資本金	18,000,000
投資有価証券	(9) 14,026,945	資本準備金	3,000,000
子会社株式	(10) 1	利益準備金	4,500,000
子会社貸付金	(11) 20,000,000	圧縮積立金	(29) 1,785,000
差入保証金	(12) 2,920,000	繰越利益剰余金	(30) 51,809,300
繰延税金資産	(13) 5,249,999	その他有価証券評価差額金	(31) 455,000
仕入高	(14) 78,593,200	売上高	(32) 158,800,000
積送諸掛費	(15) 1,940,220	受取賃貸料	760,000
給与手当	12,000,000	雑収入	220,000
賞与	3,000,000	保険差益	2,700,000
法定福利費	184,500	有価証券運用益	(33) 150,000
減価償却費	(16) 2,000,000	有価証券利息	(34) 276,945
その他販管費	(17) 4,258,940	法人税等調整額	(35) 4,184,999
支払利息	238,500		
雑損失	(18) 80,000		
子会社株式評価損	(19) 9,999,999		
貸倒損失	(20) 1,000,000		
その他特別損失	(21) 24,500,000		
法人税等	(22) 11,718,474		
合計	298,374,658	合計	298,374,658

本問のポイント

本問は、2019年度（第69回）本試験の第三問である。

本問は、過去20年間の本試験問題において、最もボリュームが少なく、最も難度の低い問題である。

しかし、ボリュームが少ないといっても60分で全部解答するのは不可能であり、難度についても、期末商品及び売上原価の算定はかなり難度の高い内容となっている。しかし、全体的には「ボリュームが少なく解きやすい」という印象を受ける問題である。

本問の合格点であるが、少なくとも31点は必要である。できれば36点取りたいところだが、33～34点ならば十分合格点といえるだろう。その33～34点の中身だが、本問の「取り所・捨て所」は次のとおりである。

取捨選択	解答番号	配点
取るべき所	(1) (3) (7) (9) (10) (11) (12) (16) (18) (19) (20) (28) (29) (33) (34)	28点
できれば取りたい所	(2) (6) (8) (23) (27) (30) (31) (32)	10点
間違えてもしかたのない所	(17) (21) (25) (26)	4点
捨てるべき所	(4) (5) (13) (14) (15) (22) (24) (35)	8点

本問は、商品以外については基本的な論点がほとんどであり、しかもボリュームが少ないことから、取捨選択の判断に迷うことなく、じっくり考えて解答することができるだけの時間的余裕がある。そのため、実力がストレートに反映される問題であり、どれだけミスを最小限に押さえることができたかがポイントになる。

なお、商品の冒頭部分とのれんの問題文については、非常に読みにくい文章になっているため、いかにも難度の高い問題のように感じられるが、実際には、回りくどく処理の説明をしているだけで処理内容自体はいたって基本的である。そこが読み取れたかどうかもポイントになる。

本問は、講師が解答して解答時間60分で41点であった。出来なかったのは、(4)(5)(13)(14)(15)(17)(22)(24)(35)の９か所であるが、(15)は解答への道に別解が示されており、これを正解に含めると42点となる。

なお、33～34点という合格点は、本試験の緊張した場面での合格点である。練習では60分で40点を目標にしてほしい。

講師の解答方法

本試験問題 1

制限時間 60分

（編者注）本問については、現行の法令に基づいて問題の一部を修正していますが、「収益認識に関する会計基準」については適用していないものとして編集しています。

甲株式会社（以下「甲社」という。）は商品の販売業及び不動産賃貸業を営んでいる。甲社の×20年度（自×20年4月1日　至×21年3月31日）における次の【資料1】決算整理前残高試算表、【資料2】決算整理事項等に基づき、【資料3】決算整理後残高試算表の(1)から(35)までの金額を答案用紙に記入しなさい。

（解答上の留意事項）

1　【資料2】の（　　）に該当する金額は、各自推定すること。

2　解答金額については、【資料1】の決算整理前残高試算表の金額欄の数値のように3桁ごとにカンマで区切ること。この方法によっていない場合には正解としないので注意すること。

3　金額計算において、円未満の端数が生じた場合は、最終的な解答金額を切り捨てる。

（問題の前提条件）

1　問題文に指示のない限り、会計基準に示された原則的な会計処理による。
なお、企業会計基準第29号「収益認識に関する会計基準」は適用していない。

2　税効果会計については、適用する旨の記載がある項目についてのみ適用するものとする。
なお、法定実効税率は前期より変更はなく当期も30%とする。繰延税金資産の回収可能性及び繰延税金負債の支払可能性に問題はない。また、答案作成上、繰延税金資産と繰延税金負債は相殺しないこと。 30%

30%をマーキングするだけでなく深く印象づけるため30%と書いている

3　消費税及び地方消費税（以下「消費税等」という。）の会計処理については税抜方式を採用しており、（税込み）もしくは（税抜き）と記載されている項目についてのみ税率10%で税額計算を行う。
未払消費税等は、仮払消費税等と仮受消費税等を相殺後に中間納付額（決算整理前残高試算表の仮払消費税等勘定に計上）を控除して計算する。

4　法人税等及び法人税等調整額の合計額は、税引前当期純利益に法定実効税率（30%）を乗じて算出した金額とし、法人税等の金額は逆算で計算する。未払法人税等は中間納付額（決算整理前残高試算表の法人税等勘定に計上）を控除して計算する。

5　配分計算は、すべて月割計算とし、1ヶ月未満は切り上げて1ヶ月として計算する。

145

1

本試験問題1

1 全体像の把握

❶ 10秒程度で問題の全体像を確認する。

問題の構造は、「前T/B→決算整理→後T/B」というオーソドックスなパターンだ。ざっと眺めた程度ではあるが、「量が少ない」というのが第一印象である。過去の量の多い問題と比べると3分の2くらいの量ではないだろうか。しかし、ほんの10秒、問題をパラパラとめくった程度なので難度まではわからない。

❷ 問題の冒頭部分を読む。

「商品の販売業及び不動産賃貸業を営んでいる」の不動産賃貸業がどんな内容か気になる。事業年度は「×20年4月1日から×21年3月31日」だ。

❸ 解答上の留意事項を読む。

「3桁ごとにカンマ」「円未満の端数切り捨て」など、マーキングしながら読んでいく。

❹ 問題の前提条件を読む。

「原則的な会計処理」はいつものことだが、次の「法定実効税率は前期も当期も30%」でペンが止まった。法定実効税率は40%が通常のため、40%以外の問題を解いた際、いつもの癖で40%で計算して痛い目にあったことがある。これは気をつけなくてはと、30%にマーキングするだけではなく、さらに「30%」と書いておいた。これでうっかり40%でやってしまうことはないだろう。これ以外の、「繰延税金資産と繰延税金負債は相殺せず」「消費税等10%」「法人税等の算定」「月割計算」などは毎度お馴染みの資料だ。

ここまでで、開始から2分程度である。次の資料に移る。

【資料1】 決算整理前残高試算表（×21年３月31日現在）

（単位：円）

借方		貸方	
勘定科目	金額	勘定科目	金額
現金	× 530,000	買掛金	13,600,000 +880,000
当座預金（X銀行）	+701,800 2,780,000	短期借入金	× 1,200,000
受取手形	× 1,580,000	未払金	× 450,000
売掛金 △528,000	△220,000 +715,000 14,800,000	仮受消費税等	15,886,000
有価証券	5,000,000	仮受金	150,000
繰越商品	6,000,000	貸倒引当金（流動）	360,000
積送品	2,090,000	その他流動負債	× 300,000
仮払消費税等	10,468,800	長期借入金	× 14,400,000
その他流動資産	× 150,000	貸倒引当金（固定）	△1,000,000 1,000,000
建物	25,500,000	資本金	× 18,000,000
機械	9,000,000	資本準備金	× 3,000,000
土地	△6,000,000 58,000,000	利益準備金	× 4,500,000
のれん	3,500,000	繰越利益剰余金	53,594,300
投資有価証券	11,250,000	売上高	158,000,000 △200,000 +1,000,000
子会社株式	10,000,000	受取賃貸料	× 760,000
子会社貸付金	20,000,000	雑収入	× 220,000
差入保証金	△80,000 3,000,000	保険差益	× 2,700,000
破産更生債権等	△2,000,000 2,000,000		
繰延税金資産	300,000		
仕入高	76,888,000		
積送諸掛費	2,010,500		
給与手当	× 12,000,000		
賞与	× 3,000,000		
法定福利費	× 184,500		
その他販管費	2,800,000	+162,000+350,000+480,000	
支払利息	× 238,500		
有価証券運用損	50,000		
法人税等	5,000,000		
合計	288,120,300	合計	288,120,300

2

2 決算整理前残高試算表

整理前Ｔ/Ｂの勘定科目をチェックしながら次の作業と確認を行った。

❶ 資産と費用の境界線、負債・純資産・収益の境界線に線を引く。いつもの作業である。

❷ 現金預金は、現金と当座預金（Ｘ銀行）。当座預金（Ｘ銀行）は３年連続の出題だ。

❸ 積送品が計上されている。委託販売があることは明らかだ。

❹ 差入保証金が計上されている。久しぶりの出題だ。

❺ 破産更生債権等が計上されている。このような場合は、これに関する処理が必ず出てくる。

❻ 積送諸掛費が計上されている。これも委託販売関連であることは明らかだ。

❼ 有価証券運用損が計上されている。おそらく売買目的有価証券があるのだろう。

❽ 貸倒引当金が（流動）と（固定）に分かれている。これは気をつけないといけない。

❾ 問題の最終ページの整理後Ｔ/Ｂに記載されている金額について、整理前Ｔ/Ｂに×印を付したが、意外と多いという印象。最初に気になった不動産賃貸業に係る受取賃貸料も変動なしだ。

ここまでで、開始から４分程度である。次の資料に移る。

【資料2】決算整理事項等

1．当座預金

X銀行の期末残高について、X銀行から送付された当座預金の残高証明書と甲社の当座預金出納帳に差異があったため、甲社の経理部スタッフが以下のような銀行勘定調整表を作成した。決算整理に際し必要な修正を行うこと。

銀行勘定調整表
×21年3月31日現在

（単位：円）

Ⅰ　当座預金出納帳残高		2,780,000
Ⅱ　加　算		
銀行未渡小切手		
No.KA3265　3/29振出　A商事	250,000	
No.KA3266　3/29振出　B物産	780,000	
Ⅲ　減　算		
銀行引落未通知		
No.KA3032　2/20振出　C通商	150,000	
水道光熱費引落額の記帳誤り	（　　　）	
Ⅳ　X銀行残高証明書		（　　　）

（注1）　A商事及びB物産の買掛金支払のために小切手を振り出したが、金庫の中に保管したまま未渡しとなっている。　~~当預　1,030,000~~／~~買掛　1,030,000~~

（注2）　C通商の買掛金支払のために振り出した小切手が当座預金から引き落とされていたが、甲社には未通知であった。なお、甲社は小切手振り出し時ではなく、帳簿上引き落とし時に処理している。　~~買掛　150,000~~／~~当預　150,000~~

（注3）　2月分の水道光熱費（「その他販管費」で処理）の自動引落分198,000円（税込み）を19,800円（税込み）として記帳していた。　~~そ販　162,000~~／~~当預　178,200~~
消費　16,200

あとで集計しやすいように〇で囲んでおく

3

本試験問題1

2．商品

甲社はA商品を掛で通常販売するとともに、A商品の一部についてBB株式会社に毎月商品を積送し、A商品の販売を委託している。委託されたA商品は、委託先の外部倉庫に預けられているため、甲社は委託商品を通常販売商品と別に管理し、期末に外部倉庫から在庫証明書を入手して期末実際数量を確定している。委託商品の販売実績については、委託先から毎月末締めで翌月5営業日以内に仕切計算書が届くことになっており、翌月の20日に販売諸掛を控除した金額がX銀行に振り込まれる。また、委託販売に係る売上原価は、委託商品の収益認識の都度、積送品勘定（積送時に、積送時の原価で仕入高勘定から積送品勘定に振り替えられている。）から仕入高勘定に振り替えられており、積送時の原価及び売上原価ともに、委託商品有高帳に記帳されている。A商品の通常販売分の評価方法は移動平均法であ

4

3 当座預金

❶ 銀行勘定調整表は甲社の出納帳残高をスタートとして銀行残高に合わせる形式だ。この形式では、区分調整表（企業と銀行を左右に置く一般的な形式）と加算・減算が同じではない。さらに1箇所金額推定がある。慎重にやらなくてはと思う。

❷ 銀行勘定調整表を見ていくと、「未渡小切手」「引落未通知」「記帳誤り」の3つで難しそうなものはない。

❸ （注1）を読む。A商事、B物産とも明らかな未渡小切手だ。2つまとめて仕訳を書く。

❹ （注2）を読む。「振り出した小切手が当座預金から引き落とされていたが、甲社に未通知」の部分は問題ないが、「甲社は小切手振り出し時ではなく、帳簿上引き落とし時に処理している」で混乱した。小切手は振り出し時に（借方）○○○○　×××（貸方）当座預金　×××と処理するのが当たり前で、過去の本試験問題もすべてそのように出題されている。にもかかわらず、このような問題が出されたため混乱した。ただ、混乱はほんの数秒である。結局、そのように処理しているのだからしかたがないということで、仕訳を書いた。

❺ （注3）を読む。これはよくある誤処理のパターンだ。198,000と19,800の差額178,200について仕訳を書く。

❻ 当座預金、買掛金、その他販管費は、仕訳を集計して整理前T/Bに加減記入する。当座預金（X銀行）はすぐに答えを記入したが、買掛金とその他販管費は、追加の増減があるだろうと思い答えはまだ書かない。

❼ 消費税はこのあとどれだけ増減が出てくるか見当がつかない。あまりにも多い場合は捨てることになるがこの段階では判断がつかない。数が少なく集計するとなった場合、集計しやすいように（　　）で囲っておく。

ここで時計を見ると開始から8分経過している。当座預金に4分ほど使ったことになる。

4 商品

❶ 問題を読みはじめて、3行目で訳がわからなくなった。あらためて、最初から読み直してみたが、今度は9行目のあたりで訳がわからなくなった。これはとりあえず飛ばした方が賢明と判断したが、商品の資料を見ると、商品有高帳が2つあって、最後に仕切精算書があり、なかなかの量である。何か簡単にできるところはないか、ひととおり確認することとした。

❷ 期末棚卸高の算定は、通常販売分が移動平均法、積送品が月別総平均法というのはなんとか読み取れた。当然これらは後回しである。

4
（続き）

り、また、決算整理前残高試算表の繰越商品はＡ商品（通常販売分）の前期末残高であるが、委託商品の原価は、積送時にＡ商品の積送時の原価で委託商品有高帳に記帳し、月末に月別総平均法によって売上原価が算定されている。決算日にＡ商品（通常販売分）の実地棚卸を実施したところ、期末実際在庫数量は5,000個であった。一方、外部倉庫から届いた在庫証明書には1,200個と記載されていた。いずれも期末帳簿在庫数量との差額分は棚卸減耗損（「仕入高」勘定で処理）として会計処理する。

(1)　３月分商品有高帳（通常販売分）

（単位：円）

日付	受入		払出		残高	
	個数	金額	個数	金額	個数	金額
３月１日					5,800	5,800,000
３月８日			2,000	2,000,000	3,800	3,800,000
３月12日	1,200	1,260,000			5,000	5,060,000
３月14日			800	809,600	4,200	4,250,400
３月18日			1,000	1,012,000	3,200	3,238,400
３月22日	1,800	1,821,600			5,000	5,060,000
３月26日			500	506,000	4,500	4,554,000
３月29日	500	557,000			+100 5,000	5,111,000

返品未処理を加えて5,100個になるが移動平均法のため修正計算は捨てた

３月14日にＡＡ株式会社に販売した商品のうち100個（販売価格2,200円（税込み））が３月28日に返品されたが未処理である（商品有高帳にも記帳していない。）。

~~売上　200,000~~ ／ ~~売掛　220,000~~
消費　20,000

(2)　３月分委託商品有高帳

（単位：円）

日付	受入（積送）		払出		残高	
	個数	金額	個数	金額	個数	金額
３月１日					500	520,000
３月18日	1,000	1,012,000			1,500	1,532,000
３月26日	500	506,000			2,000	2,038,000
３月31日			(500)	(509,500)	(1,500)	(1,528,500)

仕切計算書の未処理500個を記入し期末帳簿棚卸高を計算

なお、Ａ商品積送時に積送品原価の10%（毎月一定）の積送諸掛が発生しているが（積送時に「積送諸掛費」として処理）、毎月末に期末在庫分を積送諸掛費勘定から積送品勘定に振り替えている（委託商品有高帳の金額には積送諸掛は含まれていない。）。月初及び月末の積送諸掛費勘定の洗替処理が行われていない。

148

３月の総平均単価は算式等は書かず電卓のみで計算

帳簿棚卸高に対応する金額で処理している

4 商品（続き）

❸ ⑴の通常販売分の商品有高帳の次に、返品未処理の資料がある。これはできるので仕訳を書いて、売上高と売掛金は整理前T/Bに加減記入した。消費税は先ほどと同じ理由で、あとで集計しやすいように◯で囲っておく。

❹ ⑵の委託商品有高帳の次に書いてある積送諸掛費の資料を読むが、なにやら訳がわからない。これは後回しである。

❺ ⑶の仕切精算書の資料を読む。「仕切精算書が到着しているが、会計処理が行われていない」とある。仕切精算書の内容はよくあるパターンで、これは簡単だと思った。仕訳を書こうとしたが、積送品売上について整理前T/Bの勘定科目を確認すると、売上高しかない。整理後T/Bも確認するがこちらも売上高しかない。これで安心して積送品売上は売上高とすることができる。他の勘定科目は（注）にある「手取額は売掛金」「販売諸掛はその他販管費」に注意し、さらに消費税は貸借ともに生じるため、慎重に仕訳を書いた。売掛金、売上高、その他販管費は整理前T/Bに加減記入し、消費税は◯で囲っておく。

以上の処理を行って次の資料に移ることにした。ここで時計を見ると開始から13分経過している。商品に５分ほど使ったことになる。

（注） 商品については、上記２つの未処理以外は捨てと思ったが、本問は量が少なく、最後に10分残った。そのため、できないだろうとは思いつつ、商品の飛ばした部分についてトライすることにした。以下は、最後に残った10分のうち、５分程度を使って行った作業である。

❻ 資料を再度読み直してみると、要するに、商品はA商品のみ、委託販売はその都度法、払出単価の算定は通常販売分が移動平均法で積送品が月別総平均法、おそらく通常販売分、積送品とも棚卸減耗が生じており、棚卸減耗費は売上原価とする、ということがようやく把握できた。

❼ 通常販売分は、返品100個の未処理があるため、期末帳簿在庫数量は5,100個、期末実地在庫数量は5,000、棚卸減耗は100個、ここまではすぐにわかったが、３月14日から移動平均法で再計算しなければならない。これは面倒なので、完全に捨てることにした。

❽ 委託商品については、500個の売上未処理があり、これを委託商品有高帳の払出欄に記入し、期末残高を計算すると1,500個になる。次に総平均単価を計算する。金額は520,000＋1,012,000＋506,000＝2,038,000、数量は500個＋1,000個＋500個＝2,000個、総平均単価は2,038,000÷2,000個で@1,019、そうすると500個の払出金額は509,500、期末残高1,500個の金額は1,528,500で、ここまでは問題なくスピーディーに計算できた。次に実地棚卸数量を確認する。在庫証明書には1,200個とある。すると棚卸減耗数量は300個になるが、ここで「えっ？」となった。帳簿数量1,500個に

本試験問題1

⑶ 販売委託先より、すでに×21年３月分の仕切計算書が到着しているが、会計処理が行われていない。なお、３月分の販売数量は500個であった。

4（続き）

仕切計算書

×21年４月３日

甲株式会社　御中

ＢＢ株式会社

×21年３月分

Ⅰ　３月分売上高（税込み）（500個）		1,100,000円
Ⅱ　販売諸掛（税込み）		
販売手数料（30%）	330,000円	
発送運賃	55,000円	385,000円
Ⅲ　貴社手取額		715,000円

（注）　手取額については「売掛金」、販売諸掛に関しては、「その他販管費」で処理すること。

~~そ販　350,000~~ / ~~売上　1,000,000~~
（消費　35,000）/（消費　100,000）
~~売掛　715,000~~

本試験問題1

３．売掛金

甲社は期末に得意先に売掛金の残高確認書を送付しているが、以下の得意先について、得意先元帳と残高確認書に以下の差異が生じていた。決算修正が必要と思われる差異について会計処理を行うこと。

5

得　意　先	差 異 金 額	備　考
ＡＡ株式会社	✓（　220,000）	返品が未処理である（２．⑴参照）。
ＢＢ株式会社	✓（　715,000）	３月分仕切計算書の未計上による。
ＣＣ株式会社 ~~そ販　480,000~~ （消費　48,000）	528,000 / ~~売掛　528,000~~	ＣＣ社が立替えた運送費（税込み）は、甲社の負担であったが未処理であった（「その他販管費」として処理）。
ＤＤ株式会社	✓　1,800,000	甲社は出荷基準で収益認識しているが、ＤＤ社は着荷基準で仕入及び買掛金を認識している。

４．貸倒引当金

⑴ 受取手形及び売掛金の期末残高は一般債権として、貸倒引当金（「貸倒引当金（流動）」勘定で処理）を設定する。なお、甲社の過去の平均貸倒実績率は前期、当期ともに（２%）であり、毎期（洗替法）により会計処理（貸倒引当金繰入額と戻入額は「その他販管費」で相殺表示）する。税務上の繰入限度額も同じである。

⑵ 破産更生債権等に関しては、当期に破産手続が終結し配当がゼロであることが確定したため、当該債権額の全額が回収不能となった。なお、前期末において当該債権額に対して

(1,580,000＋14,767,000)×2%＝326,940

149

4 商品（続き）

対して棚卸減耗数量300個は大きすぎると感じた。ひょっとして何か見落としているのではないかと資料をざっと確認したが、見落としはなさそうだ。時間がないので、@1,019円×実地数量1,200個＝1,222,800で答えを書こうとしたが、委託商品有高帳の次の資料を読んでいないことに気がついて、慌てて読んでみるが、なんだかわからない。もう一度読んでみると、今度は処理の内容が理解できた。しかし、月初の処理は問題ないが、月末の処理を帳簿対応分と実地対応分のどちらでやるべきか５秒ほど悩んだが、じっくり考えている時間はないので、直感にしたがって帳簿で処理を行った。

❾　積送品と積送諸掛費を計算し答えを書いたが、積送品は、頭が混乱していたため@1,019円×実地1,200個＋帳簿対応分152,850＝1,375,650と計算してしまった。積送諸掛費は、整理前Ｔ/Ｂ2,010,500＋52,000－152,850＝1,909,650と計算した。

5 売掛金

❶　ＡＡ株式会社については、先ほどの返品未処理に決まっているが、備考に「2.⑴参照」とあるのでいちおう確認する。間違いない。

❷　ＢＢ株式会社については、先ほどやったばかりだ。

❸　ＣＣ株式会社については、仕訳を書き、売掛金、その他販管費は整理前Ｔ/Ｂに加減記入した。消費税は◯で囲っておく。

❹　ＤＤ株式会社については、「出荷基準で収益認識」なので処理不要。

ここで時計を見ると開始から15分経過している。売掛金に２分ほど使ったことになる。

6 貸倒引当金

❶　⑴を読む。一般債権の貸倒引当金は本試験では捨てる場合がほとんどだが、本問は、受取手形は増減なし、売掛金は３つ増減があったが難しいものではなかったため貸倒引当金の計算を行うこととした。まず、売掛金を集計し答えを書く。次に受取手形と売掛金の合計額に２％を乗じて貸倒引当金を計算したが、この部分は慎重を期して算式を書いた。貸倒引当金（流動）に答えを書いたが、その他販管費は、洗替法（実質は差額補充法）というのが面倒に感じて後回しにすることとした。

（注）　結果的に、その他販管費を後回しにするという判断は失敗であった。その他販管費は商品と同様に、最後に残った10分の中で解答したが、戻ったときには、洗替法は憶えていたものの、実質は差額補充法であることをすっかり忘れていて、貸倒引当金の設定額である326,940をその他販管費にプラスしてしまった。

貸付金の金額が書いてないため前T/Bで確認

50%の貸倒引当金（「貸倒引当金（固定）」勘定で処理）を設定していたが、税務上の繰入限度額はゼロであったため、将来減算一時差異が発生している。決算整理前残高試算表の繰延税金資産は当該将来減算一時差異に係るものである。一方、当期末において当該債権額と貸倒引当金との差額を「貸倒損失」として処理するが（未処理）、税務上は全額損金として認められるものとする。税効果会計を適用する。

~~貸引 1,000,000 / 破産 2,000,000~~
~~損失 1,000,000~~

(3) 甲社は、X社の議決権の100%を自己の計算において所有している。X社は事業年度である×20年度（自×20年4月1日　至×21年3月31日）において、財政状態の悪化により債務超過に陥ってしまった。×20年度末のX社の貸借対照表は次のとおりである。甲社はX社に対する貸付金（20,000,000）について、当該債権額とX社の債務超過額を比較して、いずれか少ない額まで貸倒引当金を計上することとした（借方は「その他特別損失」として処理する。なお、前期は貸倒引当金を計上していない。）。

~~特損 7,500,000 / 貸引 7,500,000~~

また、子会社株式に関しても、事業計画等に基づく業績回復が予定通りに進まないことが判明したため、備忘価額1円まで減損処理を行う。なお、すべて税効果会計を適用する。

6（続き）

X社貸借対照表
×21年3月31日現在

（単位：円）

借　方	金　額	貸　方	金　額
諸　資　産	63,500,000	諸　負　債	71,000,000
		（うち、親会社借入金）	(20,000,000)
	(7,500,000)	資　本　金	10,000,000
		利　益　準　備　金	2,500,000
		繰　越　利　益　剰　余　金	△20,000,000
合　計	63,500,000	合　計	63,500,000

債務超過額は諸資産－諸負債で計算

5．圧縮積立金

7

×20年10月1日に、災害により受け取った保険金2,700,000円に自己資金を加えて機械9,000,000円を取得し事業の用に供している。この機械には、受取保険金相当額について圧縮記帳を行い積立金方式で会計処理を行うが未処理である。減価償却（直接法）は、会計上も税務上も、耐用年数9年、残存価額0円、定額法により計算する。また、機械の滅失と取得については期中で処理済みであり、受け取った保険金については全額を保険差益として計上している。なお、圧縮積立金について税効果会計を適用する。

機械の償却費計算と圧縮記帳の計算

$9{,}000{,}000 \div 9年 \times \frac{6月}{12月} = 500{,}000$　$2{,}700{,}000 - 150{,}000 = 2{,}550{,}000$
(30) 765,000　法調／負債
(70) 1,785,000　繰利／圧積

貸借を間違えないように科目を書いているが、圧縮積立金は純額で仕訳を書いている

6．差入保証金

8

決算整理前残高試算表の差入保証金は、×20年8月に甲社が営業所を開設する際にオフィスビルのオーナーに敷金を支払ったものである。当該賃貸契約に係る契約書（一部抜粋）は以下のとおりである。当該敷金のうち、退去時に返還されない金額に関しては、その支出時から5年間で費用配分する（「雑損失」として処理）。なお、賃貸借契約上、甲社に退去時の

150

6 貸倒引当金（続き）

❷ ⑵を読む。破産更生債権等の処理に関しては難しくない。整理前T/Bの破産更生債権等を確認すると2,000,000だ。ここまでは問題ないが、破産更生債権等2,000,000が税込なのかについて何も書いてない。違和感はあるが消費税は考慮不要という意図だろう。仕訳を書き、貸倒損失は答えを書き、破産更生債権等と貸倒引当金（固定）は整理前T/Bに加減記入した。

❸ ⑶を読む。初めて見るパターンだが、難しいという感じはしない。貸付金の金額が書いてないので整理前T/Bで確認すると20,000,000だ。これは余白に書いておく。次に債務超過額を計算する。これは、63,500,000－71,000,000＝7,500,000だ。貸倒引当金は、債権額20,000,000と債務超過額7,500,000のいずれか少ない額とあるので7,500,000だ。仕訳を書く。あと、子会社株式は備忘価額1まで減損処理とある。整理前T/Bを確認すると子会社株式は10,000,000。すると、9,999,999が子会社株式評価損となる。これは仕訳を書くまでもない。

❹ 子会社貸付金、貸倒引当金（固定）、その他特別損失、子会社株式、子会社株式評価損の答えを記入する。

ここで時計を見ると開始から22分経過している。ここに7分ほど使ったことになる。

7 圧縮積立金

❶ 問題を一読する。内容は基本だが、保険金と保険差益が2,700,000で同額ということが気になった。保険金受取額は2,700,000で間違いない。整理前T/Bと整理後T/Bを確認したが保険差益も2,700,000で間違いない。違和感は残るが指示に従ってやるしかない。まず、建物の減価償却計算を行う。9,000,000÷9年×6月/12月＝500,000。次に圧縮記帳の計算を行う。圧縮額は2,700,000で、当期の取崩額は2,700,000÷9年×6月/12月＝150,000、圧縮額2,700,000から取崩額150,000を控除した残額2,550,000を30%＝765,000と70%＝1,785,000に按分する。繰延税金負債と圧縮積立金は間違えることはないが、法人税等調整額と繰越利益剰余金をミスしないように勘定科目だけの仕訳を書く。

❷ 機械、圧縮積立金、繰越利益剰余金はすぐに答えを記入したが、減価償却費と繰延税金負債はまだ増減があると思われるので後回しにした。

ここで時計を見ると開始から27分経過している。ここに5分ほど使ったことになる。

原状回復義務はないものとして処理すること。税効果会計を適用しない。

建物賃貸借契約書

（省　略）

第○○条

賃貸借契約を終了する場合又は賃借人の都合により賃貸借契約を解除する場合は、敷金等のうち20％に相当する金額は、賃借人に対し返還を要しないものとする。

600,000 × $\frac{8月}{60月}$ = 80,000

（省　略）　~~雑損　80,000／差入　80,000~~

8（続き）

7．のれん

決算整理前残高試算表ののれんは、×17年４月１日に不動産賃貸業を営むＴ社を吸収合併した際に計上したものである。のれんの償却期間は10年であるが、当期末においてのれんに減損の兆候が生じている（減損損失を認識するかどうかの判定は、のれんを含むより大きな単位で行うが、それは建物及び土地から構成される旧Ｔ社が保有していた賃貸物件であるものとする。）。減損の認識に関しては、のれんを含まない資産グループの減損損失控除前の期末帳簿価額（当期分の減価償却費計上後）にのれんの期末帳簿価額（当期分の償却費を「その他販管費」として計上後）を加えた金額と、割引前将来キャッシュ・フローの総額とを比較する。以下の資料を参考にして、減損損失の計上の要否を判定し、減損損失を計上する場合、その他特別損失勘定で処理し、のれんに配分された減損損失が、その帳簿価額を超過する額については、期末帳簿価額に基づく比率により、賃貸物件を構成する建物及び土地に配分する。なお、決算整理前残高試算表の建物勘定はすべて当該不動産賃貸業に係るものであり、吸収合併時の取得原価を、耐用年数20年、残存価額０円で定額法により減価償却（直接法）を行っている。決算整理前残高試算表の建物及びのれんは、前期末まで適正に償却されていた。税効果会計を適用しない。

25,500,000 ÷ 17 年＝ 1,500,000
3,500,000 ÷ 7 年＝ 500,000

建物とのれんの償却計算。17 年及び7年は残存償却年数

（単位：円）

	賃貸物件			のれん	合計
	建物	土地	合計		
帳簿価額	（24,000,000）	18,000,000	（42,000,000）	（3,000,000）	（45,000,000）
割引前将来キャッシュ・フロー			39,000,000	—	39,000,000
回収可能価額			（　　）	—	（28,000,000）
減損損失	8,000,000	6,000,000		3,000,000	17,000,000

（注）当該賃貸物件の使用価値は28,000,000円であり、時価は29,000,000円（処分費用見込額は5,000,000円）である。

24,000,000

~~特損　17,000,000~~ ／ ~~のれん　3,000,000~~
~~建物　8,000,000~~
~~土地　6,000,000~~

9

本試験問題1

正味売却価額は
29,000,000 − 5,000,000
＝ 24,000,000

8 差入保証金

❶ 問題を一読する。指示に従って処理すればよいだけだ。整理前T/Bの差入保証金は3,000,000でそのうちの20%は600,000。それを５年間で費用配分すればよい。当期の８月分を計算すると80,000。仕訳を書く。

❷ 雑損失、差入保証金の答えを記入する。

ここで時計を見ると開始から31分経過している。ここに４分ほど使ったことになる。

9 のれん

❶ 問題を読み始めたが、７行目あたりでなんだか訳がわからなくなった。もう１度最初から、今度は最後まで読んでみる。(　　) 書きの部分が多く、ここで訳がわからなくなってしまうが、内容はほぼ理解できた。要するに、のれんの減損処理はのれんを含むより大きな単位で行う。その手順、計算は普段やっているものと同じということである。ところが、問題の文章があまりにもくどすぎて、逆に何を言っているのかわからなくなっているだけということに気がついた。これで安心して作業を行える。

❷ まず、建物とのれんの帳簿価額を算定する。どちらも取得原価が書いてないため、減価償却は帳簿価額÷残存償却年数で計算しなければいけない。帳簿価額は整理前T/Bの金額で問題ないが、残存償却年数は慎重に計算しなければいけない。どちらも×16年４月１日スタートで、前期末の×19年３月31日まで３年経過している。よって、建物の残存償却年数は17年、のれんの残存償却年数は７年になる。建物とのれんの償却額を計算し、当期末の帳簿価額を表に記入した。

❸ 表を使って減損の計算を行う。

帳簿価額の合計は45,000,000。

帳簿価額45,000,000＞割引前将来キャッシュ・フロー39,000,000なので減損を認識。

回収可能価額は、使用価値28,000,000＞正味売却価額24,000,000なので28,000,000。

減損損失は、45,000,000－28,000,000＝17,000,000。

減損損失17,000,000のうち3,000,000をのれんに配分し、のれんの簿価はゼロ。

減損損失の超過分14,000,000は、建物8,000,000と土地6,000,000に配分。

❹ 上記の計算結果に基づいて仕訳を書く。

❺ 答えを書くにあたって、建物と土地は整理前T/Bを確認した。建物は減損処理に係るものしかないが、土地は整理前T/Bの58,000,000から6,000,000をマイナスする。減価償却費は圧縮記帳の機械の分と合算する。その他特別損失は、先ほど貸倒引当金(固定) の答えを記入しているので、減損損失との合計額に訂正した。その他販管費は整理前T/Bに加減記入した。

ここで時計を見ると開始から40分経過している。ここに９分ほど使ったことになる。

8．有価証券及び投資有価証券

有価証券及び投資有価証券の内訳は以下のとおりである。

それぞれの銘柄について、その保有目的を判断し、適切に会計処理すること。

税効果会計の適用に当たっては、評価差額を評価差損と評価差益に区分し、銘柄ごとに繰延税金資産又は繰延税金負債を認識する。

（単位：円）

		帳簿価額(円)	当期末時価(円)	株(口)数	備　考
売買	E社株式	3,000,000	3,200,000	5,000	上場株式
その他	F社株式	1,000,000	1,500,000	2,000	その他有価証券
その他	G社株式	1,050,000	（　1,100,000　）	（　　　）	その他有価証券
満期	H社社債	9,200,000	~~9,500,000~~ 9,326,945	1,000	満期保有目的
売買→その他	I社株式	2,000,000	2,100,000	2,000	保有目的区分の変更

(1)　E社株式は、売買目的有価証券である。当社は、売買による損益と評価による損益を合算して、有価証券運用損益としている。

(2)　F社株式及びG社株式は、得意先との持合い株式であり、前期末の評価差額金（全部純資産直入法）については、当期首に振戻しを行っている。G社株式に用いる外貨換算レートは、取得時レート105円／ドル、当期中平均レート108円／ドル、当期末レート110円／ドルであり、ドルベースの期末評価（時価）は取得時から変動していない。　10,000ドル

(3)　H社社債は、5年後の満期まで保有する目的で当期首に発行と同時に取得したもので、券面総額は10,000,000円、クーポン利率年1.5%、実効利子率年3%、利払い日は9月末及び3月末の年2回である。償却原価（帳簿価額）と券面総額の差額は、全て金利調整差額であるため、償却原価法（利息法）により処理する。当該社債の利息は月割計算とし、既に9月と3月の受取利息（源泉所得税を考慮する必要はない。）は仮受金に計上済みである。

(4)　I社株式は、前期末まで売買目的で保有してきた。しかし、当期中に業務提携が成立したため持ち合い株式（その他有価証券）に保有目的を変更した。当期中に同社株式の売買は行っておらず、保有目的変更時の時価は帳簿価額と同額であった。計上科目の振替が未処理である。

10

仕訳を書く前にうっかりミスしないように30%を書いた

30%

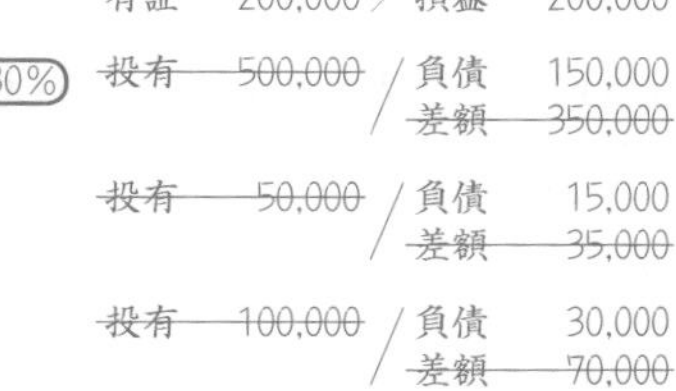

3%	1.5%		
−	−	−	9,200,000
138,000	75,000	63,000	9,263,000
138,945	75,000	63,945	9,326,945

H社社債の計算。計算表形式で計算しているが、線は省略している

152

10 有価証券及び投資有価証券

❶ まず、保有目的区分の確定作業から行った。E社株式は⑴から「売買目的」、F社株式とG社株式は⑵に持合い株式とあるので「その他」、H社社債は⑶から「満期保有」、I社株式は⑷から「売買目的からその他に変更」。これらを表の左側に記入した。

❷ E社株式についてあらためて⑴を読む。「…有価証券運用損益としている」とある。整理前T/Bにそれらしい勘定科目があったのを思い出し、確認すると有価証券運用損50,000がある。当期末の評価替は評価益200,000。整理後T/Bを確認すると貸方に有価証券運用益とある。有価証券と有価証券運用益の答えを書く。

❸ F社株式は簡単だ。G社株式の外貨額を計算すると、帳簿価額1,050,000÷取得時レート105＝10,000ドル、当期末時価は10,000ドル×当期末レート110＝1,100,000となる。なお、慎重を期して法定実効税率30％を書いてから全部純資産直入法の仕訳を書いた。

❹ H社社債の利息法の計算は表を作成した。ただ、表といっても線は省略し、9月末・3月末の日付も省略したものである。集計しやすいように、償却原価9,326,945は有価証券の表に書き込むとともに、不要な当期末時価9,500,000は線で消しておく。

❺ I社株式は期末の評価替だけだ。全部純資産直入法の仕訳を書く。

❻ 最後に答えを記入する。有価証券、投資有価証券、その他有価証券評価差額金、有価証券利息、ここまでは問題ない。繰延税金負債は、圧縮記帳の765,000と合算して答えを記入する。

ここで時計を見ると開始から50分経過している。ここに10分ほど使ったことになる。

【資料3】 決算整理後残高試算表（×21年3月31日現在）

（単位：円）

借方 勘定科目	借方 金額	貸方 勘定科目	貸方 金額
現金	530,000	買掛金	✓ (23)
当座預金（X銀行）	✓ (1)	短期借入金	1,200,000
受取手形	✓ 1,580,000	未払金	450,000
売掛金	✓ (2)	未払法人税等	(24)
有価証券	✓ (3)	未払消費税等	(25)
繰越商品	(4)	貸倒引当金（流動）	(26)
積送品	(5)	その他流動負債	300,000
その他流動資産	150,000	長期借入金	14,400,000
建物	✓ (6)	貸倒引当金（固定）	(27)
機械	✓ (7)	繰延税金負債	(28)
土地	✓ (8)	資本金	18,000,000
投資有価証券	✓ (9)	資本準備金	3,000,000
子会社株式	✓ (10)	利益準備金	4,500,000
子会社貸付金	✓ (11)	圧縮積立金	✓ (29)
差入保証金	✓ (12)	繰越利益剰余金	✓ (30)
繰延税金資産	(13)	その他有価証券評価差額金	✓ (31)
仕入高	(14)	売上高	✓ (32)
積送諸掛費	(15)	受取賃貸料	760,000
給与手当	12,000,000	雑収入	220,000
賞与	3,000,000	保険差益	2,700,000
法定福利費	184,500	有価証券運用益	✓ (33)
減価償却費	✓ (16)	有価証券利息	✓ (34)
その他販管費	(17)	法人税等調整額	(35)
支払利息	238,500		
雑損失	✓ (18)		
子会社株式評価損	✓ (19)		
貸倒損失	✓ (20)		
その他特別損失	✓ (21)		
法人税等	(22)		

11

本試験問題1

11 決算整理後残高試算表

❶ 本問の答案用紙は番号だけで勘定科目が書いてないため、答えを記入するつど、整理後T/Bにチェックマークを付していった。

❷ 有価証券及び投資有価証券が終了した段階で50分が経過している。整理後T/Bをチェックしながら、残り10分で下記の作業を行った。

❸ 買掛金と売上高にチェックマークが付いていない。この2つは整理前T/Bに加減記入してある。集計し答えを記入した。

❹ できそうな所を探していく。未払消費税等はできそうだ。決算整理での増減は多くない。頭の中に下記のT勘定をイメージして電卓だけで集計を行った。

消費税

10,468,800	15,886,000
16,200	100,000
20,000	
35,000	
48,000	

❺ その他販管費もできるだろうと思った。整理前T/Bに加減記入していないのは貸倒引当金（流動）の分だけだ。しかし、貸倒引当金の項で書いたようにミスしてしまった。

❻ まだ5分残っていたので、ダメ元で商品をやることにしたが、商品の項で書いたようにミスしてしまった。

❼ 繰越商品、繰延税金資産、仕入高、法人税等、未払法人税等、法人税等調整額は捨てて解答を終了した。

MEMO

本試験問題 2

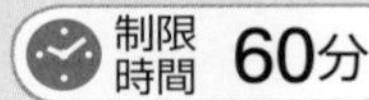

甲株式会社（以下「甲社」という。）は商品の販売業を営んでいる。甲社（本店）の×20年度（自×20年４月１日　至×21年３月31日）における次の【資料１】本店の決算整理前残高試算表、【資料２】決算整理事項等に基づき、【資料３】本支店合併前の本店の決算整理後残高試算表の①から㊴までの金額を答案用紙に記入しなさい。

（解答上の留意事項）

1　【資料１】、【資料２】、【資料３】の（　　　）に該当する金額は、各自推定すること。

2　解答金額については、【資料１】の金額欄の数値のように３桁ごとにカンマで区切ること。この方法によって解答していない場合には正解としない。

3　金額計算において、１円未満の端数が生じた場合は、特段の指示がある場合を除き、最終的な解答金額で１円未満の端数を切り捨てる。

4　解答にあたって勘定科目は、【資料３】にある科目を使用し、それ以外の勘定科目は使用しないこと。

5　解答金額が「０」となる場合には、「０」と記載する。

（問題の前提条件）

1　問題文に指示のない限り、会計基準に示された原則的な会計処理による。

2　税効果会計については、適用する旨の記載がある項目についてのみ適用するものとする。
なお、法定実効税率は前期より変更はなく当期も30％とする。繰延税金資産の回収可能性及び繰延税金負債の支払可能性に問題はない。また、答案作成上、繰延税金資産と繰延税金負債は相殺しない。

3　消費税及び地方消費税（以下「消費税等」という。）の会計処理については税抜方式を採用しており、（税込み）もしくは（税抜き）と記載されている項目についてのみ税率10％で税額計算を行う。
未払消費税等は、仮払消費税等と仮受消費税等を相殺して計算する。

4　法人税等及び法人税等調整額の合計額は、税引前当期純利益に法定実効税率（30％）を乗じて算出した金額とし、法人税等の金額は逆算で計算する。未払法人税等は中間納付額（本店の決算整理前残高試算表の仮払法人税等勘定に計上）を控除して計算する。

5　為替差益と為替差損は相殺して表示すること。

6　配分計算は、すべて月割計算とし、１ヶ月未満は切り上げて１ヶ月として計算する。

【資料1】 本店の決算整理前残高試算表（×21年3月31日現在）

（単位：円）

借方		貸方	
勘定科目	金額	勘定科目	金額
現金	1,280,000	支払手形	4,792,000
当座預金（X銀行）	(　　)	買掛金	8,830,000
当座預金（Y銀行）	(　　)	短期借入金	4,000,000
当座預金（Z銀行）	51,530,000	未払金	380,000
受取手形	13,800,000	仮受金	(　　)
売掛金	15,850,000	仮受消費税等	9,784,800
繰越商品	1,800,000	預り金	386,400
仮払金	(　　)	賞与引当金	1,125,000
仮払法人税等	2,329,000	貸倒引当金	363,000
仮払消費税等	8,086,200	その他流動負債	2,280,000
貯蔵品	100,000	長期借入金	20,000,000
その他流動資産	130,000	社債	(　　)
建物	(　　)	減価償却累計額	(　　)
機械装置	2,490,000	投資不動産減価償却累計額	(　　)
備品	(　　)	資本金	10,000,000
土地	106,000,000	利益準備金	2,500,000
投資有価証券	(　　)	繰越利益剰余金	135,369,170
ゴルフ会員権	(　　)	売上	181,960,000
投資不動産	(　　)	受取配当金	(　　)
繰延税金資産	(　　)	雑収入	350,000
仕入	128,780,000		
給与手当	19,872,000		
賞与	1,500,000		
貸倒損失	462,500		
その他販管費	12,198,700		
支払利息	320,000		
雑損失	180,570		
合計	449,335,370	合計	449,335,370

【資料2】決算整理事項等

1．現金

(1)　決算整理にあたって、×21年3月31日時点の残高について金庫を実査したところ、以下のものが保管されていた。

項　目	内　容	金　額
円通貨	紙幣・硬貨	648,000円
ドル通貨	USドル（本店保管分）	5,000ドル
他人振出小切手	売掛金回収のため	250,000円
自己振出小切手	買掛金支払のため	180,000円
仮払メモ	出張旅費	30,000円
貯蔵品	印紙等	160,000円

①　貯蔵品に関しては、購入時に「その他販管費」勘定として会計処理している。

②　決算整理において未使用のものを「貯蔵品」勘定に振り替えている。

③　決算整理前残高試算表の「貯蔵品」勘定は前期末残高であり、当期になってすべて使用したが未処理である。

(2)　期末帳簿現金残高と実際現金残高の差異を確認したところ、以下のような事実が判明した。

①　×21年3月27日に営業担当者の出張旅費30,000円を仮払いしたが、その会計処理がまだ行われていない。なお、×21年4月1日に従業員から提出された旅費精算書（出張日：×21年3月28日）によれば、期末日までに旅費交通費55,000円（税込み）が発生している（「その他販管費」勘定で処理）。仮払金の不足分は「未払金」勘定で処理する。

②　×21年3月25日に買掛金支払いのためにY銀行の当座預金から小切手180,000円を振り出して預金の引き出しの会計処理をしたが、期末日現在金庫に保管されている。

③　本店保管分のドル通貨に関しては、購入時の105円／ドルで記帳している。なお、×21年3月31日の直物為替レートは110円／ドルであった。

④　期末帳簿現金残高と実際現金残高の差異調整後、なお原因不明の差異が存在する場合は、現金過不足分を「雑損失」勘定または「雑収入」勘定に振り替えるものとする。

2．当座預金

(1)　×21年3月28日に買掛金支払いのための小切手1,500,000円を振り出したが、X銀行の当座預金残高が800,000円であったため、以下のように会計処理している（X銀行とは総額1,000,000円の当座借越契約を結んでいる）。差額について期末にその性質を示す適正な科目に振り替えるものとする。なお、×21年3月29日以降、X銀行の残高に動きはない。

(借)買掛金　800,000円　(貸)当座預金(X銀行)　800,000円

⑵　Ｙ銀行の当座預金について、甲社における当座預金の銀行帳の期末残高は7,280,000円であり、Ｙ銀行における甲社の当座預金の期末残高は4,851,600円であった。決算において両者の不一致の原因を調査したところ、以下のような事実が判明した。

①　買掛金支払いのためにＹ銀行小切手180,000円を振り出したが、仕入先に未渡しとなっている（1．⑵②参照）。

②　得意先より受け取った売掛金回収のための小切手780,000円を銀行に呈示したが、銀行側で時間外預入れとなっている。

③　社会保険料773,400円がＹ銀行の口座から引き落とされていたが、甲社に未通知であった。なお、社会保険の従業員負担分（「預り金」勘定で期中処理済み）は386,400円であり、会社負担分は人件費（「その他販管費」勘定で処理）として処理すること。

④　×21年３月１日に米国支店の口座にＹ銀行の当座預金から10,000ドルを送金したが未処理である（直物為替レート106円／ドル）。

⑤　Ｙ銀行との金利スワップ契約による固定金利と変動金利の差額の受渡しが未処理である（10. 参照）。

⑶　Ｚ銀行の当座預金は、借入金の実行についてのみ会計処理済みである（10. ⑸参照）。

3．商品及び本店支店に関する取引

甲社はＡ商品を販売しており、商品の評価方法は先入先出法である。【資料１】の繰越商品は前期末残高である。甲社は海外市場への進出のため、×21年３月１日に米国支店を開設した。本支店の業績管理のため、本店は支店に商品を送付する際に原価に10％の内部利益を付加している。米国支店は、期中ドル建てで記帳しており、支店の決算修正後に財務諸表項目を円換算する（収益及び費用項目については３月平均直物為替レートにより換算する。）。

本店の帳簿上は支店損益のみを受け入れるとともに、本店側で支店の期末在庫に含まれる内部利益を控除する。なお、支店損益及び内部利益の控除に関しては、本店の「繰越利益剰余金」勘定に直接振り替える。

×21年３月１日以降の本支店間取引は以下のとおりである（すべて未処理である）。

⑴　３月１日　本店は米国支店にドルを送金した（2．⑵④参照）。

⑵　３月４日　本店はＡ商品500個（支店購入価額：１個当たり11ドル）を米国支店に輸出した。

⑶　３月20日　米国支店はＡ商品400個（１個当たり30ドル）を現地で掛販売した。

⑷　３月31日までに米国支店において販売管理費4,000ドルが発生しているが未払いである。

（直物為替レート）

×21年３月４日	107円／ドル
×21年３月20日	108円／ドル
×21年３月平均直物為替レート	107円／ドル

決算日にＡ商品の実地棚卸を実施したところ、期末実際在庫数量は本店に1,400個（帳簿有高は1,500個で１個当たりの原価は1,000円）、支店に90個であった。期末帳簿在庫数量との差額分は棚卸減耗損として会計処理する。なお、本店の期末実際在庫のうち100個のＡ商品が陳腐化しており、１個当たり500円まで売価が下落している（見積販売直接経費は１個当たり30円）。また、棚卸減耗損は３月平均直物為替レートにより換算する。

４．買掛金

甲社は、×21年２月19日にＡ商品20,000ドルをドル建てで輸入した。当該輸入取引で計上された買掛金は×21年５月31日に決済されることになっている。甲社は、円安による決済額の増加をヘッジするため、×21年２月28日に×21年５月31日を決済期日とする為替予約を20,000ドル締結した。なお、為替予約の締結については未処理である。

直物為替レート並びに予約レートは以下のとおりである。

当該為替予約の会計処理は独立処理による。税効果は考慮しない。

日　付	直物為替レート	予約レート
×21年２月19日	104円	100円
×21年２月28日	106円	102円
×21年３月31日	110円	107円

５．売掛金

甲社は、Ｆ社に対する売掛金の決済として、甲社振出の約束手形100,000円、甲社振出の為替手形200,000円（甲社引受ではない）、Ｆ社振出の為替手形270,000円（甲社引受ではない）を受け取っているが未処理である。

６．有価証券

⑴　甲社が当期末において保有するその他有価証券は以下のとおりである。

銘柄	取得原価	前期末時価	当期末時価
Ｈ社株式	800,000円	600,000円	950,000円
Ｉ社株式	1,250,000円	1,500,000円	500,000円

⑵　その他有価証券の評価差額の処理は、全部純資産直入法による。

⑶　Ｈ社株式とＩ社株式は、いずれも前期中に取得したものである。なお、前期末の評価差額は、税効果会計を適用し当期首に振り戻している。

⑷　Ｉ社株式は、当期末において時価が著しく下落しているため減損処理を行う。なお、当該減損損失については、税効果会計を適用する。

⑸　税務上、その他有価証券は原価で評価されるものとする。

⑹　【資料１】に計上されている受取配当金は、税務上、全額益金に算入されないものとする。

7．ゴルフ会員権

⑴　甲社は、預託金形態のゴルフ会員権を保有している。その取得原価は5,000,000円、預託保証金の金額は3,200,000円である。

⑵　当期末においてゴルフ会員権の時価が2,450,000円となった。時価が著しく下落し、回復の可能性がないと判断したため、特別損失を計上することとする。

ゴルフ会員権に係る評価損の計上及び貸倒引当金については、税効果会計を適用する。

⑶　貸倒引当金繰入額については、「貸倒引当金繰入額（ゴルフ会員権）」勘定で処理する。

8．有形固定資産

⑴　当期首に保有する有形固定資産に関する資料は以下のとおりである（土地は除く。）。当期の減価償却費の計上は未処理である。なお、有形固定資産の残存価額はゼロとする。

	取得価額	取得日	経済的耐用年数	償却方法
Ｊ建物	12,000,000円	×08年４月１日	30年	定額法
Ｌ機械	（　　　　　）	×19年４月１日	６年	定額法
Ｍ備品	2,000,000円	×19年10月１日	８年	定率法

⑵　当期中に取得した有形固定資産に関する資料は以下のとおりである。

	取得価額	取得日	経済的耐用年数	償却方法
Ｋ建物	（　　　　　）	×20年12月５日	30年	定額法

⑶　Ｊ建物は、×20年９月25日に火災により全焼した。当該火災に関し、×20年11月10日に保険会社から保険金確定額7,600,000円が入金されたが、入金額を仮受金とした以外は未処理である。

⑷　×20年12月５日にＪ建物の代替としてＫ建物を15,000,000円で購入し、同日より事業に供用しているが、購入代金を仮払金とした以外は未処理である。Ｋ建物については、焼失したＪ建物に関する保険差益相当額の圧縮記帳を直接減額方式により行う。

⑸　甲社は当期に、Ｌ機械を以下に示す条件により、貸手であるＧ社に売却するとともに、その全部をリースバックしている。当該会計処理及びリースに関するすべての取引は未処理である。なお、Ｌ機械に関する入出金はＺ銀行の当座預金口座を通じて行っている。利息の見越計上分は「未払費用」勘定で処理する。

セール・アンド・リースバックの条件

① 所有権移転条項なし

② 割安購入選択権なし

③ 当該物件は特別仕様ではない。

④ 契約日（リース取引開始日）：×20年4月1日

⑤ 売却価額：2,450,000円

⑥ 解約不能のリース期間：×20年4月1日から5年間

⑦ リース料の支払：毎年1回4月1日に均等払い（初回支払日：×20年4月1日）
年額リース料：537,500円

⑧ 貸手の計算利子率は5％であり、借手もこれを知り得る状況にある。

⑨ リースバック時以後の経済的耐用年数：5年

⑩ 借手の減価償却方法：定額法

(6) M備品の減価償却にあたり、償却率は0.25を用いること。

9. 投資不動産

(1) 甲社は、土地を25,000,000円で取得するとともに建物を12,500,000円で建築し、当該不動産を第三者に対して賃貸している。甲社は、当該土地及び建物を投資不動産として保有しており、建物については定額法（耐用年数20年）により減価償却を行っている。なお、減価償却計算（「投資不動産減価償却費」勘定で処理）にあたり、残存価額はゼロとする。

(2) 賃貸を開始してちょうど10年が経過した当期末現在において、減損の兆候が認められた。

(3) 当該不動産は、独立したキャッシュ・フローを生み出す最小の単位であり、資産グループとして減損会計を適用する。当期末時点の正味売却価額は24,000,000円と見積もられる。また、将来キャッシュ・フローについて、翌期以降10年間のキャッシュ・フローは以下のように見積もられる。

年数等	1～5年後	6～10年後	10年経過後	
			土地の売却	建物の売却
キャッシュ・フロー	2,800,000円／年	2,600,000円／年	4,000,000円	1,250,000円

(4) 使用価値の計算については、年4％の割引率を適用する。なお、将来キャッシュ・フローは、毎年度末に発生するものとする。

10. 借入金

(1) ×20年10月1日に、Z銀行より期間5年、6ヶ月TIBORプラス0.5％で10,000,000円の借入れを行った。変動金利を固定金利に変換するために、同日にY銀行と以下の条件で金利スワップ契約（想定元本：10,000,000円）を締結した。

① 契約内容：甲社はＹ銀行に想定元本に対して３％の固定金利を支払い、Ｙ銀行から６ヶ月TIBORプラス0.5％の変動金利を受け取る。期間は５年。

② 借入金及び金利スワップ契約の利払い：３月末日及び９月末日（いずれも後払い）

(2) 当期末における金利スワップの時価は22,500円（正味の債権）であった。

(3) 支払金利は支払日から６ヶ月前の水準が適用される。×20年９月30日の６ヶ月TIBORは2.6％であった。

(4) 金利スワップの対象となっている借入金はヘッジ会計の要件を充たしており、金利スワップの想定元本と借入金の元本が同一であり、金利の受渡条件及び満期も全く同じであるため、金利スワップの特例処理を適用する。

(5) Ｚ銀行からの資金の借入れ（長期借入金で処理）を除き、期中取引に係る記帳はまだ行われていない。

11. 社債

(1) ×19年４月１日に額面総額50,000,000円の社債を100円につき96円で発行しているが、当期の会計処理はすべて未処理である。

(2) 社債の発行条件は以下のとおりである。

① 期間：５年

② 約定利子率：年２％

③ 利払日：年２回（毎年３月末日及び９月末日）

(3) ×20年12月31日において、額面総額20,000,000円の社債を買入償還し、端数利息を含めて19,500,000円を支払った。

(4) 社債は定額法による償却原価法で評価する。

(5) 社債の買入償還及び利息の支払いはＺ銀行の当座預金口座より支払っている。

12. 債権の貸倒れ等

(1) 当期中に以下の事象が生じているが未処理である。

① 当期の売上による売掛金90,000円が当期に貸倒れた。

② 前期の売上による売掛金100,000円が当期に貸倒れた。

③ 前期に発生した売掛金60,000円が前期に貸倒れとして処理したが、当期に全額を現金で回収した。

④ 当期の売上による売掛金152,500円を当期に貸倒れとして処理したが、そのうち108,000円を当期に現金で回収した。

(2) 甲社は売上債権（受取手形及び売掛金）の期末残高に対して２％の貸倒引当金を設定している（当期末の会計処理は未処理である）。なお、在外支店における売上債権は対象外とする。

⑶　貸倒引当金繰入額については、「貸倒引当金繰入額（売上債権）」勘定で処理する。

⑷　売上債権に係る貸倒引当金については、税効果会計を適用する。

13. 従業員賞与

⑴　甲社は毎年６月10日及び12月10日に従業員に対して賞与を支給しており、毎期末、月割計算に基づいて賞与引当金を計上している。賞与計算対象期間及び見込支給額は以下のとおりである。

支給日	賞与計算対象期間	見込支給額
×20年６月支給分	×19年11月～×20年４月	1,350,000円
×20年12月支給分	×20年５月～×20年10月	1,500,000円
×21年６月支給分	×20年11月～×21年４月	1,800,000円

⑵　当期における支給額は見込支給額と一致しており、支給日において現金より支払いを行っている。なお、×20年６月支給分に係る記帳については、支給額を仮払金とした以外は未処理である。

⑶　賞与引当金については、税効果会計を適用する。

【資料3】 本支店合併前の本店の決算整理後残高試算表（×21年3月31日現在）

（単位：円）

借方		貸方	
勘定科目	金額	勘定科目	金額
現金	（ ① ）	支払手形	（ ）
当座預金（X銀行）	（ ② ）	買掛金	（ ㉒ ）
当座預金（Y銀行）	（ ③ ）	短期借入金	（ ）
当座預金（Z銀行）	（ ）	未払金	（ ）
受取手形	（ ④ ）	未払費用	（ ㉓ ）
売掛金	（ ）	未払法人税等	（ ㉔ ）
繰越商品	（ ⑤ ）	未払消費税等	（ ㉕ ）
貯蔵品	（ ）	賞与引当金	（ ㉖ ）
その他流動資産	（ ）	貸倒引当金	（ ）
支店	（ ⑥ ）	繰延内部利益	（ ㉗ ）
為替予約	（ ⑦ ）	その他流動負債	（ ）
建物	（ ）	長期前受収益	（ ㉘ ）
備品	（ ）	長期借入金	（ ）
リース資産	（ ）	社債	（ ㉙ ）
土地	（ ）	減価償却累計額	（ ）
投資有価証券	（ ⑧ ）	投資不動産減価償却累計額	（ ㉚ ）
ゴルフ会員権	（ ）	繰延税金負債	（ ㉛ ）
投資不動産	（ ）	リース債務	（ ㉜ ）
繰延税金資産	（ ⑨ ）	資本金	（ ）
売上原価	（ ）	利益準備金	（ ）
商品低価評価損	（ ⑩ ）	繰越利益剰余金	（ ㉝ ）
給与手当	（ ）	その他有価証券評価差額金	（ ㉞ ）
賞与	（ ⑪ ）	売上高	（ ）
賞与引当金繰入額	（ ）	支店売上高	（ ㉟ ）
減価償却費	（ ⑫ ）	受取配当金	（ ）
棚卸減耗損	（ ）	雑収入	（ ㊱ ）
貸倒損失	（ ⑬ ）	為替差益	（ ㊲ ）
貸倒引当金繰入額（売上債権）	（ ⑭ ）	償却債権取立益	（ ）
その他販管費	（ ⑮ ）	社債償還益	（ ㊳ ）
支払利息	（ ⑯ ）	保険差益	（ ）

社債利息	（　⑰　）	法人税等調整額	（　㊴　）
雑損失	（　　）		
貸倒引当金繰入額（ゴルフ会員権）	（　⑱　）		
投資不動産減価償却費	（　　）		
投資有価証券評価損	（　⑲　）		
ゴルフ会員権評価損	（　　）		
建物圧縮損	（　⑳　）		
法人税等	（　㉑　）		
合計	（　　）	合計	（　　）

解　答

※■内の数字は配点を示す。

（単位：円）

番号	配点	金　　額
①	2	1,448,000
②	1	0
③	1	5,631,600
④	1	14,270,000
⑤	1	1,347,000
⑥	1	2,085,930
⑦	2	100,000
⑧	2	1,450,000
⑨	1	1,616,160
⑩	1	53,000
⑪	2	1,725,000
⑫	1	1,211,189
⑬	1	444,500
⑭	1	324,200
⑮	1	12,575,700
⑯	1	565,297
⑰	1	1,260,000
⑱	1	750,000
⑲	2	750,000
⑳	2	600,000

番号	配点	金　　額
㉑	1	4,405,213
㉒	1	8,430,000
㉓	1	95,297
㉔	1	2,076,213
㉕	1	1,693,600
㉖	2	1,500,000
㉗	1	9,630
㉘	2	300,000
㉙	2	29,280,000
㉚	1	6,250,000
㉛	2	45,000
㉜	1	1,905,948
㉝	1	135,796,970
㉞	2	105,000
㉟	1	588,500
㊱	1	355,000
㊲	1	5,000
㊳	1	80,000
㊴	1	1,169,760

【配　点】 1 ×28カ所＝28点　 2 ×11カ所＝22点　　合計50点

解答への道

（単位：円）

1　現金

(1)　貯蔵品

（その他販管費）	100,000	（貯　蔵　品）※	100,000
（貯　蔵　品）	160,000	（その他販管費）	160,000

※　前T/Bより

(2)　現金過不足

①　出張旅費

(a)　仮払

（仮　払　金）※	30,000	（現　金）	30,000

※　【資料２】１.(2)①より「出張旅費30,000円を仮払いしたが、その会計処理がまだ行われていない。」とあることから、仮払時の処理についても未処理となる。また、前T/B（下記15参照）の仮払金の金額を検証しても仮払時の処理が行われていないことがわかる。

(b)　精算

（その他販管費）※１	50,000	（仮　払　金）	30,000
（仮払消費税等）※２	5,000	（未　払　金）※３	25,000

※１　$55{,}000 \times \frac{1}{1.1} = 50{,}000$

※２　$55{,}000 \times \frac{0.1}{1.1} = 5{,}000$

※３　差額

②　自己振出小切手

（当座預金（Ｙ銀行））	180,000	（買　掛　金）	180,000

③　ドル通貨の期末換算替

（現　金）※	25,000	（為　替　差　益）	25,000

※　(a)　ＣＲ換算額：5,000ドル×ＣＲ110＝550,000

(b)　帳簿残高：5,000ドル×ＨＲ105＝525,000

(c)　(a)－(b)＝25,000

④　原因不明分の振替

（現　金）※	5,000	（雑　収　入）	5,000

※　(a)　実際有高：円通貨648,000＋ドル通貨550,000＋他人振出小切手250,000＝1,448,000

(b)　帳簿残高：前T/B1,280,000－30,000＋25,000＋60,000（下記12(1)③参照）
＋108,000（下記12(1)④参照）＝1,443,000

(c)　(a)－(b)＝5,000

本試験問題２

2 当座預金

(1) X銀行

① 適正な仕訳

(買　掛　金)	1,500,000	(当座預金(X銀行))	800,000
		(短期借入金)※	700,000

※ 差額

② 甲社が行った仕訳

(買　掛　金)	800,000	(当座預金(X銀行))	800,000

③ 修正仕訳（①－②）

(買　掛　金)　700,000　(短期借入金)　700,000

(2) Y銀行

① 自己振出小切手（甲社側加算）⇒ 上記1(2)②参照

② 時間外預入（銀行側加算）

(仕訳不要)

③ 社会保険料の引落未記帳（甲社側減算）

(預　り　金)　386,400　(当座預金(Y銀行))　773,400

(その他販管費)※　387,000

※ 差額

④ 米国支店への送金未処理（甲社側減算）

(支　店)　1,060,000　(当座預金(Y銀行))※　1,060,000

※ 10,000ドル×HR106＝1,060,000

⑤ 金利スワップ契約による固定金利と変動金利の差額の受渡し（甲社側加算）

(当座預金(Y銀行))※　5,000　(支払利息)　5,000

※ $10{,}000{,}000 \times \{(2.6\% + 0.5\%) - 3.0\%\} \times \frac{6月}{12月} = 5{,}000$

⑥ 銀行勘定調整表

銀行勘定調整表

帳簿残高		7,280,000	Y銀行残高		4,851,600
① 自己振出小切手	+	180,000	② 時間外預入	+	780,000
③ 社会保険料	△	773,400			
④ 米国支店への送金	△	1,060,000			
⑤ 金利スワップ	+	5,000			
修正後残高		5,631,600	修正後残高		5,631,600

(3) Z銀行

(支払利息)※　155,000　(当座預金(Z銀行))　155,000

※ $10{,}000{,}000 \times (2.6\% + 0.5\%) \times \frac{6月}{12月} = 155{,}000$

3　商品及び本店支店に関する取引

(1)　3月1日　本店から米国支店への送金

①　本店 ⇒ 上記2(2)④参照

②　米国支店（収支は便宜上「現金預金」勘定を使用する。）

（現金預金）	10,000ドル	（本店）	10,000ドル

(2)　3月4日　本店から米国支店への商品の送付

①　本店

（支店）※	588,500	（支店売上高）	588,500

※　@11ドル×500個×HR107＝588,500

②　米国支店

（本店仕入高）※	5,500ドル	（本店）	5,500ドル

※　@11ドル×500個＝5,500ドル

(3)　3月20日　米国支店の現地販売（米国支店）

（売掛金）※	12,000ドル	（売上高）	12,000ドル

※　@30ドル×400個＝12,000ドル

(4)　3月31日　販売管理費の未払い（米国支店）

（その他販管費）	4,000ドル	（未払金）	4,000ドル

(5)　売上原価の算定

①　本店

（売上原価）	1,800,000	（繰越商品）	1,800,000
（売上原価）	128,780,000	（仕入）	128,780,000
（繰越商品）※	1,500,000	（売上原価）	1,500,000

※　@1,000×1,500個＝1,500,000

②　米国支店

（売上原価）	5,500ドル	（本店仕入高）	5,500ドル
（繰越商品）※	1,100ドル	（売上原価）	1,100ドル

※　(a)　期末帳簿棚卸数量：本店からの送付500個－販売400個＝100個

(b)　期末帳簿棚卸高：@11ドル×100個＝1,100ドル

(6)　棚卸減耗等

①　本店

（棚卸減耗損）※1	100,000	（繰越商品）※3	153,000
（商品低価評価損）※2	53,000		

※1　@1,000×（帳簿1,500個－実地1,400個）＝100,000

※2　{@1,000－（売価@500－経費@30）}×100個＝53,000

※3　借方合計

② 米国支店

(棚 卸 減 耗 損)※ 110ドル (繰 越 商 品) 110ドル

※ @11×(帳簿100個－実地90個)＝110ドル

(7) 支店純損益の振替及び内部利益の控除(本店)

① 支店純損益の振替

(支 店)※ 437,430 (繰越利益剰余金) 437,430

※ (a) 米国支店後T/B(外貨ベース)

米国支店後T/B (単位：ドル)

借方科目	金額	貸方科目	金額
現金預金	10,000	未払金	4,000
売掛金	12,000	本店	15,500
繰越商品	990	売上高	12,000
売上原価	4,400		
棚卸減耗損	110		
その他販管費	4,000		
合計	31,500	合計	31,500

(b) 米国支店後T/B(円換算額)

米国支店後T/B (単位：円)

借方科目	金額	貸方科目	金額
現金預金	＊1 1,100,000	未払金	＊7 440,000
売掛金	＊2 1,320,000	本店	＊8 1,648,500
繰越商品	＊3 105,930	売上高	＊9 1,284,000
売上原価	＊4 470,800	為替差益	＊10 64,000
棚卸減耗損	＊5 11,770		
その他販管費	＊6 428,000		
合計	3,436,500	合計	3,436,500

＊1 10,000ドル×CR110＝1,100,000

＊2 12,000ドル×CR110＝1,320,000

＊3 990ドル×HR107＝105,930

＊4 4,400ドル×AR107＝470,800

＊5 110ドル×AR107＝11,770

＊6 4,000ドル×AR107＝428,000

＊7 4,000ドル×CR110＝440,000

＊8 送金1,060,000(上記3(1)参照)＋商品588,500(上記3(2)参照)＝1,648,500

＊9 12,000ドル×AR107＝1,284,000

＊10 差額

(c) 米国支店の純損益：収益1,348,000－費用910,570＝437,430

② 内部利益の控除

（繰越利益剰余金） 9,630 （繰延内部利益）※ 9,630

※ 後T/B 繰越商品105,930×$\frac{0.1}{1.1}$＝9,630

4 買掛金

⑴ 買掛金の期末換算替（後T/Bに「為替差益」勘定しかないため、「為替差益」勘定で仕訳を示す。）

（為替差益） 120,000 （買掛金）※ 120,000

※ ⒜ CR換算額：20,000ドル×CR110＝2,200,000

⒝ 帳簿残高：20,000ドル×HR104＝2,080,000

⒞ ⒜－⒝＝120,000

⑵ 為替予約の時価評価

（為替予約）※ 100,000 （為替差益） 100,000

※ 20,000ドル×(決算日FR107－予約日FR102)＝100,000

5 売掛金

（支払手形） 100,000 （売掛金）※２ 570,000

（受取手形）※１ 470,000

※１ 甲社振出為替手形200,000＋F社振出為替手形270,000＝470,000

※２ 借方合計

6 有価証券

⑴ H社株式

（投資有価証券）※１ 150,000 （繰延税金負債）※２ 45,000

（その他有価証券評価差額金）※３ 105,000

※１ 当期末時価950,000－取得原価800,000＝150,000

※２ 150,000×30％＝45,000

※３ 差額

⑵ I社株式

① 減損処理

（投資有価証券評価損） 750,000 （投資有価証券）※ 750,000

※ 当期末時価500,000－取得原価1,250,000＝△750,000

② 税効果会計

（繰延税金資産）※ 225,000 （法人税等調整額） 225,000

※ 750,000×30％＝225,000

7 ゴルフ会員権

⑴ 評価損及び貸倒引当金の計上

（ゴルフ会員権評価損）※１ 1,800,000 （ゴルフ会員権） 1,800,000

（貸倒引当金繰入額(ゴルフ会員権)）※２ 750,000 （貸倒引当金） 750,000

※１ 預託保証金3,200,000－取得原価5,000,000＝△1,800,000

※２　当期末時価2,450,000－預託保証金3,200,000＝△750,000

(2)　税効果会計

(繰延税金資産)※	765,000	(法人税等調整額)	765,000

※　(1,800,000＋750,000)×30％＝765,000

8　有形固定資産

(1)　J建物（火災による焼失）

(減価償却累計額)※１	4,800,000	(建　　　物)	12,000,000
(減価償却費)※２	200,000	(保険差益)※３	600,000
(仮　受　金)	7,600,000		

※１　$12{,}000{,}000 \times \frac{12年}{30年} = 4{,}800{,}000$

※２　$12{,}000{,}000 \times \frac{1年}{30年} \times \frac{6月}{12月} = 200{,}000$

※３　差額

(2)　K建物

①　取得

(建　　　物)	15,000,000	(仮　払　金)	15,000,000

②　圧縮記帳（直接減額方式）

(建物圧縮損)※	600,000	(建　　　物)	600,000

※　上記(1)保険差益600,000より

③　減価償却

(減価償却費)※	160,000	(減価償却累計額)	160,000

※　$(15{,}000{,}000 - 600{,}000) \times \frac{1年}{30年} \times \frac{4月}{12月} = 160{,}000$

(3)　L機械（セール・アンド・リースバック）

①　売却

(減価償却累計額)※２	415,000	(機械装置)※１	2,490,000
(当座預金(Ｚ銀行))	2,450,000	(長期前受収益)※３	375,000

※１　前T/Bより

※２　$2{,}490{,}000 \times \frac{1年}{6年} = 415{,}000$

※３　差額

②　リース取引

(リース資産)※１	2,443,448	(当座預金(Ｚ銀行))	537,500
		(リース債務)※２	1,905,948

※１　イ　所有権移転条項及び割安購入選択権がなく、特別仕様でもないため、所有権移転外ファイナンス・リース取引に該当する。

ロ　売却価額2,450,000＞現在価値2,443,448＊　∴　低い方　2,443,448

＊　$537{,}500 + 537{,}500 \div (1.05)^{1年} + 537{,}500 \div (1.05)^{2年} + 537{,}500 \div (1.05)^{3年} + 537{,}500 \div (1.05)^{4年} = 2{,}443{,}448$（円未満切捨）

※２　差額

③　減価償却

（減価償却費）※　488,689　（減価償却累計額）　488,689

※　$2{,}443{,}448\times\frac{1年}{5年}=488{,}689$（円未満切捨）

④　長期前受収益の加減処理

（長期前受収益）※　75,000　（減価償却費）　75,000

※　$375{,}000\times\frac{1年}{5年}=75{,}000$

⑤　支払利息の見越計上

（支払利息）※　95,297　（未払費用）　95,297

※　1,905,948×５％＝95,297（円未満切捨）

(4)　M備品

（減価償却費）※　437,500　（減価償却累計額）　437,500

※　①　減価償却累計額：$2{,}000{,}000\times0.25\times\frac{6月}{12月}=250{,}000$

②　(2,000,000－250,000)×0.25＝437,500

9　投資不動産

(1)　減価償却

（投資不動産減価償却費）※　625,000　（投資不動産減価償却累計額）　625,000

※　$12{,}500{,}000\times\frac{1年}{20年}=625{,}000$

(2)　減損会計

（仕訳不要）※

※　①　帳簿価額：(a)　建物：$12{,}500{,}000-12{,}500{,}000\times\frac{10年}{20年}=6{,}250{,}000$

(b)　土地：25,000,000

(c)　(a)＋(b)＝31,250,000

②　割引前将来キャッシュ・フロー：2,800,000×５年＋2,600,000×５年＋4,000,000

＋1,250,000＝32,250,000

③　減損損失の認識の判定：帳簿価額31,250,000≦割引前将来キャッシュ・フロー32,250,000

∴　減損損失は認識しない

10　借入金 ⇒ 上記２(2)⑤及び(3)参照

11　社債

(1)　前T/B 社債残高

①　払込金額：$50{,}000{,}000\times\frac{96}{100}=48{,}000{,}000$

②　前T/B社債残高：$48{,}000{,}000+(50{,}000{,}000-48{,}000{,}000)\times\frac{12月}{60月}=48{,}400{,}000$

(2) 当期の会計処理

① ×20年9月末日（利払日）

（社債利息）※	500,000	（当座預金（Z銀行））	500,000

※ $50{,}000{,}000 \times 2\% \times \frac{6月}{12月} = 500{,}000$

② ×20年12月31日（買入償還）

（社債）※1	19,360,000	（当座預金（Z銀行））	19,500,000
（社債利息）※2	220,000	（社債償還益）※3	80,000

※1 $48{,}400{,}000 \times \frac{20{,}000{,}000}{50{,}000{,}000} = 19{,}360{,}000$

※2 (a) 償却額：$(20{,}000{,}000 - 19{,}360{,}000) \times \frac{9月}{60月 - 12月} = 120{,}000$

(b) 端数利息：$20{,}000{,}000 \times 2\% \times \frac{3月}{12月} = 100{,}000$

(c) (a)+(b)=220,000

※3 差額

③ ×21年3月31日（利払日）

（社債利息）※	300,000	（当座預金（Z銀行））	300,000

※ $(50{,}000{,}000 - 20{,}000{,}000) \times 2\% \times \frac{6月}{12月} = 300{,}000$

(3) 決算整理（償却原価法）

（社債利息）※	240,000	（社債）	240,000

※ $\{(50{,}000{,}000 - 20{,}000{,}000) - (48{,}400{,}000 - 19{,}360{,}000)\} \times \frac{12月}{60月 - 12月} = 240{,}000$

12 債権の貸倒れ等

(1) 未処理事象

① 当期の売上による売掛金の貸倒れ

（貸倒損失）	90,000	（売掛金）	90,000

② 前期の売上による売掛金の貸倒れ

（貸倒引当金）	100,000	（売掛金）	100,000

③ 前期に貸倒処理した売掛金の回収

（現金）	60,000	（償却債権取立益）	60,000

④ 当期に貸倒処理した売掛金の回収

（現金）	108,000	（貸倒損失）	108,000

(2) 貸倒引当金の設定

（貸倒引当金繰入額(売上債権)）※	324,200	（貸倒引当金）	324,200

※ ① 受取手形：前T/B 13,800,000＋470,000＝14,270,000

② 売掛金：前T/B 15,850,000－570,000－90,000－100,000＝15,090,000

③ 設定額：(①＋②)×2％＝587,200

④ ③－(前T/B 363,000－貸倒100,000)＝324,200

(3) 税効果会計

(繰延税金資産)※ 67,260 (法人税等調整額) 67,260

※ 587,200×30％－前T/B 108,900(下記15※９(2)参照)＝67,260

13 従業員賞与

(1) 当期支給分の修正

(賞与引当金)※１ 1,125,000 (仮払金) 1,350,000
(賞与)※２ 225,000

※１ 前T/Bより

※２ 差額

(2) 賞与引当金の計上

(賞与引当金繰入額) 1,500,000 (賞与引当金)※ 1,500,000

※ $1{,}800{,}000 \times \frac{5月}{6月} = 1{,}500{,}000$

(3) 税効果会計

(繰延税金資産)※ 112,500 (法人税等調整額) 112,500

※ 1,500,000×30％－前T/B 337,500(下記15※９(1)参照)＝112,500

14 税金

(1) 消費税等

(仮受消費税等)※２ 9,784,800 (仮払消費税等)※１ 8,091,200
(未払消費税等)※３ 1,693,600

※１ 前T/B 8,086,200＋5,000＝8,091,200

※２ 前T/Bより

※３ 差額

(2) 法人税等

(法人税等)※１ 4,405,213 (仮払法人税等)※２ 2,329,000
(未払法人税等)※３ 2,076,213

※１ ① 税引前当期純利益（本店）：収益183,773,500－費用173,416,456＝10,357,044

② 税引前当期純利益（会社全体）：本店10,357,044＋支店437,430－内部利益控除9,630＝10,784,844

③ 年税額：税引前10,784,844×30％＋法調1,169,760＝4,405,213（円未満切捨）

※２ 前T/Bより

※３ 差額

15　本店の決算整理前残高試算表

借方		貸方	
勘定科目	金額	勘定科目	金額
現金	1,280,000	支払手形	4,792,000
当座預金（X銀行）	※１（0）	買掛金	8,830,000
当座預金（Y銀行）	※２（7,280,000）	短期借入金	4,000,000
当座預金（Z銀行）	51,530,000	未払金	380,000
受取手形	13,800,000	仮受金	※10（7,600,000）
売掛金	15,850,000	仮受消費税等	9,784,800
繰越商品	1,800,000	預り金	386,400
仮払金	※３（16,350,000）	賞与引当金	1,125,000
仮払法人税等	2,329,000	貸倒引当金	363,000
仮払消費税等	8,086,200	その他流動負債	2,280,000
貯蔵品	100,000	長期借入金	20,000,000
その他流動資産	130,000	社債	※11（48,400,000）
建物	※４（12,000,000）	減価償却累計額	※12（5,465,000）
機械装置	2,490,000	投資不動産減価償却累計額	※13（5,625,000）
備品	※５（2,000,000）	資本金	10,000,000
土地	106,000,000	利益準備金	2,500,000
投資有価証券	※６（2,050,000）	繰越利益剰余金	135,369,170
ゴルフ会員権	※７（5,000,000）	売上	181,960,000
投資不動産	※８（37,500,000）	受取配当金	※14（125,000）
繰延税金資産	※９（446,400）	雑収入	350,000
仕入	128,780,000		
給与手当	19,872,000		
賞与	1,500,000		
貸倒損失	462,500		
その他販管費	12,198,700		
支払利息	320,000		
雑損失	180,570		
合計	449,335,370	合計	449,335,370

※１　【資料２】２.⑴より３/28残高800,000－800,000＝０

※２　【資料２】２.⑵より銀行帳の期末残高

※３　【資料２】８.⑷よりＫ建物の購入代金15,000,000＋【資料２】13.⑴⑵より６月賞与支給額1,350,000＝16,350,000

※４　【資料２】８.⑴よりＪ建物取得価額

※５　【資料２】８.(1)よりＭ備品取得価額

※６　【資料２】６.(1)よりＨ社株式取得原価800,000＋Ｉ社株式取得原価1,250,000＝2,050,000

※７　【資料２】７.(1)より取得原価

※８　【資料２】９.(1)より土地25,000,000＋建物12,500,000＝37,500,000

※９　(1)　賞与引当金：前T/B（前期末）1,125,000×30％＝337,500

(2)　貸倒引当金：前T/B（前期末）363,000×30％＝108,900

(3)　(1)＋(2)＝446,400

※10　【資料２】８.(3)より保険金確定額

※11　上記11(1)参照

※12　(1)　Ｊ建物：【資料２】８.(1)より$12,000,000\times\frac{12年}{30年}=4,800,000$

(2)　Ｌ機械：前T/Bより$2,490,000\times\frac{1年}{6年}=415,000$

(3)　Ｍ備品：【資料２】８.(1)より$2,000,000\times0.25\times\frac{6月}{12月}=250,000$

(4)　(1)＋(2)＋(3)＝5,465,000

※13　【資料２】９.(1)(2)より$12,500,000\times\frac{9年}{20年}=5,625,000$

※14　差額

16　本支店合併前の本店の決算整理後残高試算表

借方		貸方	
勘定科目	金額	勘定科目	金額
現金	① **1,448,000**	支払手形	4,692,000
当座預金（X銀行）	② **0**	買掛金	㉒ **8,430,000**
当座預金（Y銀行）	③ **5,631,600**	短期借入金	4,700,000
当座預金（Z銀行）	32,987,500	未払金	405,000
受取手形	④ **14,270,000**	未払費用	㉓ **95,297**
売掛金	15,090,000	未払法人税等	㉔ **2,076,213**
繰越商品	⑤ **1,347,000**	未払消費税等	㉕ **1,693,600**
貯蔵品	160,000	賞与引当金	㉖ **1,500,000**
その他流動資産	130,000	貸倒引当金	1,337,200
支店	⑥ **2,085,930**	繰延内部利益	㉗ **9,630**
為替予約	⑦ **100,000**	その他流動負債	2,280,000
建物	14,400,000	長期前受収益	㉘ **300,000**
備品	2,000,000	長期借入金	20,000,000
リース資産	2,443,448	社債	㉙ **29,280,000**
土地	106,000,000	減価償却累計額	1,336,189
投資有価証券	⑧ **1,450,000**	投資不動産減価償却累計額	㉚ **6,250,000**
ゴルフ会員権	3,200,000	繰延税金負債	㉛ **45,000**
投資不動産	37,500,000	リース債務	㉜ **1,905,948**
繰延税金資産	⑨ **1,616,160**	資本金	10,000,000
売上原価	129,080,000	利益準備金	2,500,000
商品低価評価損	⑩ **53,000**	繰越利益剰余金	㉝ **135,796,970**
給与手当	19,872,000	その他有価証券評価差額金	㉞ **105,000**
賞与	⑪ **1,725,000**	売上高	181,960,000
賞与引当金繰入額	1,500,000	支店売上高	㉟ **588,500**
減価償却費	⑫ **1,211,189**	受取配当金	125,000
棚卸減耗損	100,000	雑収入	㊱ **355,000**
貸倒損失	⑬ **444,500**	為替差益	㊲ **5,000**
貸倒引当金繰入額（売上債権）	⑭ **324,200**	償却債権取立益	60,000
その他販管費	⑮ **12,575,700**	社債償還益	㊳ **80,000**
支払利息	⑯ **565,297**	保険差益	600,000
社債利息	⑰ **1,260,000**	法人税等調整額	㊴ **1,169,760**
雑損失	180,570		
貸倒引当金繰入額（ゴルフ会員権）	⑱ **750,000**		
投資不動産減価償却費	625,000		
投資有価証券評価損	⑲ **750,000**		
ゴルフ会員権評価損	1,800,000		
建物圧縮損	⑳ **600,000**		
法人税等	㉑ **4,405,213**		
合計	419,681,307	合計	419,681,307

〈別解〉

米国支店の純損益の振替及び内部利益の控除に関する処理

本問では【資料２】３の文章において「本店の帳簿上は支店損益のみを受け入れるとともに、本店側で支店の期末在庫に含まれる内部利益を控除する。」との指示があるため、決算整理仕訳として処理している。しかし、本来、支店純損益の振替及び内部利益の調整は決算振替仕訳で行うのが通常であるため、決算整理では仕訳不要とすることも考えられる。

この場合、上記３⑺①及び②の仕訳が「仕訳不要」となるため、⑥、㉗及び㉝の解答が以下の金額となる。

⑥　**支店　1,648,500**

㉗　**繰延内部利益　0**

㉝　**繰越利益剰余金　135,369,170**

MEMO

本問のポイント

本問は、2021年度（第71回）本試験の第三問である。

在外支店を含んでいるが、処理の流れは、「前T/B→決算整理→後T/B」という典型的な決算整理型の問題である。量の多い問題ではあるが、半分以上は基本問題であり、全体的な難度はそれほど高くない。本問のように量の多い問題では取捨選択が一番重要となる。

本問の合格点であるが、少なくとも25点は必要である。できれば30点取りたいところだが、27～28点ならば合格点といえるだろう。本問の「取り所・捨て所」は次のとおりである。

取捨選択	解答番号	予想配点
取るべき所	① ② ⑦ ⑧ ⑪ ⑲ ⑳ ㉖ ㉙ ㉛ ㉞ ㊳	21点
できれば取りたい所	③ ④ ⑤ ⑩ ⑬ ⑰ ⑱ ㉒ ㉕ ㉘ ㉚	13点
間違えてもしかたのない所	⑫ ⑮ ㉓ ㉜ ㉟ ㊲	6点
捨てるべき所	⑥ ⑨ ⑭ ⑯ ㉑ ㉔ ㉗ ㉝ ㊱ ㊴	10点

本問で合格点を取るためには、上記のできれば取りたい所（11個）がどれだけ取れたかがポイントになる。それぞれの解答のポイントは次のとおりである。

③　当座預金（Y銀行）　金利スワップが不明でも銀行勘定調整表で算定できる。

④　受取手形　売掛金回収に係る為替手形受取りの仕訳ができたかどうか。

⑤　繰越商品　基本問題だが在外支店が絡んでいると思い捨てる人が多い。

⑩　商品低下評価損　繰越商品と同様。

⑬　貸倒損失　基本問題だが最後の方に出てくるため、時間が残っているかどうか。

⑰　社債利息　典型的な買入償還の問題だが端数利息に注意。

⑱　貸倒引当金繰入額（ゴルフ会員権）　基本問題。知っているかどうか。

㉒　買掛金　決算での増減は未渡小切手と換算替の２つ。

㉕　未払消費税等　決算での増減は出張旅費のみ。

㉘　長期前受収益　セール・アンド・リースバックに係る売却益相当額の繰延。

㉚　投資不動産減価償却累計額　減価償却費を計上するだけ。減損会計は関係なし。

なお、在外支店は第三問では今回が３回目の出題となるが、すべて３月に在外支店を開設しており、本問は2012年の問題に非常によく似た資料の与え方となっている。

本問は、講師が解答して解答時間60分で38点であった。出来なかったのは、⑥⑨⑭⑯㉑㉔㉕㉗㉝㊱㊲㊴の12か所である。

なお、27～28点という合格点は、本試験の緊張した場面での合格点である。練習では60分で30点を目標にしてほしい。

講師の解答方法

本試験問題 2

配点 50点　制限時間 60分

甲株式会社（以下「甲社」という。）は商品の販売業を営んでいる。甲社（本店）の×20年度（自×20年４月１日　至×21年３月31日）における次の【資料１】本店の決算整理前残高試算表、【資料２】決算整理事項等に基づき、【資料３】本支店合併前の本店の決算整理後残高試算表の①から㊴までの金額を答案用紙に記入しなさい。

（解答上の留意事項）

1　【資料１】、【資料２】、【資料３】の（　　）に該当する金額は、各自推定すること。

2　解答金額については、【資料１】の金額欄の数値のように３桁ごとにカンマで区切ること。この方法によって解答していない場合には正解としない。

3　金額計算において、１円未満の端数が生じた場合は、特段の指示がある場合を除き、最終的な解答金額で１円未満の端数を切り捨てる。

4　解答にあたって勘定科目は、【資料３】にある科目を使用し、それ以外の勘定科目は使用しないこと。

5　解答金額が「０」となる場合には、「０」と記載する。

（問題の前提条件）

1　問題文に指示のない限り、会計基準に示された原則的な会計処理による。

2　税効果会計については、適用する旨の記載がある項目についてのみ適用するものとする。
　なお、法定実効税率は前期より変更はなく当期も30％とする。繰延税金資産の回収可能性及び繰延税金負債の支払可能性に問題はない。また、答案作成上、繰延税金資産と繰延税金負債は相殺しない。

3　消費税及び地方消費税（以下「消費税等」という。）の会計処理については税抜方式を採用しており、（税込み）もしくは（税抜き）と記載されている項目についてのみ税率10％で税額計算を行う。
　未払消費税等は、仮払消費税等と仮受消費税等を相殺して計算する。

4　法人税等及び法人税等調整額の合計額は、税引前当期純利益に法定実効税率（30％）を乗じて算出した金額とし、法人税等の金額は逆算で計算する。未払法人税等は中間納付額（本店の決算整理前残高試算表の仮払法人税等勘定に計上）を控除して計算する。

5　為替差益と為替差損は相殺して表示すること。

6　配分計算は、すべて月割計算とし、１ヶ月未満は切り上げて１ヶ月として計算する。

2019年以降は30％で出題されている

為替差損益の相殺指示は珍しい

1

本試験問題2

1 全体像の把握

❶ 10秒程度で問題の全体像を確認する。

問題の構造は、「前T/B→決算整理→後T/B」という実にオーソドックスなパターンだ。ざっと眺めただけであるが、「うわー、メチャメチャ量が多い」というのが第一印象である。そのため、全体像を確認した段階で、「難しい所は捨てて簡単な所を拾っていこう」という解答戦略が決まった。しかし、ほんの10秒、問題をパラパラとめくった程度なので難易度までは分からない。

❷ 問題の冒頭部分を読む。

「甲社」はいつもだが、その次に（本店）という文字が飛び込んできた。「本支店会計か？」と次ページの前T/Bを見るが、通常の前T/Bと変わらない。どんな問題だろうと疑問に感じたが、そのまま資料を読み進めていく。事業年度は、×20年４月１日から×21年３月31日。

❸ 解答上の留意事項を読む。

「３桁ごとにカンマ」「１円未満の端数を切り捨て」「金額が０となる場合には０と記載」など、マーキングしながら読んでいく。

❹ 問題の前提条件を読む。

「原則的な会計処理」「法定実効税率は前期も当期も30%」「繰延税金資産と繰延税金負債は相殺しない」「消費税等10%」「法人税等の算定」「月割計算」などは毎度お馴染みの資料だが、「為替差益と為替差損は相殺して表示」は珍しい。過去の問題では両建てが一般的だ。これは注意しなければいけない。

本問では前T/Bの（　　）を埋める必要はない

前T/Bから間接法であることを読み取る（本文には間接法のコメントなし）

【資料1】 本店の決算整理前残高試算表（×21年3月31日現在）

（単位：円）

借方		貸方	
勘定科目	金額	勘定科目	金額
現金	1,280,000	支払手形	△100,000 4,792,000
当座預金（X銀行）	（　　）	買掛 +120,000 金	△700,000 +180,000 8,830,000
当座預金（Y銀行）	（　　）	短期借入金	+700,000 4,000,000
当座預金（Z銀行）	51,530,000	未払金	380,000
受取手形	+470,000 13,800,000	仮受金	（　　）
売掛金	△570,000 △190,000 15,850,000	仮受消費税等	9,784,800
繰越商品	1,800,000	預り金	~~386,400~~
仮払金	（　　）	賞与引当金	~~1,125,000~~
仮払法人税等	2,329,000	貸倒引当金	363,000
仮払消費税等	8,086,200	その他流動負債	2,280,000
貯蔵品	100,000	長期借入金	20,000,000
その他流動資産	130,000	社債	（　　）
建物	（　　）	減価償却累計額	（　　）
機械装置	2,490,000	投資不動産減価償却累計額	（　　）
備品	（　　）	資本金	10,000,000
土地	106,000,000	利益準備金	2,500,000
投資有価証券	（　　）	繰越利益剰余金	135,369,170
ゴルフ会員権	（　　）	売上	181,960,000
投資不動産	（　　）	受取配当金	（　　）
繰延税金資産	（　　）	雑収入	+143,000 350,000
仕入	128,780,000		
給与手当	19,872,000		
賞与	+225,000 1,500,000		
貸倒損失	△18,000 462,500		
その他販管費	△60,000 +50,000 12,198,700		
支払利息	+95,297 320,000 +387,000		
雑損失	180,570		
合計	449,335,370	合計	449,335,370

2

184

2 決算整理前残高試算表

前T/Bの勘定科目をチェックしながら次の作業と確認を行った。

❶ 資産と費用の境界線、負債・純資産・収益の境界線に線を引く。いつもの作業である。

❷ 当座預金は、(X銀行)、(Y銀行)、(Z銀行) と3つもある。ちょっと驚いた。

❸ ゴルフ会員権が目に入り、これまたちょっと驚いた。財表では何度か出題されていてわりとお馴染みだが、簿記では初出だ。

❹ ゴルフ会員権の下に投資不動産がある。投資不動産といえば減損会計が連想されるが本問ではどうだろう。

❺ 賞与引当金があるが、これは前期末計上額の取崩がされていないというお馴染みのパターンだろう。

❻ 減価償却累計額と投資不動産減価償却累計額がある。間接法なのは明らかだが、第三問では直接法が普通で間接法は珍しい。いつもとパターンが違うとうっかりミスをすることがあるので注意しなければいけない。

前T/Bの勘定科目で気になったのは以上である。あとはお馴染みの勘定科目が並んでいる。決算整理事項に移る前に、問題の最後にある後T/Bをチェックする。後T/Bが2ページにまたがっている。こんな後T/Bを見たのは初めてなのでちょっと驚いた。

ここまでで、開始から2分程度である。決算整理事項に移る。

問題終盤で現金回収の未処理が出てきたが修正の時間はなかった

現金

【資料２】決算整理事項等

1,280,000 / 25,000 → 1,305,000 → 1,448,000

１．現金

(1)　決算整理にあたって、×21年３月31日時点の残高について金庫を実査したところ、以下のものが保管されていた。　~~現金 143,000 ／ 雑収 143,000~~

項　目	内　容	金　額
円通貨	紙幣・硬貨	648,000円
ドル通貨	USドル（本店保管分）	550,000　5,000ドル
他人振出小切手	売掛金回収のため	250,000円
自己振出小切手	買掛金支払のため	✓ 180,000円
仮払メモ	出張旅費	✓ 30,000円
貯蔵品	印紙等	✓ 160,000円

①　貯蔵品に関しては、購入時に「その他販管費」勘定として会計処理している。

②　決算整理において未使用のものを「貯蔵品」勘定に振り替えている。~~貯蔵 160,000 ／ そ販 160,000~~

③　決算整理前残高試算表の「貯蔵品」勘定は前期末残高であり、当期になってすべて使用したが未処理である。~~そ販 100,000 ／ 貯蔵 100,000~~

(2)　期末帳簿現金残高と実際現金残高の差異を確認したところ、以下のような事実が判明した。

~~そ販 50,000~~ ／ 仮払 30,000
消 5,000 ／ ~~未払 25,000~~

集計が終わっていない項目は◯で囲っておく

①　×21年３月27日に営業担当者の出張旅費30,000円を仮払いしたが、その会計処理がまだ行われていない。なお、×21年４月１日に従業員から提出された旅費精算書（出張日：×21年３月28日）によれば、期末日までに旅費交通費55,000円（税込み）が発生している（「その他販管費」勘定で処理）。仮払金の不足分は「未払金」勘定で処理する。

②　×21年３月25日に買掛金支払いのためにＹ銀行の当座預金から小切手180,000円を振り出して預金の引き出しの会計処理をしたが、期末日現在金庫に保管されている。

③　本店保管分のドル通貨に関しては、購入時の105円／ドルで記帳している。なお、×21年３月31日の直物為替レートは110円／ドルであった。~~現金 25,000~~ ／ 為替 25,000

④　期末帳簿現金残高と実際現金残高の差異調整後、なお原因不明の差異が存在する場合は、現金過不足分を「雑損失」勘定または「雑収入」勘定に振り替えるものとする。

３

２．当座預金

(1)　×21年３月28日に買掛金支払いのための小切手1,500,000円を振り出したが、Ｘ銀行の当座預金残高が800,000円であったため、以下のように会計処理している（Ｘ銀行とは総額1,000,000円の当座借越契約を結んでいる）。差額について期末にその性質を示す適正な科目に振り替えるものとする。なお、×21年３月29日以降、Ｘ銀行の残高に動きはない。

（借）買掛金　800,000円　（貸）当座預金（Ｘ銀行）　800,000円

~~買掛 700,000 ／ 借入 700,000~~

４

本試験問題２

185

3 現金

❶ 資料をざっと見る。過去問で同じような問題が何度も出題されており、お馴染みのパターンだ。これは問題なく解けそうだと感じる。

❷ 金庫に保管されている項目をひとつひとつ確認する。お馴染みの項目が並んでいる。

❸ 貯蔵品は、当期末未使用分の貯蔵品への振替、前期末未使用分の振戻、仕訳を２つ書きその他販管費は純額△60,000を前Ｔ/Ｂに記入する。貯蔵品160,000は解答要求だろうと後Ｔ/Ｂを見るが解答要求ではない。ちょっとガッカリ。

❹ 出張旅費もお馴染みのパターン。仕訳を書き、その他販管費50,000、未払金25,000は前Ｔ/Ｂに記入する。消費税はこのあとどれだけ増減が出てくるか見当がつかない。あまりにも多い場合は捨てることになるがこの段階では判断がつかない。集計することになった場合に備えて消費税5,000は◯で囲っておく。

（注） 上記のように解答したが、後で検討すると出張旅費30,000の仮払時の処理も未処理であった。しかし、仮払時の処理はしているという思い込みで解答している。

❺ 自己振出小切手180,000は未渡小切手。仕訳は、当座預金180,000/買掛金180,000と簡単だが現金には関係ない。そのためどこに仕訳を書くか一瞬悩んだが、次ページのＹ銀行の資料を見ると１つめに未渡小切手の資料がある。ここに仕訳を書く。

❻ ＵＳドルもお馴染みのパターン。換算替の仕訳を書き、決算日レートで換算した550,000は表に書き込む。為替差損益については、問題の前提条件に、為替差益と為替差損は相殺とあった。早くもこの段階で為替差損益は無理だろうなと感じたが、集計することになった場合に備えて、為替差損益25,000は◯で囲っておく。

❼ 現金過不足算定のため現金勘定を書くが、増減は換算替の25,000のみで現金帳簿残高は1,305,000となる。実際現金残高は、648,000＋550,000＋250,000＝1,448,000で差額を計算すると143,000の雑収入となるが、過去問の現金過不足は数千円から数万円が普通で、それに比べ143,000という金額は大きすぎて強烈な違和感を感じる。しかし、ここで悩んでいる時間はない。現金1,448,000は答を記入し、雑収入143,000は前Ｔ/Ｂの350,000に加算し答を記入する。

ここで時計を見ると開始から10分経過している。現金に８分ほど使ったことになる。

4 当座預金

❶ Ｘ銀行

資料を読む。すぐに当座借越のパターンと分かる。小切手振出1,500,000と処理済の800,000との差額700,000が借越額で、1,000,000の借越契約内に収まっている。仕訳を書き、短期借入金700,000は前Ｔ/Ｂに記入し、Ｘ銀行の当座預金０は答を記入する。

❷ Ｙ銀行

資料を読む。未渡小切手180,000はもう仕訳を書いてある。次は時間外預入で仕訳な

実際の本試験問題は問題上部に余白があるためこの位置に記入している

4,851,600	7,280,000
＋　780,000	＋　180,000
	△　773,400
	△　1,060,000
	＋（　5,000）
5,631,600	5,631,600

(2)　Y銀行の当座預金について、甲社における当座預金の銀行帳の期末残高は7,280,000円であり、Y銀行における甲社の当座預金の期末残高は4,851,600円であった。決算において両者の不一致の原因を調査したところ、以下のような事実が判明した。

①　買掛金支払いのためにY銀行小切手180,000円を振り出したが、仕入先に未渡しとなっている（1．(2)②参照）。　当座　180,000／~~買掛　180,000~~

~~②~~　得意先より受け取った売掛金回収のための小切手780,000円を銀行に呈示したが、銀行側で時間外預入れとなっている。　~~預り　386,400~~／当座　773,400　~~そ販　387,000~~

③　社会保険料773,400円がY銀行の口座から引き落とされていたが、甲社に未通知であった。なお、社会保険の従業員負担分（「預り金」勘定で期中処理済み）は386,400円であり、会社負担分は人件費（「その他販管費」勘定で処理）として処理すること。

④　×21年3月1日に米国支店の口座にY銀行の当座預金から10,000ドルを送金したが未処理である（直物為替レート106円／ドル）。　支店　1,060,000／当座　1,060,000

⑤　Y銀行との金利スワップ契約による固定金利と変動金利の差額の受渡しが未処理である（10．参照）。　当座　5,000／（　　5,000）

貸方は支払利息と思われるがこの段階では保留とした

(3)　Z銀行の当座預金は、借入金の実行についてのみ会計処理済みである（10．(5)参照）。

（続き）

3．商品及び本店支店に関する取引

甲社はA商品を販売しており、商品の評価方法は先入先出法である。【資料1】の繰越商品は前期末残高である。甲社は海外市場への進出のため、×21年3月1日に米国支店を開設した。本支店の業績管理のため、本店は支店に商品を送付する際に原価に10%の内部利益を付加している。米国支店は、期中ドル建てで記帳しており、支店の決算修正後に財務諸表項目を円換算する（収益及び費用項目については3月平均直物為替レートにより換算する。）。

本店の帳簿上は支店損益のみを受け入れるとともに、本店側で支店の期末在庫に含まれる内部利益を控除する。なお、支店損益及び内部利益の控除に関しては、本店の「繰越利益剰余金」勘定に直接振り替える。

×21年3月1日以降の本支店間取引は以下のとおりである（すべて未処理である）。

(1)　3月1日　本店は米国支店にドルを送金した（2．(2)④参照）。

(2)　3月4日　本店はA商品500個（支店購入価額：1個当たり11ドル）を米国支店に輸出した。　支店　588,500／~~支売　588,500~~

(3)　3月20日　米国支店はA商品400個（1個当たり30ドル）を現地で掛販売した。

(4)　3月31日までに米国支店において販売管理費4,000ドルが発生しているが未払いである。

5

（直物為替レート）

×21年3月4日	107円／ドル
×21年3月20日	108円／ドル
×21年3月平均直物為替レート	107円／ドル

186

4 当座預金（続き）

し。社会保険料は、従業員負担分と会社負担分が同額ではないため、不安になり再度計算してみるがやはり同額ではない。違和感は残るがこの数字のまま仕訳を書く。米国支店への送金は1,060,000で仕訳を書く。最後の金利スワップは資料10をざっと見るがすぐにはできそうもない。保留にしようかと思ったが、Ｙ銀行の資料で金額不明はこれだけなので銀行勘定調整表の差額で算定できるはずだと気が付いた。銀行勘定調整表を作成し計算すると差額でプラス5,000が算定された。仕訳を書いてみるが、貸方は支払利息と思われるが、これは金利スワップの内容を確認するまで保留にする。買掛金180,000、預り金386,400、その他販管費387,000は前Ｔ／Ｂに記入し、Ｙ銀行の当座預金5,631,600は答を記入する。

❸ Ｚ銀行

この段階ではまったく分からないので、とりあえず保留にする。

ここで時計を見ると開始から16分経過している。当座預金に６分ほど使ったことになる。

5 商品と本店支店

❶ 在外支店

資料を一読する。この在外支店のパターンは過去問で見たことがある。あまりによく似ているので、ちょっと驚いた。在外支店については、「本店の帳簿上は支店損益のみ受け入れ、支店損益、内部利益の控除は繰越利益剰余金に直接振り替える」とある。問題を読んでいる段階で「これは無理だ」と判断し、支店は捨てることにした。これに対して本店の処理は、送金と支店売上の２つだけで、送金はＹ銀行のところで処理済みのため、あとは支店売上をやるだけでよい。支店売上は、500個×11ドル×107円＝588,500。仕訳を書く。本支店の取引に関しては、支店売上588,500のみ答を記入した。

❷ 期末商品（問題は次ページ）

期末商品は本店のみ解答する。基本問題であり、次の手順で計算していった。

帳簿棚卸高　1,500個×原価@1,000＝1,500,000

棚卸減耗損　100個×原価@1,000＝100,000

低価評価損　100個×（原価@1,000－正味売却価額@470）＝53,000

実地棚卸高　帳簿1,500,000－減耗損100,000－低評価損53,000＝1,347,000

繰越商品1,347,000、商品低価評価損53,000は答を記入する。

ここで時計を見ると開始から22分経過している。在外支店と期末商品に６分ほど使ったことになる。

問　題

決算日にＡ商品の実地棚卸を実施したところ、期末実際在庫数量は本店に1,400個（帳簿有高は1,500個で１個当たりの原価は1,000円）、支店に90個であった。期末帳簿在庫数量との差額分は棚卸減耗損として会計処理する。なお、本店の期末実際在庫のうち100個のＡ商品が陳腐化しており、１個当たり500円まで売価が下落している（見積販売直接経費は１個当たり30円）。また、棚卸減耗損は３月平均直物為替レートにより換算する。　正　470

5（続き）

期末帳簿－減耗－評価損の計算　→　1,500,000－100,000－53,000

４．買掛金

甲社は、×21年２月19日にＡ商品20,000ドルをドル建てで輸入した。当該輸入取引で計上された買掛金は×21年５月31日に決済されることになっている。甲社は、円安による決済額の増加をヘッジするため、×21年２月28日に×21年５月31日を決済期日とする為替予約を20,000ドル締結した。なお、為替予約の締結については未処理である。

直物為替レート並びに予約レートは以下のとおりである。

当該為替予約の会計処理は独立処理による。税効果は考慮しない。

2/28　3/31
102　107

日　付	直物為替レート	予約レート
×21年２月19日	104円	100円
×21年２月28日	106円	102円
×21年３月31日	110円	107円

~~予約 100,000~~／為替 100,000

104　110
2,080,000 → 2,200,000

為替 120,000／~~買掛 120,000~~

為替差損益はこの段階で捨てている

7

５．売掛金

甲社は、Ｆ社に対する売掛金の決済として、甲社振出の約束手形100,000円、甲社振出の為替手形200,000円（甲社引受ではない）、Ｆ社振出の為替手形270,000円（甲社引受ではない）を受け取っているが未処理である。

~~支手 100,000~~／~~売掛 570,000~~
~~受手 200,000~~
~~受手 270,000~~

本試験問題2

６．有価証券

(1)　甲社が当期末において保有するその他有価証券は以下のとおりである。

銘柄	取得原価	前期末時価	当期末時価
Ｈ社株式	800,000円	~~600,000円~~	950,000円
Ｉ社株式	1,250,000円	~~1,500,000円~~	500,000円

~~投有 150,000~~／~~負債 45,000~~
~~差額 105,000~~

(2)　その他有価証券の評価差額の処理は、全部純資産直入法による。

(3)　Ｈ社株式とＩ社株式は、いずれも前期中に取得したものである。なお、前期末の評価差額は、税効果会計を適用し当期首に振り戻している。　~~評損 750,000~~／~~投有 750,000~~

(4)　Ｉ社株式は、当期末において時価が著しく下落しているため減損処理を行う。なお、当該減損損失については、税効果会計を適用する。

(5)　税務上、その他有価証券は原価で評価されるものとする。

(6)　【資料１】に計上されている受取配当金は、税務上、全額益金に算入されないものとする。

8

187

6 買掛金

❶ 資料を一読する。とくにどうということのない為替予約の基本問題だ。

❷ タイムテーブルを書き、2/28の予約レート102円、3/31の予約レート107円を書き、為替差損益を計算する。20,000ドル×５円＝100,000で、為替差益となるが、用心して後Ｔ/Ｂを確認すると、借方に為替予約がある。為替差益で間違いない。仕訳を書く。

❸ 買掛金は決算日レートに換算替。20,000ドル×104円＝2,080,000を、20,000ドル×110円＝2,200,000に換算替する。仕訳を書く。

❹ 買掛金120,000は前Ｔ/Ｂに記入し、為替予約100,000は答を記入する。為替差損益はこの段階で捨てることにした。

（注） 為替差損益は、ＵＳドル換算替、為替予約、買掛金換算替の３つなので、捨てる判断は失敗であった。これは在外支店の為替差損益も計上すると勘違いしたためである。

ここで時計を見ると開始から25分経過している。買掛金に３分ほど使ったことになる。

7 売掛金

❶ 資料を一読する。売掛金の回収で手形を受取っているが、手形が３種類もあるため、「慎重に考えないといけないぞ」と気を引き締める。

❷ 甲社振出の約束手形100,000。これは自己振出手形の受取りなので支払手形だ。

❸ 甲社振出の為替手形200,000。甲社引受ではないので、振出時の仕訳は、（借）買掛金200,000（貸）売掛金200,000だ。この手形を受取ったのだから、自分が以前振出した為替手形を裏書譲渡されたということなので受取手形だ。

❹ Ｆ社振出の為替手形270,000。甲社引受ではないので、これも手形を裏書譲渡されたということなので受取手形だ。

❺ 仕訳を書く。貸方の売掛金は借方の合計で570,000。支払手形100,000、受取手形470,000、売掛金570,000は前Ｔ/Ｂに記入する。

ここで時計を見ると開始から27分経過している。売掛金に２分ほど使ったことになる。

8 有価証券

❶ 資料を一読する。「これは簡単だ」というのが第一印象である。

❷ Ｈ社株式は法定実効税率30％に注意しながら全部純資産直入法の仕訳を書く。Ｉ社株式は減損処理の仕訳を書く。

❸ 投資有価証券1,450,000、繰延税金負債45,000、評価差額金105,000、投資有価証券評価損750,000は答を記入する。拍子抜けするくらいの基本問題だ。

ここで時計を見ると開始から29分経過している。有価証券に使ったのは２分だけだ。

貸倒引当金は預託保証金と時価との差額

取得価額 15,000,000 −圧縮損 600,000

J建物の火災に係る仕訳と圧縮記帳の仕訳

7．ゴルフ会員権

(1) 甲社は、預託金形態のゴルフ会員権を保有している。その取得原価は5,000,000円、預託保証金の金額は3,200,000円である。 750,000

(2) 当期末においてゴルフ会員権の時価が2,450,000円となった。時価が著しく下落し、回復の可能性がないと判断したため、特別損失を計上することとする。

ゴルフ会員権に係る評価損の計上及び貸倒引当金については、税効果会計を適用する。

(3) 貸倒引当金繰入額については、「貸倒引当金繰入額（ゴルフ会員権）」勘定で処理する。

9

8．有形固定資産

(1) 当期首に保有する有形固定資産に関する資料は以下のとおりである（土地は除く。）。当期の減価償却費の計上は未処理である。なお、有形固定資産の残存価額はゼロとする。

	取得価額	取得日	経済的耐用年数	償却方法	
J建物	12,000,000円	×08年４月１日	12年　30年	定額法	⑥ 200,000
L機械	（　　　　　）	×19年４月１日	６年	定額法	
M備品	2,000,000円	×19年10月１日	6月　８年	定率法	437,500

250,000

(2) 当期中に取得した有形固定資産に関する資料は以下のとおりである。

	取得価額	取得日	経済的耐用年数	償却方法	
K建物	（ 14,400,000 ）	×20年12月５日	30年	定額法	④ 160,000

(3) J建物は、×20年９月25日に火災により全焼した。当該火災に関し、×20年11月10日に保険会社から保険金確定額7,600,000円が入金されたが、入金額を仮受金とした以外は未処理である。

△600,000

(4) ×20年12月５日にJ建物の代替としてK建物を15,000,000円で購入し、同日より事業に供用しているが、購入代金を仮払金とした以外は未処理である。K建物については、焼失したJ建物に関する保険差益相当額の圧縮記帳を直接減額方式により行う。

(5) 甲社は当期に、L機械を以下に示す条件により、貸手であるG社に売却するとともに、その全部をリースバックしている。当該会計処理及びリースに関するすべての取引は未処理である。なお、L機械に関する入出金はZ銀行の当座預金口座を通じて行っている。利息の見越計上分は「未払費用」勘定で処理する。

10

累計 4,800,000 / 建物 12,000,000
減費 200,000 / 差益 600,000
仮受 7,600,000 /
~~圧損 600,000 / 建物 600,000~~

9 ゴルフ会員権

❶ 資料を一読する。なんてことはない基本問題だ。後T/Bを確認すると、ゴルフ会員権で解答要求になっているのは貸倒引当金繰入額だけだ。

❷ 取得原価と預託保証金の差額はゴルフ会員権評価損なので無視。預託保証金と時価の差額が貸倒引当金繰入額となる。

❸ 貸倒引当金繰入額750,000は答を記入する。

時計を見るのを忘れたが、ここで使った時間は1分程度である。

10 有形固定資産

❶ 問題をざっと一読する。L機械はセール・アンド・リースバックなので後回しにして、まず、J建物とK建物から手を付ける。前T/Bを確認するが、機械装置2,490,000以外は、建物、備品、減価償却累計額は（　　）になっている。取得価額は表に記入されているが、個々の減価償却累計額は自分で計算しなければならない。

❷ J建物は前期末まで12年経過で当期の9月25日に全焼し、保険金7,600,000を受取っている。減価償却累計額は12年分で4,800,000。当期の減価償却費は6ヶ月分で200,000。なお、減価償却費は表右の余白に記入しておく。以上を計算してから仕訳を書く。保険差益は差額で600,000となる。

❸ K建物は直接減額方式で圧縮記帳するが、過去問では積立金方式が普通で直接減額方式は珍しい。仕訳を書く。圧縮記帳後のK建物の取得原価は15,000,000－600,000＝14,400,000となる。14,400,000を表に記入する。減価償却費は4ヶ月分で160,000。

❹ セール・アンド・リースバックの前に、先にM備品を計算する。前期の10月1日取得なので前期の減価償却費は6ヶ月分で250,000。当期の減価償却費は、(2,000,000－250,000)×0.25＝437,500。

❺ ここまでやって後T/Bを確認すると、建物と備品だけで答を書けるのは建物圧縮損しかない。建物は確実に解答要求だろうと思っていたので、これにはガッカリするとともに、ちょっと驚いた。セール・アンド・リースバックへ移る前に、建物圧縮損600,000は答を記入する。

所有権移転外のため、リース資産の計上価額は売却価額とリース料総額の現在価値とのいずれか低い方

累計 415,000	キカイ 2,490,000
現金 2,450,000	~~長前 375,000~~
リ資 2,443,448	~~リ債 2,443,448~~
~~リ債 537,500~~	現金 537,500
減費 488,689	累計 488,689
~~長前 75,000~~	減費 75,000
~~支利 95,297~~	~~未費 95,297~~

1,905,948 × 5％

セール・アンド・リースバックの条件

外
① 所有権移転条項なし
② 割安購入選択権なし
③ 当該物件は特別仕様ではない。
④ 契約日（リース取引開始日）：×20年４月１日
⑤ 売却価額：2,450,000円
⑥ 解約不能のリース期間：×20年４月１日から5年間
⑦ リース料の支払：毎年１回４月１日に均等払い（初回支払日：×20年４月１日）
年額リース料：537,500円 2,443,448
⑧ 貸手の計算利子率は５％であり、借手もこれを知り得る状況にある。
⑨ リースバック時以後の経済的耐用年数：５年
⑩ 借手の減価償却方法：定額法

⑹ M備品の減価償却にあたり、償却率は0.25を用いること。

10（続き）

9．投資不動産

⑴ 甲社は、土地を25,000,000円で取得するとともに建物を12,500,000円で建築し、当該不動産を第三者に対して賃貸している。甲社は、当該土地及び建物を投資不動産として保有しており、建物については定額法（耐用年数20年）により減価償却を行っている。なお、減価償却計算（「投資不動産減価償却費」勘定で処理）にあたり、残存価額はゼロとする。

⑵ 賃貸を開始してちょうど10年が経過した当期末現在において、減損の兆候が認められた。 625,000×10

減価償却累計額のみ計算した

⑶ 当該不動産は、独立したキャッシュ・フローを生み出す最小の単位であり、資産グループとして減損会計を適用する。当期末時点の正味売却価額は24,000,000円と見積もられる。また、将来キャッシュ・フローについて、翌期以降10年間のキャッシュ・フローは以下のように見積もられる。

年数等	1～5年後	6～10年後	10年経過後	
			土地の売却	建物の売却
キャッシュ・フロー	2,800,000円／年	2,600,000円／年	4,000,000円	1,250,000円

⑷ 使用価値の計算については、年４％の割引率を適用する。なお、将来キャッシュ・フローは、毎年度末に発生するものとする。

11

10. 借入金

⑴ ×20年10月１日に、Z銀行より期間５年、６ヶ月TIBORプラス0.5％で10,000,000円の借入れを行った。変動金利を固定金利に変換するために、同日にY銀行と以下の条件で金利スワップ契約（想定元本：10,000,000円）を締結した。

12

189

10 有形固定資産（続き）

❻ 資料を読みながら内容をチェックしていく。所有権移転外、前期首に取得して当期首にセール・アンド・リースバック、売却価額2,450,000、リース期間５年、リース料は１年分を前払、計算利子率５％、減価償却は定額法。とくに問題なさそうだ。

まず売却の仕訳を書く。減価償却累計額は１年分で415,000。差額は長期前受収益375,000。

次に、リース資産計上の仕訳を書こうとして気が付いた。所有権移転外なのでリース資産の計上価額は、売却価額とリース料総額の現在価値とのいずれか低い方だ。現在価値はリース料前払なので、１回目のリース料は割引しない、２回目以降のリース料は割引計算する。慎重に計算すると2,443,448となった。売却価額2,450,000＞現在価値2,443,448で、2,443,448がリース資産の計上価額となる。仕訳を書く。

１回目のリース料支払いは、全額リース債務の返済。仕訳を書く。

決算の処理は３つ。減価償却費は2,443,448÷５年＝488,689。長期前受収益のうち減価償却費に加減する金額は、375,000÷５年＝75,000。支払利息の見越計上は、1,905,948×５％＝95,297。全部仕訳を書く。

❼ 減価償却費1,211,189、未払費用95,297、長期前受収益300,000、リース債務1,905,948は答を記入する。

ここで時計を見ると開始から43分経過している。ここに13分ほど使ったことになる。

11 投資不動産

❶ 資料を一読して、典型的な減損会計の問題だなと思ったが、キャッシュ・フローの資料を見て驚愕した。翌期以降10年間のキャッシュ・フローを４％で割引して現在価値を計算するのは少々時間がかかる。後Ｔ/Ｂを確認すると、投資不動産減価償却累計額は解答要求になっているが、減損損失がない。これだけの資料を与えて減損会計の適用なしなどという問題があるのかと頭が混乱した。

❷ 時間も残り少ないため、投資不動産減価償却累計額だけ計算することにした。これは簡単だ。10年分の減価償却累計額6,250,000を計算して答を記入する。

時計を見るのを忘れたが、ここで使った時間は２～３分程度である。

（注） 後で検討すると、割引前将来キャッシュ・フローを計算すると32,250,000、建物と土地の帳簿価額を計算すると31,250,000、割引前将来キャッシュ・フローの方が高いため、この段階で減損会計の適用なしと判定される。つまり現在価値を計算する必要はないのだが、これだけの資料を与えて、減損会計の適用なしなどあり得ないという思い込みから、頭が混乱して上記のような解答となった。

① 契約内容：甲社はＹ銀行に想定元本に対して３％の固定金利を支払い、Ｙ銀行から６ヶ月TIBORプラス0.5％の変動金利を受け取る。期間は５年。

② 借入金及び金利スワップ契約の利払い：３月末日及び９月末日（いずれも後払い）

(2) 当期末における金利スワップの時価は22,500円（正味の債権）であった。

(3) 支払金利は支払日から６ヶ月前の水準が適用される。×20年９月30日の６ヶ月TIBORは2.6％であった。

(4) 金利スワップの対象となっている借入金はヘッジ会計の要件を充たしており、金利スワップの想定元本と借入金の元本が同一であり、金利の受渡条件及び満期も全く同じであるため、金利スワップの特例処理を適用する。

(5) Ｚ銀行からの資金の借入れ（長期借入金で処理）を除き、期中取引に係る記帳はまだ行われていない。

（続き）

11. 社債

(1) ×19年４月１日に額面総額50,000,000円の社債を100円につき96円で発行しているが、当期の会計処理はすべて未処理である。

(2) 社債の発行条件は以下のとおりである。

① 期間：５年

② 約定利子率：年２％

③ 利払日：年２回（毎年３月末日及び９月末日）

(3) ×20年12月31日において、額面総額20,000,000円の社債を買入償還し、端数利息を含めて19,500,000円を支払った。 100,000

(4) 社債は定額法による償却原価法で評価する。

(5) 社債の買入償還及び利息の支払いはＺ銀行の当座預金口座より支払っている。

13

端数利息が含まれているので要注意

12. 債権の貸倒れ等

(1) 当期中に以下の事象が生じているが未処理である。

① 当期の売上による売掛金90,000円が当期に貸倒れた。 ~~損失 90,000~~ ／ ~~売掛 90,000~~

② 前期の売上による売掛金100,000円が当期に貸倒れた。 貸引 100,000 ／ ~~売掛 100,000~~

③ 前期に発生した売掛金60,000円が前期に貸倒れとして処理したが、当期に全額を現金で回収した。 現金 60,000 ／ 取立益 60,000

④ 当期の売上による売掛金152,500円を当期に貸倒れとして処理したが、そのうち108,000円を当期に現金で回収した。 現金 108,000 ／ ~~損失 108,000~~

(2) 甲社は売上債権（受取手形及び売掛金）の期末残高に対して２％の貸倒引当金を設定している（当期末の会計処理は未処理である）。なお、在外支店における売上債権は対象外とする。

14

まさかの現金回収の未処理。修正の時間はなかった

190

12 借入金

資料を一読して、典型的な金利スワップの問題だなと思った。解答できる問題ではあるが、少々時間がかかる上に解答要求は支払利息だけ、時間も残り少ないということで、捨てることにした。

また、時計を見るのを忘れたが、ここで使った時間は１～２分程度である。

13 社債

❶ 資料を一読して、典型的な買入償還の問題だなと思った。問題余白に図を書いていく。受講生の頃から何度も解いているパターンなので、考えなくてもスラスラと図を書いていく。典型的な問題ではあるが、端数利息、裸相場、償還益については慎重に計算した。端数利息を含めて19,500,000を支払ったとある。端数利息は10月１日から12月31日までの３ヶ月分で、20,000,000×２％×３ヶ月/12ヶ月＝100,000となる。したがって裸相場は、19,500,000－100,000＝19,400,000となる。そして、社債償還益は、社債償却原価19,480,000－裸相場19,400,000＝80,000となる。

❷ 社債利息は、償却額とクーポン利息の合計で、120,000＋240,000＋300,000＋600,000＝1,260,000となる。

❸ 社債29,280,000、社債利息1,260,000、社債償還益80,000は答を記入する。

ここで時計を見ると開始から53分経過している。ここで使ったのは６分ほどである。

14 債権の貸倒れ等

❶ 未処理事項についてひとつひとつ仕訳を書いていく。①と②は何の問題もないが、③と④を読んで驚愕した。まさかの現金の登場。この終盤になって現金が出てくるなんて、「こりゃ反則だろう」と怒りすら感じるが、ここは冷静にならなくてはいけない。この未処理は現金の帳簿残高にプラスする、そうすると現金過不足額が変わってくる。現金過不足を算定した際、金額が大きくて違和感を感じたが、原因はこれだったのかと気が付いたが、残り時間を考えると、とても修正している時間はない。現金過不足は捨てることにした。

❷ 貸倒引当金は捨てた。

❸ 未処理事項のうち、売掛金△190,000、貸倒損失△18,000は前Ｔ/Ｂに記入する。

ここで時計を見ると開始から55分経過している。ここで使ったのは２分ほどである。

問　題

(3)　貸倒引当金繰入額については、「貸倒引当金繰入額（売上債権）」勘定で処理する。

(4)　売上債権に係る貸倒引当金については、税効果会計を適用する。

14（続き）

13. 従業員賞与

(1)　甲社は毎年６月10日及び12月10日に従業員に対して賞与を支給しており、毎期末、月割計算に基づいて賞与引当金を計上している。賞与計算対象期間及び見込支給額は以下のとおりである。

支給日	賞与計算対象期間	見込支給額
×20年６月支給分	×19年11月～×20年４月	1,350,000円
×20年12月支給分	×20年５月～×20年10月	1,500,000円
×21年６月支給分	×20年11月～×21年４月	1,800,000円

$\times \frac{5}{6} = 1,500,000$

15

当期負担分は５ヶ月分であることに注意

(2)　当期における支給額は見込支給額と一致しており、支給日において現金より支払いを行っている。なお、×20年６月支給分に係る記帳については、支給額を仮払金とした以外は未処理である。

賞引 1,125,000 / 仮払 1,350,000
賞与 225,000

(3)　賞与引当金については、税効果会計を適用する。

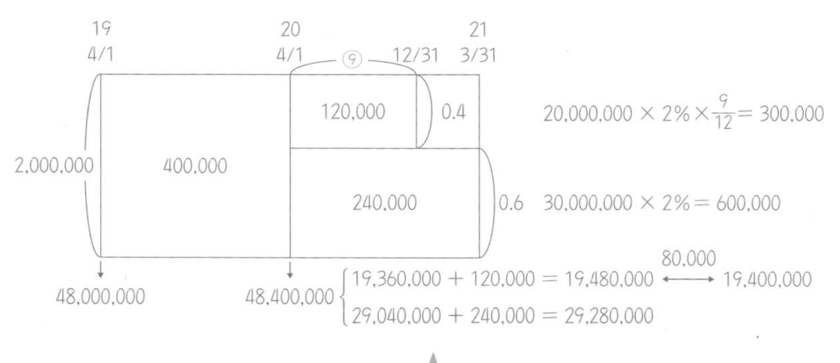

社債の買入償還の図解。パターンが決まっているので慣れると４分程度で計算できる

本試験問題2

191

15 従業員賞与

❶ 資料を一読する。典型的な賞与引当金の問題だ。まず、賞与引当金繰入を計算する。計算対象期間が11月～４月なので当期負担分は５ヶ月分の1,500,000。これは簡単。

❷ ６月支給分は仮払金としたとある。12月支給分は何もコメントがないので、前Ｔ/Ｂを確認すると、賞与は1,500,000で12月支給分と一致しているので、誤処理は６月支給分だけだ。修正仕訳を書く。

❸ 賞与225,000は前Ｔ/Ｂに記入し、賞与引当金1,500,000は答を記入する。

ここで時計を見ると開始から57分経過している。ここで使ったのは２分ほどである。

答を記入した項目は✓を付している

答を記入していない項目は空欄のまま

【資料3】 本支店合併前の本店の決算整理後残高試算表（×21年3月31日現在）

（単位：円）

借方		貸方	
勘定科目	金額	勘定科目	金額
現金	（✓ ①）	支払手形	（ ）
当座預金（X銀行）	（✓ ②）	買掛金	（✓ ㉒）
当座預金（Y銀行）	（✓ ③）	短期借入金	（ ）
当座預金（Z銀行）	（ ）	未払金	（ ）
受取手形	（✓ ④）	未払費用	（✓ ㉓）
売掛金	（ ）	未払法人税等	（ ㉔ ）
繰越商品	（✓ ⑤）	未払消費税等	（ ㉕ ）
貯蔵品	（ ）	賞与引当金	（✓ ㉖）
その他流動資産	（ ）	貸倒引当金	（ ）
支店	（ ⑥ ）	繰延内部利益	（ ㉗ ）
為替予約	（✓ ⑦）	その他流動負債	（ ）
建物	（ ）	長期前受収益	（✓ ㉘）
備品	（ ）	長期借入金	（ ）
リース資産	（ ）	社債	（✓ ㉙）
土地	（ ）	減価償却累計額	（ ）
投資有価証券	（✓ ⑧）	投資不動産減価償却累計額	（✓ ㉚）
ゴルフ会員権	（ ）	繰延税金負債	（✓ ㉛）
投資不動産	（ ）	リース債務	（✓ ㉜）
繰延税金資産	（ ⑨ ）	資本金	（ ）
売上原価	（ ）	利益準備金	（ ）
商品低価評価損	（✓ ⑩）	繰越利益剰余金	（ ㉝ ）
給与手当	（ ）	その他有価証券評価差額金	（✓ ㉞）
賞与	（✓ ⑪）	売上高	（ ）
賞与引当金繰入額	（ ）	支店売上高	（✓ ㉟）
減価償却費	（✓ ⑫）	受取配当金	（ ）
棚卸減耗損	（ ）	雑収入	（✓ ㊱）
貸倒損失	（✓ ⑬）	為替差益	（ ㊲ ）
貸倒引当金繰入額（売上債権）	（ ⑭ ）	償却債権取立益	（ ）
その他販管費	（✓ ⑮）	社債償還益	（✓ ㊳）
支払利息	（✓ ⑯）	保険差益	（ ）

16

192

問　題

社　債　利　息	（ ✓ ⑰ ）	法人税等調整額	（ ㊴ ）
雑　損　失	（ ）		
貸倒引当金繰入額（ゴルフ会員権）	（ ✓ ⑱ ）		
投資不動産減価償却費	（ ）		
投資有価証券評価損	（ ✓ ⑲ ）		
ゴルフ会員権評価損	（ ）		
建　物　圧　縮　損	（ ✓ ⑳ ）		
法　人　税　等	（ ㉑ ）		
合　計	（ ）	合　計	（ ）

16（続き）

16 決算整理後残高試算表

❶ 残り時間は３分である。前T/Bに増減を記入しただけで、まだ答を記入していない項目がいくつか残っているため、後T/Bの解答要求をひとつひとつチェックしながら、未記入の項目について答を記入していく。

❷ 借方から確認していく。受取手形は14,270,000、答を記入する。

❸ 賞与は1,725,000、答を記入する。

❹ 貸倒損失は444,500、答を記入する。

❺ その他販管費は12,575,700、答を記入する。

❻ 支払利息は金利スワップをやっていない。ダメ元でセール・アンド・リースバックの分だけプラスして答を記入するが当然バツ。

❼ 貸方に移る。買掛金は8,430,000、答を記入する。

❽ 未払消費税等を見て、「あっ、忘れていた」と思った。後で集計しようと保留にしておいたものがあった。たしか出張旅費に係るものだ。ただ、決算整理での増減がこれだけとは思えない。時計を見ると残り時間は30秒ほどしかない。残念だが諦めることにした。

（注） 消費税等の決算整理での増減は、出張旅費に係る5,000のみで、これ以外は前T/Bの仮払消費税等と仮受消費税等の精算だけなので、これは取れる項目であった。

❾ 雑収入はすでに答を記入しているが、これは前述したように修正している時間はない。

❿ 以上で解答を終了した。答を記入しなかったのは、支店、繰延税金資産、貸倒引当金繰入額（売上債権）、法人税等、未払法人税等、未払消費税等、繰延内部利益、繰越利益剰余金、為替差益、法人税等調整額の10個。間違えたものは、支払利息、雑収入の２つであった。

MEMO

本試験問題 3

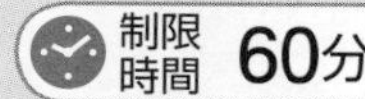

制限時間 60分

甲株式会社（以下「甲社」という。）は、製造業及び販売業を営んでいる。甲社の×5年度（自×5年４月１日　至×6年３月31日）における次の【資料１】決算整理前残高試算表、【資料２】決算整理事項等に基づき、【資料３】決算整理後残高試算表の①～㊵に入る金額を答えなさい。

（解答上の留意事項）

１　【資料１】の（　　　）に入る金額は、各自推定すること。

２　解答金額は、３桁ごとにカンマで区切ること。この方法によって解答していない場合には正解としない。

３　金額計算において、１円未満の端数が生じる場合、計算の都度、その端数を切り捨てること。

４　解答金額が「０」となる場合には、「０」と記載すること。

（問題の前提条件）

１　問題文に指示のない限り、企業会計基準等に示された原則的な会計処理によるものとする。

２　日数の計算は、全て月割計算とし、１ヶ月未満は切り上げて１ヶ月として計算する。

３　消費税及び地方消費税（以下「消費税等」という。）の会計処理については税抜方式を採用しており、（税込み）と記載されている項目についてのみ税率10%（軽減税率の場合、８%）で税額計算を行うものとする。なお、（税抜き）と記載されている項目については、当期又は前期以前に仮払消費税等又は仮受消費税等に関する処理は適正に行われているものとする。また、未払消費税等は、仮払消費税等と仮受消費税等を相殺後に中間納付額を控除して計算するものとする。

４　税効果会計については、適用する旨の記載がある項目についてのみ適用するものとする。なお、繰延税金資産の回収可能性及び繰延税金負債の支払可能性に問題はなく、法定実効税率は前期以前より変更なく当期も30%とする。また、繰延税金資産と繰延税金負債は相殺せずに解答すること。

５　法人税等及び法人税等調整額の合計額は、税引前当期純利益に法定実効税率を乗じて算出した金額とし、法人税等の金額は逆算で計算する。未払法人税等は中間納付額を控除して計算するものとする。

【資料１】 決算整理前残高試算表（一部処理済）

（単位：円）

借方 勘定科目	借方 金額	貸方 勘定科目	貸方 金額
小口現金	64,000	買掛金	22,000,000
当座預金	7,100,000	電子記録債務	2,500,000
売掛金	20,000,000	未払金	6,000,000
電子記録債権	3,020,680	前受収益	800,000
未収入金	2,900,000	未払費用	700,000
仮払消費税等	25,000,000	仮受消費税等	61,000,000
仮払金	（　　）	仮受金	（　　）
火災未決算	15,162,500	貸倒引当金	300,000
繰越商品	300,000	長期借入金	20,000,000
未着品	2,300,000	退職給付引当金	29,500,000
原材料	4,292,000	その他の負債	31,146,000
仕掛品	11,420,000	Ｉ工場減価償却累計額	16,015,625
製品	13,000,000	Ｌ機械減価償却累計額	（　　）
前払費用	350,000	その他の資産減価償却累計額	25,000,000
Ｉ工場	75,000,000	資本金	110,000,000
Ｋ倉庫	20,000,000	資本準備金	10,000,000
Ｌ機械	9,000,000	その他の資本剰余金	30,000,000
土地	50,000,000	利益準備金	20,000,000
出資金	60,000,000	繰越利益剰余金	（　　）
自己株式	17,100,000	株式引受権	24,000,000
繰延税金資産	9,870,000	商品売上	80,000,000
その他の資産	163,500,000	未着品売上	300,000,000
仕入	248,400,000	製品売上	480,000,000
材料費	93,688,000	受取利息	210,000
加工費	223,398,100	雑収入	500,000
役員報酬	60,000,000	法人税等調整額	930,000
給与手当	58,000,000		
賞与	40,000,000		
賃借料	5,000,000		
租税公課	27,000,000		
その他の費用	52,012,350		

支　払　利　息	1,000,000		
為 替 差 損 益	1,200,000		
雑　損　失	10,000		
合　計	(　　　)	合　計	(　　　)

本試験問題3

【資料２】 決算整理事項等

1　小口現金

甲社は、定額資金前渡法による小口現金制度を採用し、担当部署に100,000円を渡して月末に小切手を振り出して補給することとしている。決算整理前残高試算表の金額は３月末の補給前の金額であり、３月末の補給が既になされているが会計処理は未処理である。

なお、３月末の補給前の小口現金の実際残高では63,000円であり、帳簿残高との差額を調査した。３月31日の午前と午後に３月分の新聞代（その他の費用勘定）4,320円（税込み、軽減税率８％）を誤って二重に支払い、午前と午後にそれぞれ会計処理が行われていた。この二重払いについては４月中に4,320円の返金を受けることになっている。調査では、他に原因が明らかになるものは見つからなかった。

2　当座預金

銀行から入手した３月末の残高証明書では19,278,000円と記載されており、帳簿残高との差異を調査した結果、次の事実が判明した。

(1)　買掛金1,200,000の支払いのため小切手を振り出したが、期末時点で未取付となっていた。

(2)　電子記録債務600,000円が引き落とされていたが、未処理であった。

(3)　荷為替手形の手取額が未処理である（後述の「３　商品Ａ」を参照。）。

(4)　３月15日に広告代（その他の費用勘定）275,000円（税込み）の支払いのため小切手を振り出し、会計処理も行っていた。しかし、取引先から代金に関する問い合わせを受け、社内で調査したところ、担当者が当該小切手を現金化して横領していたため、取引先に渡されていなかった。このため、不正の判明時点（×6年４月５日）に再度取引先に小切手を振り出して支払った。横領された金額は担当者に請求することとし、横領の事実は決算整理中に判明したため修正後発事象として当期の会計処理に反映させることとした。

(5)　小口現金への補給の会計処理が未処理である（前述の「１　小口現金」を参照。）。

3　商品Ａ

甲社は、海外から商品Ａを輸入・販売しており、購入は全て掛けで行っている。

前期に発生した倉庫の火災の影響があり、借用している倉庫の容量を考慮し、在庫を1,000個未満とするように当期は商社販売（未着品販売）に力を入れており、1,000個単位の取引については貨物代表証券により到着前に販売するようにしている。決算整理前残高試算表における繰越商品勘定、未着品勘定及び仕入勘定は全て商品Ａに関するものであり、未着品は翌期に到着予定となっている。なお、商社販売について、売上原価は売上時に仕入勘定に振り替える会計処理を行っている。

当期３月15日に1,000個（単価120ドル）を購入し、船で輸送している。３月25日に、３月

15日に購入した商品1,000個を単価150ドルで販売し、販売先に貨物代表証券を引き渡した。代金の80％は同日に荷為替手形を取り組み、残額は掛けとして、荷為替手形を銀行で割り引いた手取額115,000ドルは円建てで当座預金に入金された。この一連の取引の会計処理が未処理である。

なお、決算整理前残高試算表の売掛金勘定のうち7,200,000円及び買掛金勘定のうち12,000,000円はドル建てであり、それぞれ１ドル＝96円で換算されている。

商品Ａの期末実地棚卸高は300個（単価115ドル、期末帳簿棚卸高と一致している。）であり、全て３月１日に購入したものである。期末の正味売却価額は単価11,500円であり、50個は品質低下しており単価3,000円でしか販売できないものとなっている。なお、当期中に課税貨物の引取りのために支払った消費税等3,000,000円については、仮払金勘定で処理されている。

３月１日の為替レートは、１ドル＝97円である。

３月15日の為替レートは、１ドル＝98円である。

３月25日の為替レートは、１ドル＝101円である。

３月31日の為替レートは、１ドル＝100円である。

４　製品Ｂ

甲社では、Ｉ工場において製品Ｂを製造・販売している。

原材料、仕掛品及び製品に関する帳簿上の数量及び金額は次のとおりであり、決算整理前残高試算表の金額は前期末残高である。

区分	期首		期末
	数量	金額	数量
製品	400個	13,000,000円	500個
仕掛品	600個	11,420,000円	700個
原材料	880kg	4,292,000円	400kg

（注１）　甲社は、原価計算制度を採用していない。このため、期末において当期製造原価を一括算出する方法と採っている。

（注２）　棚卸資産の評価方法については、原材料及び製品は先入先出法を、仕掛品は総平均法を採用している。

（注３）　原材料は製造工程の始点において投入し、これを加工して製品を完成させている。製品１個当たり、原材料２kgを使用する。

（注４）　既に該当する費用の一部を加工費に振り替える処理を行っているが、減価償却費並びに賞与引当金及び退職給付引当金に係る費用の振替が未処理である。なお、賞与引当金及び退職給付引当金に係る費用のうち40％は製品Ｂの製造に係るものである（後述の「５　固定資産」、「７　賞与引当金」及び「８　退職給付引当金」を参照。）。

（注５）　仕掛品の加工進捗度は、期首40％、期末70％である。

（注６）　異常な減損100個が、加工進捗度50％の地点で生じている。

⑴　製品

当期に9,600個が完成し、9,500個が販売されている。

⑵　仕掛品

期首仕掛品の内訳は、材料費5,900,000円及び加工費5,520,000円である。

⑶　原材料

当期原材料の購入高は19,120kgである。なお、期末の実地棚卸において原材料は396kgであり、帳簿との差額は原価性のある棚卸減耗である。

⑷　加工費

経過勘定として、加工費となる労務費の見越し5,000,000円と加工費となる諸経費の繰延べ3,000,000円を計上予定であるが、会計処理が未処理である。なお、加工費の経過勘定に関する期首の振替は適正になされているものとする。

5　固定資産

⑴　甲社が保有する有形固定資産のうち、会計処理が未処理であるもの（一部が未処理であるものを含む。）の資料は次のとおりである。なお、過年度の減価償却の計算は適正に行われているものとし、有形固定資産の残存価額はゼロとする。また、Ｉ工場及びＬ機械は、製品Ｂの製造にのみ用いられている（前述の「4　製品Ｂ（注4）」を参照。）。

	取得原価	取得日	耐用年数	償却方法
Ｉ工場	75,000,000円	×1年11月5日	16年	定額法
Ｋ倉庫	20,000,000円	×5年6月15日	20年	定額法
Ｌ機械	9,000,000円	×1年11月5日	10年	定率法

⑵　Ｊ倉庫（取得原価15,000,000円（税抜き）、取得日×2年9月8日、耐用年数20年、定額法）は、×5年3月4日に火災により全焼し、保管していた商品Ａも全てが消失している。当該火災に関し、消防費用として500,000円を支出し、火災未決算勘定として処理している。なお、決算整理前残高試算表の火災未決算勘定には、商品Ａ及びＪ倉庫の消失時の帳簿価額（減価償却累計額控除後）1,600,000円及び13,062,500円が含まれている。

×5年5月29日に保険会社から保険金確定額16,000,000円が入金されたが、入金額を仮受金とした以外は未処理である。なお、保険金確定額の内訳は、焼失した商品Ａに対するもの2,000,000円とＪ倉庫に対するもの14,000,000円である。滅失経費は、保険金確定額に基づきあん分するものとする。

⑶　×5年6月15日にＪ倉庫の代替としてＫ倉庫を20,000,000円（税抜き）で購入し、×5年10月20日より事業の用に供している。なお、3,300,000円（税込み）で内装等の仕様の変更（資本的支出に該当。）をしているが、内装等の変更費用は仮払金として処理して

いる。K倉庫については、焼失したJ倉庫に関する保険差益相当額の圧縮記帳を積立金方式により行い、圧縮積立金の取崩しは減価償却費の計上に応じた金額を毎期取り崩すこととする。なお、積立金の積立て及び取崩しについては適法に決議されているものとし、×5年度においては決算整理事項として処理するものとする。また、圧縮記帳について税効果会計を適用する。

⑷　I工場及びL機械は、×1年11月５日に75,000,000円と9,000,000円（それぞれ税抜き）で取得し、同日に事業の用に供している。

なお、耐用年数10年の定率法の償却率は、0.200として計算すること。

6　貸倒引当金

金銭債権に対し、２％で貸倒引当金を設定する。前期も同様の設定がされているものとして、貸倒引当金について税効果会計を適用する。

7　賞与引当金

甲社は、賞与を年２回支給しており、賞与引当金の会計方針として支給見込額基準を採用している。甲社の賞与支給規程では、毎年７月10日と12月10日に賞与を支給することとしており、支給対象期間はそれぞれ前年12月１日から５月31日まで及び６月１日から11月30日までであるが、それぞれの支給日において在職していることが条件となっている。過去の資料から、当期末の在職者が７月10日の支給日までに退職する割合は２％と想定されている。

当期末の在職者に対する×6年７月の賞与支給額は10,500,000円と見積もられており、賞与引当金の計算は月割りによることとするが、会計処理は未処理である。社会保険料や源泉所得税等は考慮しないものとし、賞与引当金について税効果会計を適用する（前述の「4　製品Ｂ（注４）」を参照。）。

8　退職給付引当金

甲社は、退職給付制度として企業年金制度を採用している。当期の状況は、次のとおりである。

なお、当期において製品Ｂの製造に関わる定年退職者に対する退職一時金を5,000,000円支払っているが、仮払金として処理したのみである。また、数理計算上の差異は年金資産のみから生じているものとし、発生した期から５年（定額法）で処理する。退職給付引当について税効果会計を適用する（前述の「4　製品Ｂ（注４）」を参照。）。

項目	金額	備考
期首の退職給付債務	80,000,000円	割引率は４％である。
期首の年金資産（時価）	50,000,000円	長期期待運用収益率は２％である。
当期の勤務費用	8,000,000円	
期首の未認識数理計算上の差異	500,000円	×4年度の実際運用収益が期待運用収益を下回ったことにより生じたものである。
当期の年金資産の実際運用収益	800,000円	

9　インセンティブ報酬

甲社では、×4年６月27日に行われた株主総会においてインセンティブ報酬を決議し、承認されている。これは、いわゆるパフォーマンスシェアユニット（PSU）と呼ばれるものを参考として設計したもので、社内で「×4年PSU」と呼称されている。

×5年６月28日に行われた株主総会で、「×4年PSU」に加え、いわゆるストックアプリシエーションライト（株主増価受益権、SAR）を参考として設計したインセンティブ報酬の導入を決議し、承認されている。これは、社内で「×5年SAR」と呼称されている。

これらのインセンティブ報酬に関して、当期の会計処理は未処理であり、会社法等の手続や必要な契約等は全て適法に行われているものとする。

（「×4年PSU」の概要）

権利確定条件を達成した場合には甲社株式を交付し、権利確定条件が達成されない場合には失効するという条件のインセンティブ報酬を、取締役５名に対して付与した。権利確定条件は、×5年度の営業利益等の指標により判定するものとされており、割当日は×6年７月31日とし、当期末において失効が見込まれるものはない。

×4年PSUでは、甲社株式の交付を全て新株の発行によるものとする。

内容	株数	金額
割当日において交付される株式の総数	40,000株	―
当期に「×4年PSU」の対価として提供された役務の総額	―	14,000,000円

（「×5年SAR」の概要）

代表取締役１名に対し、３年間の継続勤務を条件として、10,000株相当のSARを付与した。権利行使は付与日（×5年６月28日）から３年を経過した日以降とされ、権利行使価格は付与日の時価である。代表取締役の３年以内の退任の見込みはないものとする。

なお、×6年３月31日のSARの１株相当の時価は200円であり、SARは引当金として処理するものとする。

10　出資金

出資金は、全て匿名組合契約（商品ファンドには該当しない）による投資であり、当期に係る利益1,000,000円の分配の通知を受けている。当期の利益の分配に関して会計処理は未処理であり、契約の終了までに金銭による分配が行われる予定はないものとし、分配された利益は出資金の返還額に含められるものとして会計処理を行うこと。

11　租税公課

租税公課勘定には、消費税等の中間納付額15,000,000円と法人税等の中間納付額5,000,000円が含まれている。

【資料３】 決算整理後残高試算表

（単位：円）

借方		貸方	
勘定科目	金額	勘定科目	金額
小口現金	（ ① ）	買掛金	（ ㉒ ）
当座預金	（ ② ）	電子記録債務	（ ）
売掛金	（ ③ ）	未払金	（ ）
電子記録債権	3,020,680	前受収益	（ ）
未収入金	（ ④ ）	未払費用	（ ㉓ ）
繰越商品	（ ⑤ ）	未払消費税等	（ ㉔ ）
未着品	（ ⑥ ）	未払法人税等	（ ㉕ ）
原材料	（ ⑦ ）	貸倒引当金	（ ㉖ ）
仕掛品	（ ⑧ ）	賞与引当金	（ ㉗ ）
製品	（ ⑨ ）	長期借入金	20,000,000
前払費用	（ ⑩ ）	退職給付引当金	（ ㉘ ）
I工場	75,000,000	株式報酬引当金	（ ㉙ ）
K倉庫	（ ）	繰延税金負債	（ ㉚ ）
L機械	（ ）	その他の負債	31,146,000
土地	50,000,000	I工場減価償却累計額	（ ㉛ ）
出資金	（ ）	K倉庫減価償却累計額	（ ㉜ ）
自己株式	（ ⑪ ）	L機械減価償却累計額	（ ㉝ ）
繰延税金資産	（ ⑫ ）	その他の資産減価償却累計額	25,000,000
その他の資産	163,500,000	資本金	（ ）
仕入	（ ⑬ ）	資本準備金	（ ）
製品売上原価	（ ）	その他の資本剰余金	（ ）
役員報酬	（ ⑭ ）	利益準備金	20,000,000
給与手当	58,000,000	圧縮積立金	（ ㉞ ）
賞与	40,000,000	繰越利益剰余金	（ ㉟ ）
賞与引当金繰入	（ ）	株式引受権	（ ㊱ ）
退職給付費用	（ ⑮ ）	商品売上	（ ）
K倉庫減価償却費	（ ）	未着品売上	（ ㊲ ）
貸倒引当金繰入	（ ）	製品売上	480,000,000
賃借料	5,000,000	受取利息	210,000
租税公課	（ ⑯ ）	投資利益	（ ㊳ ）
その他の費用	（ ）	雑収入	（ ）

支払利息	1,000,000	保険差益	(　㊴　)
手形売却損	(　⑰　)	法人税等調整額	(　㊵　)
商品評価損	(　⑱　)		
為替差損益	(　⑲　)		
異常減損費	(　⑳　)		
雑損失	(　㉑　)		
法人税等	(　　)		
合計	(　　)	合計	(　　)

本試験問題3

解答

※　内の数字は配点を示す。

（単位：円）

番号	配点		金額
①	2		100,000
②	2		18,078,000
③	1		23,300,000
④	1		3,179,320
⑤	1		2,938,750
⑥	1		2,300,000
⑦	1		1,940,400
⑧	1		18,620,000
⑨	1		16,900,000
⑩	1		3,350,000
⑪	2		17,100,000
⑫	1		13,624,500
⑬	1		257,113,500
⑭	1	★	74,500,000
⑮	1		6,219,000
⑯	2		7,000,000
⑰	1		505,000
⑱	1		407,750
⑲	1		1,670,000
⑳	1		2,180,000
㉑	1		11,000
㉒	1		34,500,000
㉓	1		5,700,000
㉔	1		17,700,320
㉕	1	★	13,494,820
㉖	1		590,000
㉗	2		6,860,000
㉘	1		34,865,000
㉙	1	★	500,000
㉚	1		146,250
㉛	2		20,703,125
㉜	2		575,000
㉝	2		5,620,800
㉞	1		341,250
㉟	1		38,668,755
㊱	1		38,000,000
㊲	1		315,150,000
㊳	2		1,000,000
㊴	2		837,500
㊵	1		4,538,250

【配　点】 1 ×30カ所＝30点　 2 ×10カ所＝20点　合計50点

★　別解

⑭　74,555,555　㉕　13,478,153　㉙　555,555

解答への道

（単位：円）

1　小口現金

⑴　新聞代の二重支払い

（未収入金）	4,320	（その他の費用）※１	4,000
		（仮払消費税等）※２	320

※１　$4{,}320\times\frac{1}{1.08}=4{,}000$

※２　$4{,}320\times\frac{0.08}{1.08}=320$

⑵　補給及び原因不明分

（小口現金）※２	36,000	（当座預金）※１	37,000
（雑損失）※３	1,000		

※１　定額100,000－実際有高63,000＝補給額37,000

※２　定額100,000－前T/B小口現金64,000＝36,000

※３　差額

2　当座預金

⑴　未取付小切手（銀行側減算）

（仕訳不要）

⑵　引落未記帳（甲社側減算）

（電子記録債務）	600,000	（当座預金）	600,000

⑶　荷為替の取組（甲社側加算）⇒ 下記３⑵①参照

⑷　広告代の未払

（未収入金）	275,000	（未払金）	275,000

⑸　小口現金への補給（甲社側減算）⇒ 上記１⑵参照

⑹　銀行勘定調整表

勘定残高		7,100,000	証明書残高		19,278,000
⑵　引落未記帳	△	600,000	⑴　未取付小切手	△	1,200,000
⑶　荷為替	＋	11,615,000			
⑸　小口現金	△	37,000			
修正後残高		18,078,000	修正後残高		18,078,000

3　商品A

⑴　貨物代表証券の購入（３月15日）

（未着品）※	11,760,000	（買掛金）	11,760,000

※　@120ドル×1,000個×ＳＲ98＝11,760,000

(2) 販売及び荷為替の取組

① 売上及び荷為替の取組

(当　座　預　金)※2	11,615,000	(未 着 品 売 上)※1	15,150,000
(手 形 売 却 損)※3	505,000		
(売　　掛　　金)※4	3,030,000		

※1 @150ドル×1,000個×ＳＲ101＝15,150,000

※2 115,000ドル×ＳＲ101＝11,615,000

※3 (@150ドル×1,000個×80％－115,000ドル)×ＳＲ101＝505,000

※4 @150ドル×1,000個×(１－80％)×ＳＲ101＝3,030,000

② 売上原価の振替

(仕　　　　入)	11,760,000	(未　着　品)※	11,760,000

※ 上記(1)より

(3) 期末換算替

① ドル建て売掛金

(売　　掛　　金)※	270,000	(為 替 差 損 益)	270,000

※ (a) 外貨金額：7,200,000÷ＳＲ96＋@150ドル×1,000個×(１－80％)＝105,000ドル

(b) ＣＲ換算額：105,000ドル×ＣＲ100＝10,500,000

(c) 帳簿残高：前T/B 7,200,000＋3,030,000(上記(2)より)＝10,230,000

(d) (b)－(c)＝270,000

② ドル建て買掛金

(為 替 差 損 益)	740,000	(買　　掛　　金)※	740,000

※ (a) 外貨金額：12,000,000÷ＳＲ96＋@120ドル×1,000個＝245,000ドル

(b) ＣＲ換算額：245,000ドル×ＣＲ100＝24,500,000

(c) 帳簿残高：前T/B 12,000,000＋11,760,000(上記(1)より)＝23,760,000

(d) (b)－(c)＝740,000

(4) 期末評価

(仕　　　　入)	300,000	(繰　越　商　品)※1	300,000
(繰　越　商　品)※2	3,346,500	(仕　　　　入)	3,346,500
(商 品 評 価 損)	407,750	(繰　越　商　品)※3	407,750

※1 前T/Bより

※2 @115ドル×300個×ＨＲ97＝3,346,500

※3 ① 帳簿価額：@115ドル×50個×ＨＲ97＝557,750

② 正味売却価額：@3,000×50個＝150,000

③ ②－①＝△407,750

4　製品B

(1)　原材料

①　当期材料費

（材　　料　　費）	4,292,000	（原　　材　　料）※１	4,292,000
（原　　材　　料）※２	1,960,000	（材　　料　　費）	1,960,000

※１　前T/Bより

※２　$93{,}688{,}000\times\frac{400\text{kg}}{19{,}120\text{kg}}=1{,}960{,}000$

②　減耗

（加　　工　　費）※	19,600	（原　　材　　料）	19,600

※　$1{,}960{,}000\times\frac{400\text{kg}-396\text{kg}}{400\text{kg}}=19{,}600$

(2)　加工費

①　労務費の見越計上

（加　　工　　費）	5,000,000	（未　払　費　用）	5,000,000

②　諸経費の繰延

（前　払　費　用）	3,000,000	（加　　工　　費）	3,000,000

5　固定資産

(1)　Ｉ工場

（加　　工　　費）※	4,687,500	（Ｉ工場減価償却累計額）	4,687,500

※　$75{,}000{,}000\times\frac{1\text{年}}{16\text{年}}=4{,}687{,}500$

(2)　Ｌ機械

①　期首（前T/B）減価償却累計額

(a)　×2年３月31日：$9{,}000{,}000\times0.200\times\frac{5\text{月}}{12\text{月}}=750{,}000$

(b)　×3年３月31日：$(9{,}000{,}000-750{,}000)\times0.200=1{,}650{,}000$

(c)　×4年３月31日：$(9{,}000{,}000-750{,}000-1{,}650{,}000)\times0.200=1{,}320{,}000$

(d)　×5年３月31日：$(9{,}000{,}000-750{,}000-1{,}650{,}000-1{,}320{,}000)\times0.200=1{,}056{,}000$

(e)　(a)+(b)+(c)+(d)=4,776,000

②　減価償却費

（加　　工　　費）※	844,800	（Ｌ機械減価償却累計額）	844,800

※　$(9{,}000{,}000-4{,}776{,}000)\times0.200=844{,}800$

(3) Ｊ倉庫及び商品Ａ（火災）

① 商品Ａ

(仮受金)	2,000,000	(火災未決算)※１	1,662,500
		(保険差益)※２	337,500

※１ ① 滅失経費：前T/B火災未決算15,162,500－帳簿価額(商品Ａ1,600,000＋Ｊ倉庫13,062,500)＝500,000

② $1,600,000 + 500,000 \times \frac{2,000,000}{2,000,000 + 14,000,000} = 1,662,500$

※２ 差額

② Ｊ倉庫

(仮受金)	14,000,000	(火災未決算)※１	13,500,000
		(保険差益)※２	500,000

※１ $13,062,500 + 500,000 \times \frac{14,000,000}{2,000,000 + 14,000,000} = 13,500,000$

※２ 差額

(4) Ｋ倉庫

① 内装等の変更費用

(Ｋ倉庫)※１	3,000,000	(仮払金)	3,300,000
(仮払消費税等)※２	300,000		

※１ $3,300,000 \times \frac{1}{1.1} = 3,000,000$

※２ $3,300,000 \times \frac{0.1}{1.1} = 300,000$

② 減価償却費

(Ｋ倉庫減価償却費)※	575,000	(Ｋ倉庫減価償却累計額)	575,000

※ $(20,000,000 + 3,000,000) \times \frac{1年}{20年} \times \frac{6月}{12月} = 575,000$

③ 圧縮記帳

(a) 積立

(法人税等調整額)	150,000	(繰延税金負債)※１	150,000
(繰越利益剰余金)	350,000	(圧縮積立金)※２	350,000

※１ 圧縮額（保険差益）500,000×30％＝150,000

※２ 圧縮額（保険差益）500,000×（１－30％）＝350,000

(b) 取崩

(繰延税金負債)※１	3,750	(法人税等調整額)	3,750
(圧縮積立金)※２	8,750	(繰越利益剰余金)	8,750

※１ $500,000 \times \frac{1年}{20年} \times \frac{6月}{12月} \times 30\% = 3,750$

※２ $500,000 \times \frac{1年}{20年} \times \frac{6月}{12月} \times (1 - 30\%) = 8,750$

6　貸倒引当金

(貸倒引当金繰入)※　290,000　(貸倒引当金)　290,000

※　(1)　売掛金：前T/B 20,000,000＋3,030,000＋270,000＝23,300,000

(2)　電子記録債権：前T/B 3,020,680

(3)　未収入金：前T/B 2,900,000＋4,320＋275,000＝3,179,320

(4)　((1)＋(2)＋(3))×２％＝590,000

(5)　(4)－前T/B 300,000＝290,000

7　賞与引当金

(1)　賞与引当金の繰入処理

(加工費)※２　2,744,000　(賞与引当金)※１　6,860,000

(賞与引当金繰入)※３　4,116,000

※１　$10,500,000 \times \frac{4\text{月}}{6\text{月}} \times (1-2\%) = 6,860,000$

※２　6,860,000×40％＝2,744,000

※３　差額

8　退職給付引当金

(1)　退職給付費用の計上（期首分）

(加工費)※２　4,130,000　(退職給付引当金)※１　10,325,000

(退職給付費用)※３　6,195,000

※１　①　勤務費用：8,000,000

②　利息費用：80,000,000×４％＝3,200,000

③　期待運用収益：50,000,000×２％＝1,000,000

④　数理計算上の差異の費用処理：$500,000 \times \frac{1\text{年}}{5\text{年}-1\text{年}} = 125,000$

（注）実際運用収益が期待運用収益を下回ったことにより生じたものであるため、損失（不利差異）となる。

⑤　①＋②－③＋④＝10,325,000

※２　10,325,000×40％＝4,130,000

※３　差額

(2)　退職一時金

(退職給付引当金)　5,000,000　(仮払金)　5,000,000

(3)　数理計算上の差異の当期発生額の費用処理

(加工費)※２　16,000　(退職給付引当金)※１　40,000

(退職給付費用)※３　24,000

※１　①　数理計算上の差異の当期発生額：期待運用収益1,000,000－実際運用収益800,000
＝200,000（損失）

②　当期費用処理額：$200,000 \times \frac{1\text{年}}{5\text{年}} = 40,000$

※２　40,000×40％＝16,000

※３　差額

9　インセンティブ報酬

(1)　×4年ＰＳＵ

（役員報酬）	14,000,000	（株式引受権）	14,000,000

(2)　×5年ＳＡＲ

（役員報酬）※	500,000	（株式報酬引当金）	500,000

※　@200×10,000株×$\frac{9月}{36月}$＝500,000

10　出資金

（出資金）	1,000,000	（投資利益）	1,000,000

11　仕掛品及び製品の評価

(1)　当期総製造費用の仕掛品勘定への振替

（仕掛品）※３	333,860,000	（材料費）※１	96,020,000
		（加工費）※２	237,840,000

※１　期首4,292,000＋仕入93,688,000－期末帳簿1,960,000＝96,020,000

※２　前T/B 223,398,100＋材料減耗19,600＋見越5,000,000－繰延3,000,000＋Ｉ工場4,687,500
＋Ｌ機械844,800＋賞引2,744,000＋退費(4,130,000＋16,000)＝237,840,000

※３　貸方合計

(2)　異常減損費及び当期総製造費用

（異常減損費）※	2,180,000	（仕掛品）	2,180,000
（製品）※	324,480,000	（仕掛品）	324,480,000

※

材料費

金額	借方	貸方	評価額
5,900,000	期首　600個	完成　9,600個	
96,020,000	当期投入＊１　9,800個	異常減損　100個	⇒ 980,000（＊２）
		期末　700個	⇒ 6,860,000（＊３）

＊１　完成9,600個＋減損100個＋期末700個－期首600個＝当期投入9,800個

＊２　(5,900,000＋96,020,000)×$\frac{100個}{600個+9,800個}$＝980,000

＊３　(5,900,000＋96,020,000)×$\frac{700個}{600個+9,800個}$＝6,860,000

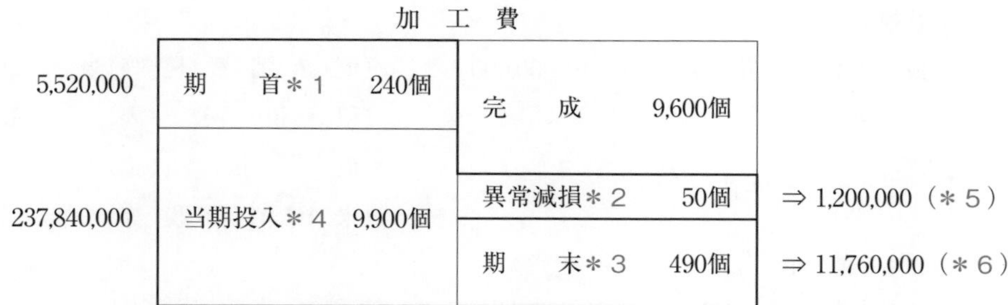

＊１　期首600個×40％＝240個

＊２　減損100個×50％＝50個

＊３　期末700個×70％＝490個

＊４　完成9,600個＋減損50個＋期末490個－期首240個＝当期投入9,900個

＊５　$(5,520,000+237,840,000)\times\frac{50\text{個}}{240\text{個}+9,900\text{個}}=1,200,000$

＊６　$(5,520,000+237,840,000)\times\frac{490\text{個}}{240\text{個}+9,900\text{個}}=11,760,000$

∴　異常減損費：材料費980,000＋加工費1,200,000＝2,180,000

当期製品製造原価：期首仕掛品11,420,000＋総製造費用333,860,000－減損2,180,000
－期末仕掛品(6,860,000＋11,760,000)＝324,480,000

(3)　製品売上原価

（製品売上原価）※	320,580,000	（仕　掛　品）	320,580,000

※

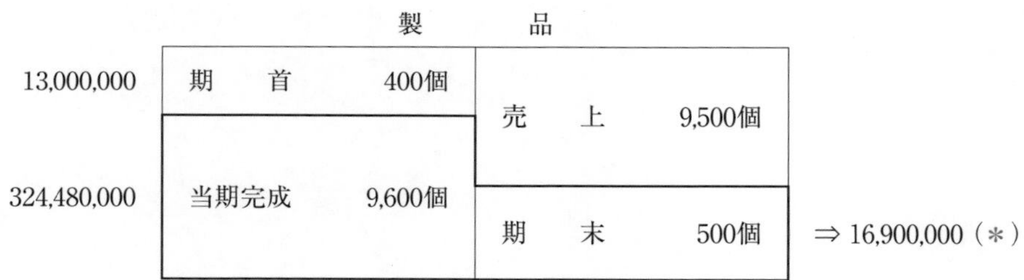

＊　$324,480,000\times\frac{500\text{個}}{9,600\text{個}}=16,900,000$

∴　期首13,000,000＋完成324,480,000－期末16,900,000＝売上原価320,580,000

12　租税公課

(1)　税効果会計（将来減算一時差異）

前T/Bの繰延税金資産の内訳が不明であるため、まとめて示す。

（繰延税金資産）※	3,754,500	（法人税等調整額）	3,754,500

※　①　当期末将来減算一時差異

貸倒引当金590,000＋賞与引当金6,860,000＋退職給付引当金34,865,000＝42,315,000

②　42,315,000×30％－(前T/B繰延税金資産9,870,000－前T/B法調930,000＊)＝3,754,500

＊　前T/Bの貸方に法人税等調整額930,000が計上されていることから、上記①当期末将来減算一時差異の他に一部処理済みの繰延税金資産が930,000あったと判断する。

本試験問題3

(2) 消費税等

(仮受消費税等)※1	61,000,000	(仮払消費税等)※2	25,299,680
		(租税公課)	15,000,000
		(仮払金)※3	3,000,000
		(未払消費税等)※4	17,700,320

※1 前T/Bより

※2 前T/B 25,000,000－320＋300,000＝25,299,680

※3 課税貨物の引取りのために支払った消費税等

※4 差額

(3) 法人税等

(法人税等)※1	18,494,820	(租税公課)	5,000,000
		(未払法人税等)※2	13,494,820

※1 ① 税引前当期純利益：収益877,697,500－費用831,175,600＝46,521,900

② 46,521,900×30％＋法調4,538,250＝18,494,820

※2 差額

13　決算整理後残高試算表

借方		貸方	
勘定科目	金額	勘定科目	金額
小口現金	① **100,000**	買掛金	㉒ **34,500,000**
当座預金	② **18,078,000**	電子記録債務	1,900,000
売掛金	③ **23,300,000**	未払金	6,275,000
電子記録債権	3,020,680	前受収益	800,000
未収入金	④ **3,179,320**	未払費用	㉓ **5,700,000**
繰越商品	⑤ **2,938,750**	未払消費税等	㉔ **17,700,320**
未着品	⑥ **2,300,000**	未払法人税等	㉕ **13,494,820**
原材料	⑦ **1,940,400**	貸倒引当金	㉖ **590,000**
仕掛品	⑧ **18,620,000**	賞与引当金	㉗ **6,860,000**
製品	⑨ **16,900,000**	長期借入金	20,000,000
前払費用	⑩ **3,350,000**	退職給付引当金	㉘ **34,865,000**
I工場	75,000,000	株式報酬引当金	㉙ **500,000**
K倉庫	23,000,000	繰延税金負債	㉚ **146,250**
L機械	9,000,000	その他の負債	31,146,000
土地	50,000,000	I工場減価償却累計額	㉛ **20,703,125**
出資金	61,000,000	K倉庫減価償却累計額	㉜ **575,000**
自己株式	⑪ **17,100,000**	L機械減価償却累計額	㉝ **5,620,800**
繰延税金資産	⑫ **13,624,500**	その他の資産減価償却累計額	25,000,000
その他の資産	163,500,000	資本金	110,000,000
仕入	⑬ **257,113,500**	資本準備金	10,000,000
製品売上原価	320,580,000	その他資本剰余金	30,000,000
役員報酬	⑭ **74,500,000**	利益準備金	20,000,000
給料手当	58,000,000	圧縮積立金	㉞ **341,250**
賞与	40,000,000	繰越利益剰余金	㉟ ※ **38,668,755**
賞与引当金繰入	4,116,000	株式引受権	㊱ **38,000,000**
退職給付費用	⑮ **6,219,000**	商品売上	80,000,000
K倉庫減価償却費	575,000	未着品売上	㊲ **315,150,000**
貸倒引当金繰入	290,000	製品売上	480,000,000
賃借料	5,000,000	受取利息	210,000
租税公課	⑯ **7,000,000**	投資利益	㊳ **1,000,000**
その他の費用	52,008,350	雑収入	500,000
支払利息	1,000,000	保険差益	㊴ **837,500**
手形売却損	⑰ **505,000**	法人税等調整額	㊵ **4,538,250**
商品評価損	⑱ **407,750**		
為替差損益	⑲ **1,670,000**		
異常減損費	⑳ **2,180,000**		
雑損失	㉑ **11,000**		
法人税等	18,494,820		
合計	1,355,622,070	合計	1,355,622,070

※　貸借差額

〈別解〉

上記９⑵インセンティブ報酬（×5年ＳＡＲ）について、付与日が×5年６月28日であることから、当期に帰属する月数を10月と考えることができる。当期に帰属する月数を10月とした場合、上記９⑵及び12⑶の仕訳が以下のとおりとなる。

９　インセンティブ報酬

⑵　×5年ＳＡＲ

（役員報酬）※	555,555	（株式報酬引当金）	555,555

※　$@200\times10{,}000株\times\frac{10月}{36月}=555{,}555$

12　租税公課

⑶　法人税等

（法人税等）※１	18,478,153	（租税公課）	5,000,000
		（未払法人税等）※２	13,478,153

※１　①　税引前当期純利益：収益877,697,500－費用831,231,155＝46,466,345

②　46,466,345×30％＋法調4,538,250＝18,478,153

※２　差額

これにより、上記13の決算整理後残高試算表の金額が以下のとおりとなる。

⑭　**役員報酬　74,555,555**

法人税等　18,478,153

㉕　**未払法人税等　13,478,153**

㉙　**株式報酬引当金　555,555**

本問のポイント

本問は、2023年度（第73回）本試験の第三問である。

本問は、量が多くかつ難度の高い問題である。本問を難しくしている原因は、資料の読み取りが難しいことにある。とくに、小口現金、当座預金、インセンティブ報酬などは、実務的で非常に難しく、簿記力とともに読解力が必要な問題となっている。

本問の合格点であるが、少なくとも20点は必要である。できれば25点取りたいところだが、22～23点ならば合格点といえるだろう。本問の「取り所・捨て所」は次のとおりである。

取捨選択	解答番号	予想配点
取るべき所	① ⑰ ㉑ ㉗ ㉘ ㉛ ㊳ ㊴	14点
できれば取りたい所	② ⑥ ⑦ ⑩ ⑪ ⑮ ⑯ ㉓ ㉚ ㉜ ㉝ ㉞ ㊲	17点
間違えてもしかたのない所	③ ④ ⑤ ⑭ ⑱ ㉒ ㉔ ㉙ ㊱	9点
捨てるべき所	⑧ ⑨ ⑫ ⑬ ⑲ ⑳ ㉕ ㉖ ㉟ ㊵	10点

本問で合格点を取るためには、上記のできれば取りたい所（13個）がどれだけ取れたかがポイントになる。それぞれの解答のポイントは次のとおりである。

② 当座預金　増減３つ。小口現金補給、電子記録債務決済、荷為替手形手取額。

⑥ 未着品　その都度法のため前T/Bの金額は期末棚卸高を意味している。３月購入分は全て販売しているため、前T/Bの金額がそのまま後T/Bになる。

⑦ 原材料　当期原材料購入高の単価を計算して、単価×期末実地棚卸高。

⑩ 前払費用　増減１つ。加工費となる諸経費の繰延額を前T/Bの金額にプラス。

⑪ 自己株式　増減なし。前T/Bの金額がそのまま後T/Bになる。

⑮ 退職給付費用　基本問題だが、営業分60％に注意。

⑯ 租税公課　増減２つ。消費税と法人税の中間納付額を前T/Bの金額からマイナス。

㉓ 未払費用　増減１つ。加工費となる労務費の見越額を前T/Bの金額にプラス。

㉚ 繰延税金負債　保険差益に係る圧縮記帳に係る分のみ。

㉜ K倉庫減価償却累計額　取得原価に資本的支出分を加算し、当期償却額は６ヶ月分。

㉝ L機械減価償却累計額　定率法で、当期末までの経過年数は４年５ヶ月。

㉞ 圧縮積立金　保険差益に係る圧縮記帳で基本問題。

㊲ 未着品売上　増減１つ。３月の販売額を前T/Bの金額にプラス。

本問は、講師が解答して解答時間60分で35点であった（⑭と㉙は別解で解答している）。出来なかったのは、③⑤⑧⑨⑫⑬⑱⑲⑳㉒㉔㉕㉖㉟㊵の15か所である。

なお、22～23点という合格点は、本試験の緊張した場面での合格点である。練習では60分で30点を目標にしてほしい。

講師の解答方法

本試験問題 3

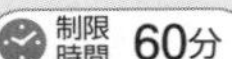

甲株式会社（以下「甲社」という。）は、製造業及び販売業を営んでいる。甲社の×5年度（自×5年４月１日　至×6年３月31日）における次の【資料１】決算整理前残高試算表、【資料２】決算整理事項等に基づき、【資料３】決算整理後残高試算表の①～㊵に入る金額を答えなさい。

（解答上の留意事項）

1　【資料１】の（　　）に入る金額は、各自推定すること。

2　解答金額は、３桁ごとにカンマで区切ること。この方法によって解答していない場合には正解としない。

3　金額計算において、１円未満の端数が生じる場合、計算の都度、その端数を切り捨てること。

4　解答金額が「０」となる場合には、「０」と記載すること。

（問題の前提条件）

1　問題文に指示のない限り、企業会計基準等に示された原則的な会計処理によるものとする。

2　日数の計算は、全て月割計算とし、１ヶ月未満は切り上げて１ヶ月として計算する。

3　消費税及び地方消費税（以下「消費税等」という。）の会計処理については税抜方式を採用しており、（税込み）と記載されている項目についてのみ税率10％（軽減税率の場合、８％）で税額計算を行うものとする。なお、（税抜き）と記載されている項目については、当期又は前期以前に仮払消費税等又は仮受消費税等に関する処理は適正に行われているものとする。また、未払消費税等は、仮払消費税等と仮受消費税等を相殺後に中間納付額を控除して計算するものとする。

4　税効果会計については、適用する旨の記載がある項目についてのみ適用するものとする。なお、繰延税金資産の回収可能性及び繰延税金負債の支払可能性に問題はなく、法定実効税率は前期以前より変更なく当期も30％とする。また、繰延税金資産と繰延税金負債は相殺せずに解答すること。

5　法人税等及び法人税等調整額の合計額は、税引前当期純利益に法定実効税率を乗じて算出した金額とし、法人税等の金額は逆算で計算する。未払法人税等は中間納付額を控除して計算するものとする。

端数処理は超重要事項

結局０となる箇所はなかった

軽減税率は簿記論では初出

1

本試験問題３

231

1 全体像の把握

❶ 20秒程度で問題の全体像を確認する。

問題の構造は、「前T/B→決算整理→後T/B」という実にオーソドックスなパターンだ。決算整理事項も、小口現金から始まって、当座預金、商品Aと並んでおり、いたって普通の問題のようだ。ただ、商品Aの次が製品Bで製造業が含まれている。製造業が最後に出たのは15年以上前のはずで、久しぶりの出題だ。

問題全体をざっと眺めただけであるが、「量はそれほど多くない」というのが第一印象である。しかし、ほんの20秒程度、問題をパラパラとめくった程度なので難易度までは分からない。

❷ 問題の冒頭部分を読む。

当社は「甲社」。事業年度は「×5年４月１日から×6年３月31日」。

❸ 解答上の留意事項を読む。

「３桁ごとにカンマで区切る」「１円未満の端数を切り捨て」「金額が０となる場合には０と記載」など、マーキングしながら読んでいく。

❹ 問題の前提条件を読む。

「原則的な会計処理」「月割計算」は毎度お馴染みの資料だが、「消費税等の10%（軽減税率の場合、８%）」で「オッ」となった。簿記論で軽減税率はこれが初出だ。問題の全体像を確認した段階では軽減税率に気が付かなかった。

「法定実効税率は前期も当期も30%」「繰延税金資産と繰延税金負債は相殺しない」「法人税等の算定」。これらはお馴染みの資料。

続いて前T/Bの勘定科目のチェックに移る。

当座預金は2回に分けて集計している

【資料1】 決算整理前残高試算表（一部処理済）

（単位：円）

借方 勘定科目	借方 金額	貸方 勘定科目	貸方 金額
小口現金	64,000	買掛金	22,000,000
当座預金	△637,000 +11,615,000 7,100,000	電子記録債務	△600,000 2,500,000
売掛金	20,000,000	未払金	+275,000 6,000,000
電子記録債権	× 3,020,680	前受収益	800,000
未収入金	+4,320 +275,000 2,900,000	未払費用	+5,000,000 700,000
仮払消費税等	25,000,000	仮受消費税等	61,000,000
仮払金	(　　　)	仮受金	(　　　)
火災未決算	15,162,500	貸倒引当金	300,000
繰越商品	300,000	長期借入金	× 20,000,000
未着品	2,300,000	退職給付引当金	29,500,000
原材料	4,292,000	その他の負債	× 31,146,000
仕掛品	11,420,000	I工場減価償却累計額	16,015,625
製品	13,000,000	L機械減価償却累計額	(　　　)
前払費用	+3,000,000 350,000	その他の資産減価償却累計額	× 25,000,000
I工場	× 75,000,000	資本金	110,000,000
K倉庫	20,000,000	資本準備金	10,000,000
L機械	9,000,000	その他の資本剰余金	30,000,000
土地	× 50,000,000	利益準備金	× 20,000,000
出資金	60,000,000	繰越利益剰余金	(　　　)
自己株式	17,100,000	株式引受権	24,000,000
繰延税金資産	9,870,000	商品売上	80,000,000
その他の資産	× 163,500,000	未着品売上	300,000,000 +15,150,000
仕入	248,400,000	製品売上	× 480,000,000
材料費	93,688,000	受取利息	× 210,000
加工費	223,398,100	雑収入	500,000
役員報酬	60,000,000	法人税等調整額	930,000
給与手当	× 58,000,000		
賞与	× 40,000,000		
賃借料	× 5,000,000		
租税公課	△2,000,000 27,000,000		
その他の費用	△4,000 52,012,350		

232

2

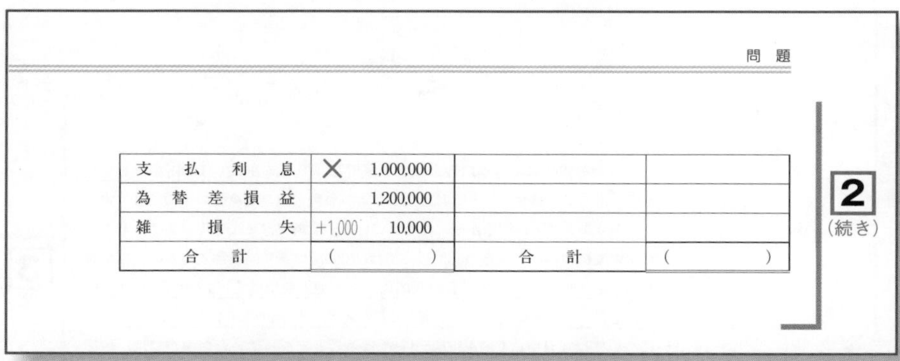
問題

支払利息	× 1,000,000		
為替差損益	1,200,000		
雑損失	+1,000 10,000		
合計	(　　　)	合計	(　　　)

2 (続き)

2 決算整理前残高試算表

前T/Bの勘定科目をチェックしながら次の作業と確認を行った。

❶ 資産と費用の境界線、負債・純資産・収益の境界線に線を引く。いつもの作業である。

❷ 現金預金は、小口現金と当座預金の2つ。

❸ 火災未決算がある。建物焼失→保険金→圧縮記帳かなと連想する。

❹ 未着品がある。貸方には未着品売上。未着品売買が久しぶりに出ている。

❺ 原材料、仕掛品、製品は製造業の棚卸資産。

❻ 出資金がある。簿記論では初出だ。

❼ 前受収益と未払費用がある。借方には前払費用。経過勘定が3つもあるのは珍しい。

❽ 減価償却累計額が3つある。実務家試験委員問題で間接控除法は久しぶりだ。

❾ 株式引受権がある。簿記論では初出だ。

❿ 法人税等調整額がある。前T/Bに法人税等調整額があるのは珍しい。

前T/Bの勘定科目で気になったのは以上である。あとはお馴染みの勘定科目が並んでいる。

次に問題の最後にある後T/Bをチェックする。解答要求の勘定科目を確認しながら、金額が記入されている勘定科目について、前T/Bに×印を付していく。

ここまでで、開始から3分程度である。決算整理事項に移る。

小現

64,000	1,000
37,000	100,000

【資料2】 決算整理事項等

~~未収 4,320~~ / ~~そ費 4,000~~
/ 消費 320

1 小口現金

甲社は、定額資金前渡法による小口現金制度を採用し、担当部署に100,000円を渡して月末に小切手を振り出して補給することとしている。決算整理前残高試算表の金額は３月末の補給前の金額であり、３月末の補給が既になされているが会計処理は未処理である。

なお、３月末の補給前の小口現金の実際残高では63,000円であり、帳簿残高との差額を調査した。３月31日の午前と午後に３月分の新聞代（その他の費用勘定）4,320円（税込み、軽減税率８％）を誤って二重に支払い、午前と午後にそれぞれ会計処理が行われていた。この二重払いについては４月中に4,320円の返金を受けることになっている。調査では、他に原因が明らかになるものは見つからなかった。

~~雑損 1,000~~ / ~~小現 1,000~~
~~小現 37,000~~ / ~~当預 37,000~~

3

仕訳は書いたが貸方の当座預金は次で集計している

2 当座預金

銀行から入手した３月末の残高証明書では19,278,000円と記載されており、帳簿残高との差異を調査した結果、次の事実が判明した。

(1) 買掛金1,200,000の支払いのため小切手を振り出したが、期末時点で未取付となっていた。

~~電子 600,000~~ / ~~当預 600,000~~

(2) 電子記録債務600,000円が引き落とされていたが、未処理であった。

(3) 荷為替手形の手取額が未処理である（後述の「３ 商品Ａ」を参照。）。

次の商品Ａの所で処理している

(4) ３月15日に広告代（その他の費用勘定）275,000円（税込み）の支払いのため小切手を振り出し、会計処理も行っていた。しかし、取引先から代金に関する問い合わせを受け、社内で調査したところ、担当者が当該小切手を現金化して横領していたため、取引先に渡されていなかった。このため、不正の判明時点（×6年４月５日）に再度取引先に小切手を振り出して支払った。横領された金額は担当者に請求することとし、横領の事実は決算整理中に判明したため修正後発事象として当期の会計処理に反映させることとした。

~~未収 275,000~~ / ~~未払 275,000~~

(5) 小口現金への補給の会計処理が未処理である（前述の「１ 小口現金」を参照。）。

/ ~~当預 37,000~~

4

貸方だけ書いている

3 商品Ａ

甲社は、海外から商品Ａを輸入・販売しており、購入は全て掛けで行っている。

前期に発生した倉庫の火災の影響があり、借用している倉庫の容量を考慮し、在庫を1,000個未満とするように当期は商社販売（未着品販売）に力を入れており、1,000個単位の取引については貨物代表証券により到着前に販売するようにしている。決算整理前残高試算表における繰越商品勘定、未着品勘定及び仕入勘定は全て商品Ａに関するものであり、未着品は翌期に到着予定となっている。なお、商社販売について、売上原価は売上時に仕入勘定に振り替える会計処理を行っている。

当期３月15日に1,000個（単価120ドル）を購入し、船で輸送している。３月25日に、３月

234

3 小口現金

❶ 資料をざっと読む。定額資金前渡法で月末補給。したがって後Ｔ/Ｂの小口現金は定額の100,000に決まっているが、慎重を期して答の記入は最後にする。

❷ 誤処理の修正を考える。新聞代4,320を二重に支払い二重に仕訳しているため、修正仕訳の貸方はその他の費用4,000と消費税320。借方は４月に返金を受けるとあるから未収金だろう。前Ｔ/Ｂと後Ｔ/Ｂを確認すると未収入金があるので間違いない。仕訳を書く。

❸ 現金過不足を考える。新聞代と補給以外に誤処理・未処理がないため、現金過不足は前Ｔ/Ｂ64,000と実際残高63,000の差額1,000しかない。仕訳を書く。

❹ 補給の仕訳を考える。３月末の補給は定額100,000と実際残高63,000の差額37,000で間違いない。借方は小口現金だが、貸方についての記述がない。当座預金だろうと思いつつ次の当座預金の資料を見ると⑸に記述があった。仕訳を書くが、当座預金は次でまとめて集計できるように、当座預金⑸に貸方だけ書いて◯で囲っておく。

❺ 小口現金100,000は答を記入し、未収入金、その他の費用、雑損失は前Ｔ/Ｂに記入する。

ここで時計を見ると開始から８分経過している。小口現金に５分ほど使ったことになる。

4 当座預金

❶ 資料をざっと読み、仕訳を考えていく。

❷ ⑴は未取付小切手なので仕訳なし。

❸ ⑵は簡単だ。仕訳を書く。

❹ ⑶は、次の商品Ａの資料をざっと読むが、これは時間がかかると判断し、後回しにする。

❺ ⑷は、一読したがよく分からない。再度丁寧に読んでいく。３月15日の仕訳は問題ない。担当者が小切手を横領したため、翌期の４月５日に再度小切手を振り出したが、決算日の時点では渡していないため修正仕訳の貸方は未払金だ。借方は担当者に対する請求額だが、横領に係る請求なので、特別な科目を計上するのではと後Ｔ/Ｂをチェックするが、特別な科目はなく該当するのは未収入金しかない。仕訳は、「(借方) 未収入金 (貸方) 未払金」という初めてお目にかかる仕訳となり、これで本当に良いのかと不安になるが、じっくり考えている時間はない。

❻ 電子記録債務、未収入金、未払金は前Ｔ/Ｂに記入する。当座預金は⑵と⑸の合計637,000だけを前Ｔ/Ｂに記入する。

ここで時計を見ると開始から14分経過している。当座預金に６分ほど使ったことになる。

15日に購入した商品1,000個を単価150ドルで販売し、販売先に貨物代表証券を引き渡した。代金の80%は同日に荷為替手形を取り組み、残額は掛けとして、荷為替手形を銀行で割り引いた手取額115,000ドルは円建てで当座預金に入金された。この一連の取引の会計処理が未処理である。

なお、決算整理前残高試算表の売掛金勘定のうち7,200,000円及び買掛金勘定のうち12,000,000円はドル建てであり、それぞれ1ドル＝96円で換算されている。

商品Aの期末実地棚卸高は300個（単価115ドル、期末帳簿棚卸高と一致している。）であり、全て3月1日に購入したものである。期末の正味売却価額は単価11,500円であり、50個は品質低下しており単価3,000円でしか販売できないものとなっている。なお、当期中に課税貨物の引取りのために支払った消費税等3,000,000円については、仮払金勘定で処理されている。

（続き）

3月1日の為替レートは、1ドル＝97円である。
3月15日の為替レートは、1ドル＝98円である。
3月25日の為替レートは、1ドル＝101円である。
3月31日の為替レートは、1ドル＝100円である。

3/15 ~~未着 11,760,000~~ ／ 買掛 11,760,000
3/25 ~~当預 11,615,000~~ ／ ~~未売上 15,150,000~~
~~損 505,000~~
売掛 3,030,000
仕入 11,760,000 ／ ~~未着 11,760,000~~

買掛金、売掛金、仕入は集計していない

4　製品B

甲社では、I工場において製品Bを製造・販売している。

原材料、仕掛品及び製品に関する帳簿上の数量及び金額は次のとおりであり、決算整理前残高試算表の金額は前期末残高である。

本試験問題3

区分	期首		期末
	数量	金額	数量
製品	400個	13,000,000円	500個
仕掛品	600個	11,420,000円	700個
原材料	880kg	4,292,000円	400kg

（注1）　甲社は、原価計算制度を採用していない。このため、期末において当期製造原価を一括算出する方法と採っている。

（注2）　棚卸資産の評価方法については、原材料及び製品は先入先出法を、仕掛品は総平均法を採用している。

（注3）　原材料は製造工程の始点において投入し、これを加工して製品を完成させている。製品1個当たり、原材料2kgを使用する。

（注4）　既に該当する費用の一部を加工費に振り替える処理を行っているが、減価償却費並びに賞与引当金及び退職給付引当金に係る費用の振替が未処理である。なお、賞与引当金及び退職給付引当金に係る費用のうち40%は製品Bの製造に係るものである（後述の「5　固定資産」、「7　賞与引当金」及び「8　退職給付引当金」を参照。）。

製造40%、営業60%は重要な資料

（注5）　仕掛品の加工進捗度は、期首40%、期末70%である。

（注6）　異常な減損100個が、加工進捗度50%の地点で生じている。

5 商品A

❶ 資料を丁寧に読んでいく。「火災の影響があり、…」の部分で最初混乱したが、要するに、購入は全て掛け、1,000個単位で貨物代表証券の売買を行っており、会計処理はその都度法、３月15日と３月25日の取引が未処理で、当座預金の増減は手取額115,000ドル。ここまで確認して、３月15日の貨物代表証券購入、３月25日の貨物代表証券販売の仕訳を書く。

❷ 次に売掛金、買掛金の期末換算替えを考えるが、前Ｔ/Ｂに外貨建のものが既に計上されており、これに３月の未処理分を加えて換算替えを行わなければならない。これは手間がかかるうえに、過去に似たような問題で間違えた記憶がある。換算替えは捨てることにした。

❸ あと何ができるか資料を読む。商品Ａの期末評価はできそうだが、ここまで思った以上に時間がかかっている。どうするか一瞬悩んだが期末評価は捨てることにした。

❹ 当座預金、未着品売上は前Ｔ/Ｂに記入するが、売掛金、買掛金は捨てることにしたため前Ｔ/Ｂへの記入はしていない。当座預金は既に記入済みの△637,000に＋11,615,000を加減して答18,078,000を記入する。さらに、手形売却損505,000も答を記入する。

❺ ここで未着品も解答要求であることに気が付いた。会計処理はその都度法であるため前Ｔ/Ｂの未着品は期末棚卸高を意味している。貨物代表証券は３月の未処理分の増減があるが、購入した1,000個は全て販売している。したがって、前Ｔ/Ｂの金額がそのまま後Ｔ/Ｂの金額になる。未着品2,300,000も答を記入する。

ここで時計を見ると開始から20分経過している。商品Ａに６分ほど使ったことになる。

6 製品B

❶ 資料を一読する。製造業でよくお目にかかる資料が並んでいる。この段階で、期末仕掛品以降の計算は捨てだなと判断したが、原材料、加工費で部分的にできる所がないか資料を読んでいく。

❷ （注４）に、「賞与引当金及び退職給付引当金に係る費用のうち40％は製品Ｂの製造に係るもの」とある。したがって60％は営業に係るものになるが、これは重要な資料で忘れてはいけない。この段階で賞与引当金の資料の横に「営業60％」と書いておいた。

❸ 原材料について期末棚卸高を計算する。前Ｔ/Ｂに原材料4,292,000と材料費93,688,000がある。材料仕入ではなく材料費とあるのが多少気になったが、原材料4,292,000が期首の金額なので、材料費93,688,000は当期購入高に間違いないだろう。先入先出法なので、当期購入高の単価を計算すると93,688,000÷19,120kg＝

(1) 製品

当期に9,600個が完成し、9,500個が販売されている。

(2) 仕掛品

期首仕掛品の内訳は、材料費5,900,000円及び加工費5,520,000円である。

(3) 原材料

当期原材料の購入高は19,120kgである。なお、期末の実地棚卸において原材料は

1,940,400 396kgであり、帳簿との差額は原価性のある棚卸減耗である。93,688,000/19,120=@4,900

(4) 加工費

経過勘定として、加工費となる労務費の見越し5,000,000円と加工費となる諸経費の繰延べ3,000,000円を計上予定であるが、会計処理が未処理である。なお、加工費の経過勘定に関する期首の振替は適正になされているものとする。

未払費用と前払費用の増減はこれだけ

6 (続き)

5 固定資産

(1) 甲社が保有する有形固定資産のうち、会計処理が未処理であるもの(一部が未処理であるものを含む。)の資料は次のとおりである。なお、過年度の減価償却の計算は適正に行われているものとし、有形固定資産の残存価額はゼロとする。また、I工場及びL機械は、製品Bの製造にのみ用いられている(前述の「4 製品B(注4)」を参照。)。

	取得原価	取得日	耐用年数	償却方法	
I工場	75,000,000円	×1年11月5日	16年	定額法	4,687,500
K倉庫	20,000,000円 + 3,000,000	×5年6月15日	20年	定額法	⑥575,000
L機械	9,000,000円	×1年11月5日	10年 0.2	定率法	844,800

資本的支出をプラス

償却計算は×5年10月20日からなので注意

(2) J倉庫(取得原価15,000,000円(税抜き)、取得日×2年9月8日、耐用年数20年、定額法)は、×5年3月4日に火災により全焼し、保管していた商品Aも全てが消失している。当該火災に関し、消防費用として500,000円を支出し、火災未決算勘定として処理している。なお、決算整理前残高試算表の火災未決算勘定には、商品A及びJ倉庫の消失時の帳簿価額(減価償却累計額控除後)1,600,000円及び13,062,500円が含まれている。

×5年5月29日に保険会社から保険金確定額16,000,000円が入金されたが、入金額を仮受金とした以外は未処理である。なお、保険金確定額の内訳は、焼失した商品Aに対するもの2,000,000円とJ倉庫に対するもの14,000,000円である。減失経費は、保険金確定額に基づきあん分するものとする。~~仮受 2,000,000~~ / ~~未決 1,662,500~~ ~~差益 337,500~~ ~~仮受 14,000,000~~ / ~~未決 13,500,000~~ ~~差益 500,000~~

500,000 < 62,500 / 437,500

9,000,000
△ 750,000
8,250,000
△ 1,650,000
6,600,000
△ 1,320,000
5,280,000
△ 1,056,000
4,224,000
△ 844,800
3,379,200

L機械の減価償却計算

7

(3) ×5年6月15日にJ倉庫の代替としてK倉庫を20,000,000円(税抜き)で購入し、×5年10月20日より事業の用に供している。なお、3,300,000円(税込み)で内装等の仕様の変更(資本的支出に該当。)をしているが、内装等の変更費用は仮払金として処理して

236

6 製品B（続き）

@4,900。棚卸減耗があるため、実地棚卸高は@4,900×396kg＝1,940,400となり、これはすぐに答を記入する。

❹ 加工費について、未払費用5,000,000と前払費用3,000,000がある。後T/Bをチェックするとどちらも解答要求だ。次に前T/Bをチェックするとどちらも既に計上されている。この段階では、未払費用及び前払費用に関して、さらなる増減があるのかどうか判断が付かない。未払費用と前払費用を前T/Bに記入する。

ここで時計を見ると開始から25分経過している。製品Bに５分ほど使ったことになる。

7 固定資産

❶ 資料を一読する。火災未決算や圧縮記帳などが含まれているが、とくに難しそうなところはなさそうだ。

❷ 火災の処理を考える。火災発生及び火災未決算の計上は前期。火災未決算の内訳は商品1,600,000、Ｊ倉庫13,062,500、消防費用500,000とあり、合計額が前T/Bの火災未決算15,162,500と一致していることを確認する。保険金額16,000,000の内訳は、商品2,000,000、Ｊ倉庫14,000,000で、消防費用500,000は保険金額で按分するとあるので、商品とＪ倉庫は分けて処理しなければいけない。以上を確認して、まず消防費用500,000を按分すると商品62,500とＪ倉庫437,500となる。つぎに、商品、Ｊ倉庫の順で仕訳を書く。いずれも保険差益となる。慎重を期して後T/Bをチェックすると火災損失はない。この段階で、保険差益の合計837,500は答を記入する。

❸ Ｋ倉庫の処理を考える。焼失したＪ倉庫の代替としてＫ倉庫を20,000,000で６月15日に購入しているが、事業の用に供したのは10月20日とある。固定資産の表を見ると取得日×5年６月15日とある。事業共用日ではなく取得日が書いてあるのは意地が悪い。受験生が間違えなければよいがと思いつつ、10月20日から決算日までの月数を指折り数えると６ヶ月になる。固定資産の表右の余白に６ヶ月を意味する⑥を記入する。

内装の仕様変更費3,300,000は資本的支出とある。固定資産の表を見ると取得原価20,000,000とあり、資本的支出が含まれていない。3,300,000は税込みなので、税抜きの3,000,000を固定資産の表に＋3,000,000と記入し、すぐに減価償却費を計算する。６ヶ月分の減価償却費575,000は表右の余白に記入する。

❹ 圧縮記帳を考える。圧縮額は保険差益の500,000、取崩額は500,000÷20年×６月/12月＝12,500で、圧縮額500,000から取崩額12,500をマイナスすると残額は487,500となる。法定実効税率30％なので、残額487,500を30％と70％に按分する。30％が繰延税金負債、70％が圧縮積立金となる。繰延税金負債146,250、圧縮積立金341,250は答を記入する。繰延税金負債のさらなる計上があるのか、後の資料をざっと

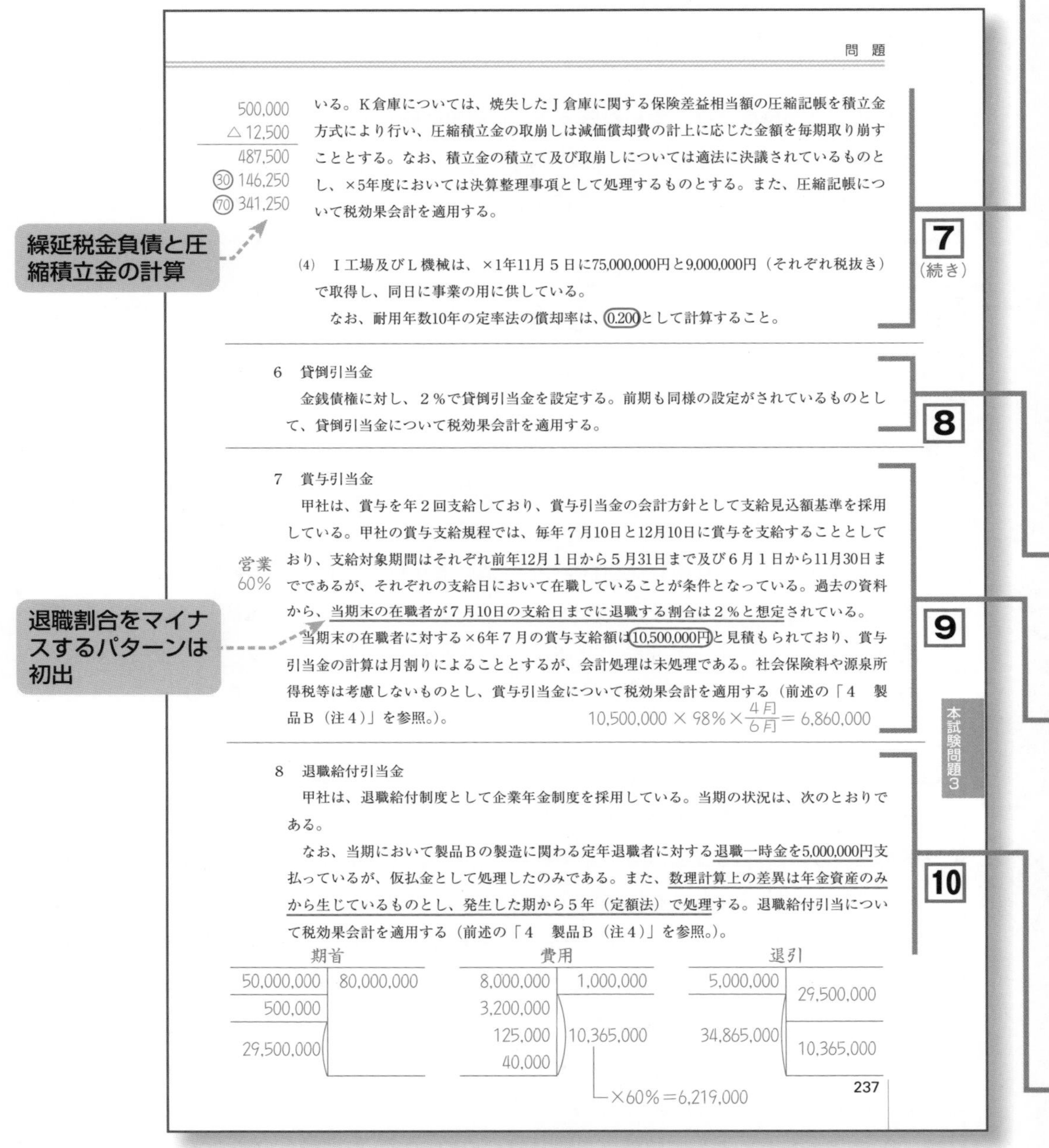

問　題

いる。K倉庫については、焼失したJ倉庫に関する保険差益相当額の圧縮記帳を積立金方式により行い、圧縮積立金の取崩しは減価償却費の計上に応じた金額を毎期取り崩すこととする。なお、積立金の積立て及び取崩しについては適法に決議されているものとし、×5年度においては決算整理事項として処理するものとする。また、圧縮記帳について税効果会計を適用する。

(4)　I工場及びL機械は、×1年11月５日に75,000,000円と9,000,000円（それぞれ税抜き）で取得し、同日に事業の用に供している。

なお、耐用年数10年の定率法の償却率は、0.200として計算すること。

6　貸倒引当金

金銭債権に対し、２％で貸倒引当金を設定する。前期も同様の設定がされているものとして、貸倒引当金について税効果会計を適用する。

7　賞与引当金

甲社は、賞与を年２回支給しており、賞与引当金の会計方針として支給見込額基準を採用している。甲社の賞与支給規程では、毎年７月10日と12月10日に賞与を支給することとしており、支給対象期間はそれぞれ前年12月１日から５月31日まで及び６月１日から11月30日までであるが、それぞれの支給日において在職していることが条件となっている。過去の資料から、当期末の在職者が７月10日の支給日までに退職する割合は２％と想定されている。

当期末の在職者に対する×6年７月の賞与支給額は10,500,000円と見積もられており、賞与引当金の計算は月割りによることとするが、会計処理は未処理である。社会保険料や源泉所得税等は考慮しないものとし、賞与引当金について税効果会計を適用する（前述の「4　製品B（注4）」を参照。）。

8　退職給付引当金

甲社は、退職給付制度として企業年金制度を採用している。当期の状況は、次のとおりである。

なお、当期において製品Bの製造に関わる定年退職者に対する退職一時金を5,000,000円支払っているが、仮払金として処理したのみである。また、数理計算上の差異は年金資産のみから生じているものとし、発生した期から５年（定額法）で処理する。退職給付引当金について税効果会計を適用する（前述の「4　製品B（注4）」を参照。）。

237

7 固定資産（続き）

確認するがどうもなさそうだ。仮にあったとしても答を修正するだけだ。

❺ Ｉ工場とＬ機械の減価償却費を計算する。Ｉ工場は75,000,000÷16年＝4,687,500で簡単だ。Ｌ機械は定率法で償却率は0.200、前Ｔ/Ｂをチェックすると減価償却累計額は（　　　　）になっている。しかも取得日は×1年11月５日で、計算すると当期末まで４年５ヶ月経過している。面倒だがこれは確実にできるところなのでやらなければならない。問題余白に減価償却計算を書いていく。端数が生じるだろうと予想したが、当期末まで端数は生じなかった。

❻ Ｋ倉庫、Ｉ工場、Ｌ機械の減価償却累計額を計算する。Ｋ倉庫は当期取得なので減価償却費の575,000、Ｉ工場は前Ｔ/Ｂの減価償却累計額に減価償却費をプラスして20,703,125、Ｌ機械は、取得原価9,000,000から当期末の帳簿価額3,379,200をマイナスして5,620,800、以上を計算して答を記入する。

ここで時計を見ると開始から39分経過している。固定資産に14分ほど使ったことになる。

8 貸倒引当金

チラと見ただけで通り過ぎる。

9 賞与引当金

資料を一読する。支給見込額基準で当期負担分は12月１日から３月31日までの４ヶ月分というのはいつものパターンだが、「支給日において在職していることが条件」で「支給日までに退職する割合は２％と想定」というのは初出パターンだ。要するに、いつもの金額より２％少なく計上すればいいのだろう。10,500,000×４月/６月×98％＝6,860,000と計算し、答を記入する。

時計を見るのを忘れたが、ここで使った時間は２分程度である。

10 退職給付引当金

❶ 問題をざっと一読する。よくある退職給付の資料だが、１点だけおかしなところがある。企業年金制度を採用しているが、退職一時金5,000,000を支払っている。どうすべきか一瞬悩んだが、退職一時金を支払っているとあるので処理するしかない。

❷ 期首の金額を確認する。退職給付債務80,000,000、年金資産50,000,000、数理差異は不利差異500,000、差額は29,500,000となり前Ｔ/Ｂの退職給付引当金と一致する。

項目	金額	備考
期首の退職給付債務	80,000,000円	割引率は4％である。
期首の年金資産（時価）	50,000,000円	長期期待運用収益率は2％である。
当期の勤務費用	8,000,000円	
期首の未認識数理計算上の差異	不 500,000円	×4年度の実際運用収益が期待運用収益を下回ったことにより生じたものである。
当期の年金資産の実際運用収益	800,000円	

1,000,000 — 不 200,000

不利差異の不。残存償却年数４年に注意

10（続き）

9　インセンティブ報酬

初出で実務的な内容のため読み取りが非常に難しい

甲社では、×4年６月27日に行われた株主総会においてインセンティブ報酬を決議し、承認されている。これは、いわゆるパフォーマンスシェアユニット（PSU）と呼ばれるものを参考として設計したもので、社内で「×4年PSU」と呼称されている。

×5年６月28日に行われた株主総会で、「×4年PSU」に加え、いわゆるストックアプリシエーションライト（株主増価受益権、SAR）を参考として設計したインセンティブ報酬の導入を決議し、承認されている。これは、社内で「×5年SAR」と呼称されている。

これらのインセンティブ報酬に関して、当期の会計処理は未処理であり、会社法等の手続や必要な契約等は全て適法に行われているものとする。

（「×4年PSU」の概要）

権利確定条件を達成した場合には甲社株式を交付し、権利確定条件が達成されない場合には失効するという条件のインセンティブ報酬を、取締役５名に対して付与した。権利確定条件は、×5年度の営業利益等の指標により判定するものとされており、割当日は×6年７月31日とし、当期末において失効が見込まれるものはない。

×4年PSUでは、甲社株式の交付を全て新株の発行によるものとする。

内容	株数	金額
割当日において交付される株式の総数	40,000株	—
当期に「×4年PSU」の対価として提供された役務の総額	—	14,000,000円

役報 14,000,000 ／ 株引 14,000,000

（「×5年SAR」の概要）

代表取締役１名に対し、３年間の継続勤務を条件として、10,000株相当のSARを付与した。権利行使は付与日（×5年６月28日）から３年を経過した日以降とされ、権利行使価格は付与日の時価である。代表取締役の３年以内の退任の見込みはないものとする。

なお、×6年３月31日のSARの１株相当の時価は200円であり、SARは引当金として処理するものとする。

役報 555,555 ／ 引当 555,555

$10{,}000 \times 200 \times \frac{10月}{36月} = 555{,}555$

迷ったが割り切れない方を採用した

11

238

10 退職給付引当金（続き）

❸ 退職給付費用を算定する。勤務費用8,000,000、利息費用3,200,000、期待運用収益1,000,000、期首数理差異の償却額は500,000÷４年＝125,000。当期発生数理差異は期待運用収益1,000,000と実際運用収益800,000の差額200,000で不利差異。償却額は200,000÷５年＝40,000。以上を集計すると10,365,000となる。

❹ 退職給付引当金を計算する。期首29,500,000と退職給付費用10,365,000の合計額から問題の退職一時金5,000,000をマイナスして34,865,000となる。

❺ 退職給付引当金34,865,000は答を書く。退職給付費用は営業分なので10,365,000×60％＝6,219,000を計算して答を書く。

ここで時計を見ると開始から46分経過している。ここに５分ほど使ったことになる。

11 インセンティブ報酬

❶ 資料を一読したがさっぱり分からない。再度丁寧に読む。「×4年PSU」が事後交付型の株式引受権で前期からスタート。「×5年SAR」が株式報酬引当金で当期からスタート。ここまでは理解できたが、株式引受権は公表されている会計基準と資料の内容がまったく異なりどう計算するのか分からない。株式報酬引当金は初出でさらに分からない。どうすべきか一瞬悩んだが、これは直感を信じてやるしかないと覚悟を決める。

❷ 株式引受権を考える。当期に提供された役務の総額14,000,000とある。当初はこれを期間按分するのかと考えたが、「当期に…提供された」とあるので14,000,000を当期の費用として処理すると判断した。仕訳を考える。貸方は株式引受権だ。借方の科目は少し迷ったが、報酬費用に一番近い役員報酬とした。仕訳を書く。

❸ 株式報酬引当金を考える。与えられた資料は、「３年間」「10,000株」「付与日×5年６月28日」「期末の１株の時価200」の４つ。当初は10,000株×200＝2,000,000を引当金として計上と考えたが、これだと「当期の負担に属する金額を費用として計上」という引当金の考えとズレてしまう。これは期間按分するのだろうと判断し計算してみると、2,000,000×10月/36月＝555,555.555…と割り切れない。当期月数を９月で計算すると500,000になる。さてどちらにするか悩んでしまった。500,000の方が気分は良いが、付与日は６月28日で､「１ヶ月未満は切り上げて１ヶ月」という指示がある。猛烈に悩んだが555,555を採用する。仕訳を書く。

❹ 役員報酬は前Ｔ/Ｂに決算整理の分を加えて74,555,555、株式報酬引当金555,555、株式引受権は前Ｔ/Ｂに決算整理の分を加えて38,000,000、答を書く。

ここで時計を見ると開始から54分経過している。ここに８分ほど使ったことになる。

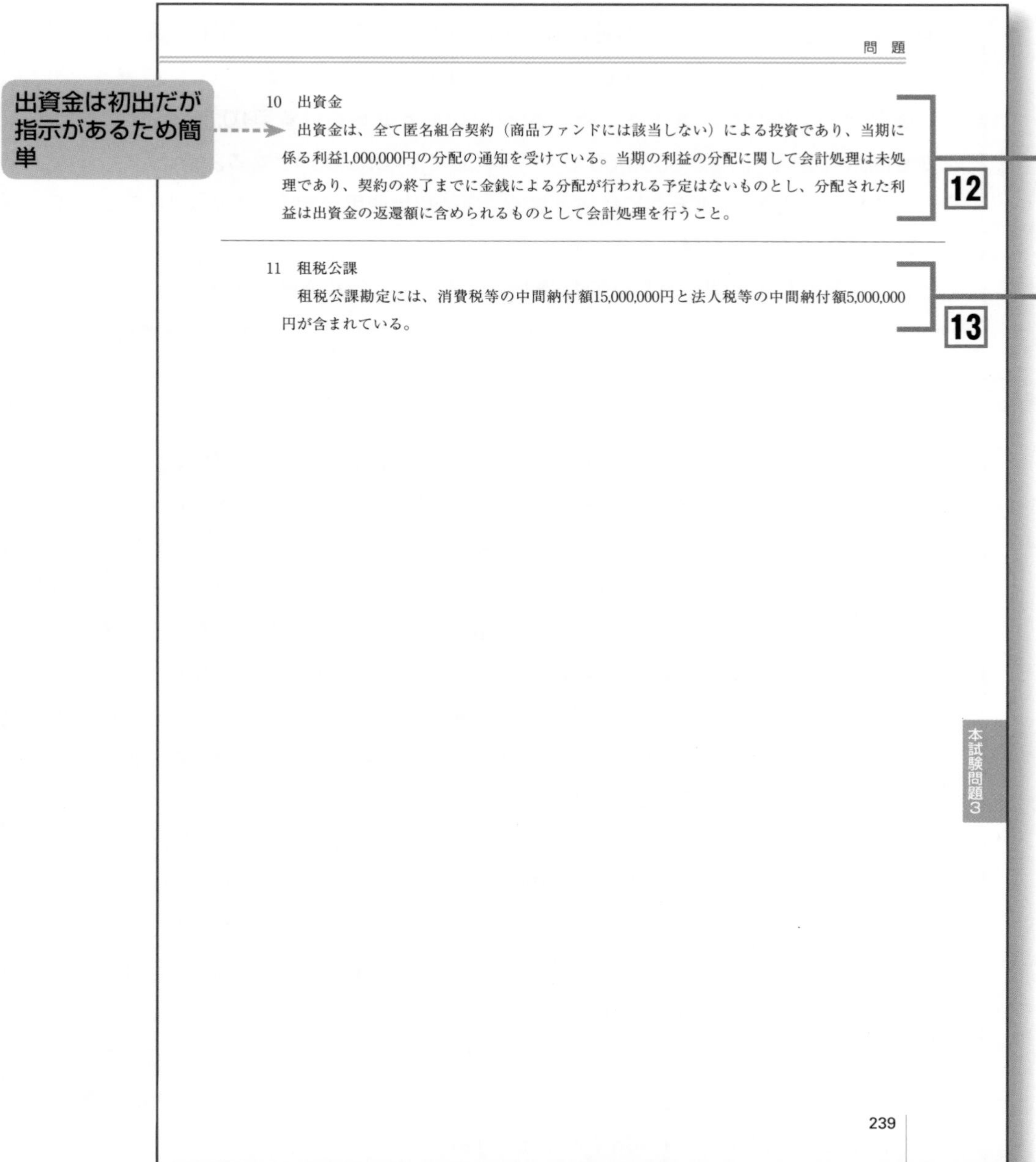

出資金は初出だが指示があるため簡単
12
13

10 出資金

出資金は、全て匿名組合契約（商品ファンドには該当しない）による投資であり、当期に係る利益1,000,000円の分配の通知を受けている。当期の利益の分配に関して会計処理は未処理であり、契約の終了までに金銭による分配が行われる予定はないものとし、分配された利益は出資金の返還額に含められるものとして会計処理を行うこと。

11 租税公課

租税公課勘定には、消費税等の中間納付額15,000,000円と法人税等の中間納付額5,000,000円が含まれている。

12 出資金

出資金は初出だが、内容は簡単だ。借方は指示に従って出資金、貸方は後T/Bに投資利益がある。仕訳を書くまでもない。投資利益1,000,000は答を記入する。

時計を見るのを忘れたが、ここで使った時間は1分程度である。

13 租税公課

資料を一読して前T/Bの租税公課をチェックすると27,000,000、ここから消費税と法人税の合計額20,000,000をマイナスすると7,000,000。仕訳も電卓も必要ない。租税公課7,000,000、答を記入する。

ここで時計を見ると開始から56分経過している。ここで使った時間は1分程度である。

【資料3】 決算整理後残高試算表

（単位：円）

借方 勘定科目	借方 金額	貸方 勘定科目	貸方 金額
小口現金	（✓ ①）	買掛金	（ ㉒ ）
当座預金	（✓ ②）	電子記録債務	（ ）
売掛金	（ ③ ）	未払金	（ ）
電子記録債権	3,020,680	前受収益	（ ）
未収入金	（✓ ④）	未払費用	（✓ ㉓）
繰越商品	（ ⑤ ）	未払消費税等	（ ㉔ ）
未着品	（✓ ⑥）	未払法人税等	（ ㉕ ）
原材料	（✓ ⑦）	貸倒引当金	（ ㉖ ）
仕掛品	（ ⑧ ）	賞与引当金	（✓ ㉗）
製品	（ ⑨ ）	長期借入金	20,000,000
前払費用	（✓ ⑩）	退職給付引当金	（✓ ㉘）
I工場	75,000,000	株式報酬引当金	（✓ ㉙）
K倉庫	（ ）	繰延税金負債	（✓ ㉚）
L機械	（ ）	その他の負債	31,146,000
土地	50,000,000	I工場減価償却累計額	（✓ ㉛）
出資金	（ ）	K倉庫減価償却累計額	（✓ ㉜）
自己株式	（✓ ⑪）	L機械減価償却累計額	（✓ ㉝）
繰延税金資産	（ ⑫ ）	その他の資産減価償却累計額	25,000,000
その他の資産	163,500,000	資本金	（ ）
仕入	（ ⑬ ）	資本準備金	（ ）
製品売上原価	（ ）	その他の資本剰余金	（ ）
役員報酬	（✓ ⑭）	利益準備金	20,000,000
給与手当	58,000,000	圧縮積立金	（✓ ㉞）
賞与	40,000,000	繰越利益剰余金	（ ㉟ ）
賞与引当金繰入	（ ）	株式引受権	（✓ ㊱）
退職給付費用	（✓ ⑮）	商品売上	（ ）
K倉庫減価償却費	（ ）	未着品売上	（✓ ㊲）
貸倒引当金繰入	（ ）	製品売上	480,000,000
賃借料	5,000,000	受取利息	210,000
租税公課	（✓ ⑯）	投資利益	（✓ ㊳）
その他の費用	（ ）	雑収入	（ ）

自己株式は
増減なし

14

240

問　題

支払利息	1,000,000	保険差益	（✓ ㊴　）
手形売却損	（✓ ⑰　）	法人税等調整額	（　㊵　）
商品評価損	（　⑱　）		
為替差損益	（　⑲　）		
異常減損費	（　⑳　）		
雑損失	（✓ ㉑　）		
法人税等	（　　）		
合計	（　　）	合計	（　　）

14（続き）

14 決算整理後残高試算表

❶ 残り時間は４分である。前Ｔ/Ｂに増減を記入しただけで、まだ答を記入していない項目がいくつか残っているため、後Ｔ/Ｂの解答要求を１つ１つチェックしながら、未記入の項目について答を記入していく。

❷ 借方から確認していく。未収入金は3,179,320、答を記入する。

❸ 前払費用は3,350,000、答を記入する。

❹ 自己株式が解答要求なので驚いた。決算整理事項に自己株式に関する資料はなかったはずだが、ひょっとしたら資料を見落としたのかと、20秒程度で決算整理事項をチェックしたが見つからない。再度チェックする時間はないため、前Ｔ/Ｂの17,100,000をそのまま答として記入するが、これは謎だ。

❺ 雑損失は11,000、答を記入する。

❻ 貸方に移る。電子記録債務は1,900,000、答を記入する。

❼ 未払金は6,275,000、答を記入する。

❽ 未払費用は5,700,000、答を記入する。

❾ 未着品売上は315,150,000、答を記入する。

ここで時計を見ると開始から59分経過している。あと１分で解答できる所はないため、以上で解答を終了した。

MEMO

税理士 簿記論 総合問題の解き方 第7版

2009年5月10日 初 版 第1刷発行
2023年11月15日 第7版 第1刷発行
2024年8月5日 第7版 第2刷発行

編著者 TAC株式会社
(税理士講座)
発行者 多田敏男
発行所 TAC株式会社 出版事業部
(TAC出版)

〒101-8383
東京都千代田区神田三崎町3-2-18
電話 03(5276)9492(営業)
FAX 03(5276)9674
https://shuppan.tac-school.co.jp

組版 株式会社グラフト
印刷 日新印刷株式会社
製本 東京美術紙工協業組合

ISBN 978-4-300-10685-3
N.D.C. 336

乱丁・落丁による交換,および正誤のお問合せ対応は,該当書籍の改訂版刊行月末日までといたします。なお,交換につきましては,書籍の在庫状況等により,お受けできない場合もございます。
また,各種本試験の実施の延期,中止を理由とした本書の返品はお受けいたしません。返金もいたしかねますので,あらかじめご了承くださいますようお願い申し上げます。

「税理士」の扉を開くカギ

それは、合格できる教育機関を決めること!

あなたが教育機関を決める最大の決め手は何ですか?
通いやすさ、受講料、評判、規模、いろいろと検討事項はありますが、一番の決め手となること、それは「合格できるか」です。
TACは、税理士講座開講以来今日までの40年以上、「受講生を合格に導く」ことを常に考え続けてきました。そして、「最小の努力で最大の効果を発揮する、良質なコンテンツの提供」をもって多数の合格者を輩出し、今も厚い信頼と支持をいただいております。

東京会場 ホテルニューオータニ

合格者から「喜びの声」を多数お寄せいただいています。

https://www.tac-school.co.jp/kouza_zeiri/zeiri_jisseki.html

税理士講座のご案内

2025年合格目標コース

反復学習でインプット強化! & 豊富な演習量で実践力強化!

対象者：初学者／次の科目の学習に進む方

2024年 9月 10月 11月 12月 / 2025年 1月 2月 3月 4月 5月 6月 7月 8月

9月入学 基礎マスター＋上級コース（簿記・財表・相続・消費・酒税・固定・事業・国徴）
3回転学習！年内はインプットを強化、年明けは演習機会を増やして実践力を鍛える！
※簿記・財表は5月・7月・8月・10月入学コースもご用意しています。

9月入学 ベーシックコース（法人・所得）
2回転学習！週2ペース、8ヵ月かけてインプットを鍛える！

9月入学 年内完結＋上級コース（法人・所得）
3回転学習！年内はインプットを強化、年明けは演習機会を増やして実践力を鍛える！

12月・1月入学　速修コース（全11科目）
7ヵ月～8ヵ月間で合格レベルまで仕上げる！

3月入学　速修コース（消費・酒税・固定・国徴）
短期集中で税法合格を目指す！

税理士試験（8月）

対象者：受験経験者（受験した科目を再度学習する場合）

2024年 9月 10月 11月 12月 / 2025年 1月 2月 3月 4月 5月 6月 7月 8月

9月入学　年内上級講義＋上級コース（簿記・財表）
年内に基礎・応用項目の再確認を行い、実力を引き上げる！

9月入学　年内上級演習＋上級コース（法人・所得・相続・消費）
年内から問題演習に取り組み、本試験時の実力維持・向上を図る！

12月入学　上級コース（全10科目）
※住民税の開講はございません
講義と演習を交互に実施し、答案作成力を養成！

税理士試験（8月）

※2024年7月12日時点の情報です。最新の情報は、TAC 税理士講座ホームページをご確認ください。

チャレンジコース

受験経験者・独学生待望のコース!

4月上旬開講!

開講科目	簿記・財表・法人 所得・相続・消費

基礎知識の底上げ × 徹底した本試験対策

チャレンジ講義 + チャレンジ演習 + 直前対策講座 + 全国公開模試

受験経験者・独学生向けカリキュラムが一つのコースに!

※チャレンジコースには直前対策講座(全国公開模試含む)が含まれています。

直前対策講座

5月上旬開講!

本試験突破の最終仕上げ!

直前期に必要な対策がすべて揃っています!

徹底分析!「試験委員対策」

即時対応!「税制改正」

毎年的中!「予想答練」

※直前対策講座には全国公開模試が含まれています。

学習メディア	教室講座・ビデオブース講座 Web通信講座・DVD通信講座・資料通信講座

＼全11科目対応／

開講科目	簿記 ・財表 ・法人 ・所得 ・相続 ・消費 酒税 ・固定 ・事業 ・住民 ・国徴

チャレンジコース・直前対策講座ともに詳しくは2月下旬発刊予定の**「チャレンジコース・直前対策講座パンフレット」**をご覧ください。

料請求は
ちらから!!

詳しい資料をお送りいたします。
右記電話番号もしくはTACホームページ
(https://www.tac-school.co.jp/)にてご請求ください。

通話無料 0120-509-117(ゴウカク イイナ)
受付時間 10:00～19:00(月～金) 10:00～17:00(土・日・祝)
※営業時間短縮の場合がございます。詳細はHPでご確認ください。

全国公開模試

6月中旬実施!

全11科目実施

TACの模試はここがスゴイ!

1 信頼の母集団

2023年の受験者数は、会場受験・自宅受験合わせて10,316名!この大きな母集団を分母とした正確な成績(順位)を把握できます。

信頼できる実力判定

10,316名が受験!

※11科目延べ人数

2 本試験を擬似体験

全国の会場で緊迫した雰囲気の中「真の実力」が発揮できるかチャレンジ!

3 個人成績表

現時点での全国順位を確認するとともに「講評」等を通じて本試験までの学習の方向性が定まります。

4 充実のアフターフォロー

解説Web講義を無料配信。また、質問電話による疑問点の解消も可能です。

※TACの受講生はカリキュラム内に全国公開模試の受験料が含まれています(一部期別申込を除く)。

直前オプション講座

6月中旬～
8月上旬実施!

最後まで油断しない!
ここからのプラス5点!

【重要理論確認ゼミ】
～理論問題の解答作成力UP!～

【ファイナルチェック】
～確実な5点UPを目指す!～

【最終アシストゼミ】
～本試験直前の総仕上げ!～

全国公開模試および直前オプション講座の詳細は4月中旬発刊予定の
「全国公開模試パンフレット」「直前オプション講座パンフレット」をご覧ください。

TAC出版 書籍のご案内

TAC出版では、資格の学校TAC各講座の定評ある執筆陣による資格試験の参考書をはじめ、資格取得者の開業法や仕事術、実務書、ビジネス書、一般書などを発行しています！

TAC出版の書籍

＊一部書籍は、早稲田経営出版のブランドにて刊行しております。

資格・検定試験の受験対策書籍

- 日商簿記検定
- 建設業経理士
- 全経簿記上級
- 税　理　士
- 公認会計士
- 社会保険労務士
- 中小企業診断士
- 証券アナリスト
- ファイナンシャルプランナー(FP)
- 証券外務員
- 貸金業務取扱主任者
- 不動産鑑定士
- 宅地建物取引士
- 賃貸不動産経営管理士
- マンション管理士
- 管理業務主任者
- 司法書士
- 行政書士
- 司法試験
- 弁理士
- 公務員試験(大卒程度・高卒者)
- 情報処理試験
- 介護福祉士
- ケアマネジャー
- 電験三種　ほか

実務書・ビジネス書

- 会計実務、税法、税務、経理
- 総務、労務、人事
- ビジネススキル、マナー、就職、自己啓発
- 資格取得者の開業法、仕事術、営業術

一般書・エンタメ書

- ファッション
- エッセイ、レシピ
- スポーツ
- 旅行ガイド（おとな旅プレミアム/旅コン）

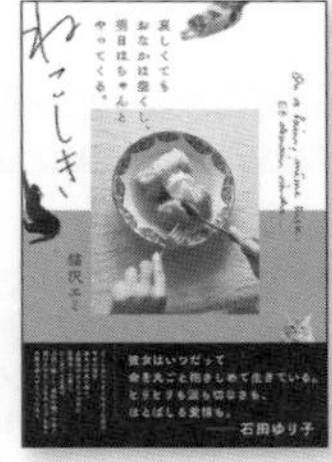

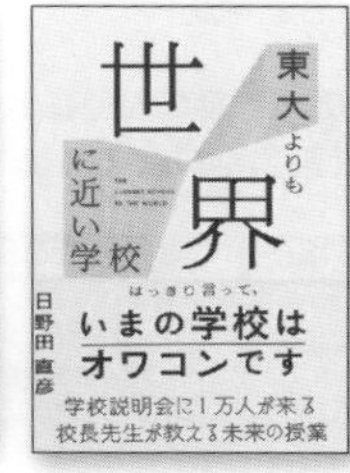

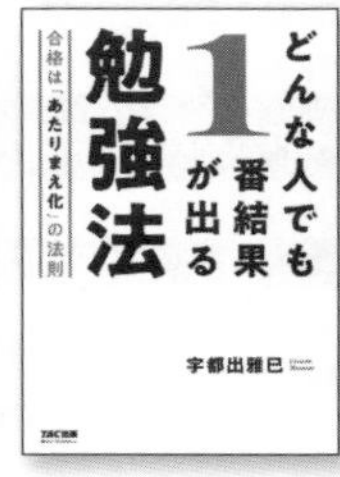

(2024年2月現在)

書籍のご購入は

1 全国の書店、大学生協、ネット書店で

2 TAC各校の書籍コーナーで

資格の学校TACの校舎は全国に展開!
校舎のご確認はホームページにて

資格の学校TAC ホームページ
https://www.tac-school.co.jp

3 TAC出版書籍販売サイトで

TAC 出版 で 検索

24時間
ご注文
受付中

https://bookstore.tac-school.co.jp/

新刊情報をいち早くチェック!

たっぷり読める立ち読み機能

学習お役立ちの特設ページも充実!

TAC出版書籍販売サイト「サイバーブックストア」では、TAC出版および早稲田経営出版から刊行されている、すべての最新書籍をお取り扱いしています。
また、会員登録(無料)をしていただくことで、会員様限定キャンペーンのほか、送料無料サービス、メールマガジン配信サービス、マイページのご利用など、うれしい特典がたくさん受けられます。

サイバーブックストア会員は、特典がいっぱい!(一部抜粋)

通常、1万円(税込)未満のご注文につきましては、送料・手数料として500円(全国一律・税込)頂戴しておりますが、1冊から無料となります。

専用の「マイページ」は、「購入履歴・配送状況の確認」のほか、「ほしいものリスト」や「マイフォルダ」など、便利な機能が満載です。

メールマガジンでは、キャンペーンやおすすめ書籍、新刊情報のほか、「電子ブック版TACNEWS(ダイジェスト版)」をお届けします。

書籍の発売を、販売開始当日にメールにてお知らせします。これなら買い忘れの心配もありません。

2025年度版 税理士試験対策書籍のご案内

TAC出版では、独学用、およびスクール学習の副教材として、各種対策書籍を取り揃えています。学習の各段階に対応していますので、あなたのステップに応じて、合格に向けてご活用ください!

(刊行内容、発行月、装丁等は変更することがあります)

●2025年度版 税理士受験シリーズ

「税理士試験において長い実績を誇るTAC。このTACが長年培ってきた合格ノウハウを"TAC方式"としてまとめたのがこの「税理士受験シリーズ」です。近年の豊富なデータをもとに傾向を分析、科目ごとに最適な内容としているので、トレーニング演習に欠かせないアイテムです。」

簿記論

01	簿記論	個別計算問題集	(8月)
02	簿記論	総合計算問題集 基礎編	(9月)
03	簿記論	総合計算問題集 応用編	(11月)
04	簿記論	過去問題集	(12月)
	簿記論	完全無欠の総まとめ	(11月)

財務諸表論

05	財務諸表論	個別計算問題集	(8月)
06	財務諸表論	総合計算問題集 基礎編	(9月)
07	財務諸表論	総合計算問題集 応用編	(12月)
08	財務諸表論	理論問題集 基礎編	(9月)
09	財務諸表論	理論問題集 応用編	(12月)
10	財務諸表論	過去問題集	(12月)
33	財務諸表論	重要会計基準	(8月)
	※財務諸表論	重要会計基準 暗記音声	(8月)
	財務諸表論	完全無欠の総まとめ	(11月)

法人税法

11	法人税法	個別計算問題集	(11月)
12	法人税法	総合計算問題集 基礎編	(10月)
13	法人税法	総合計算問題集 応用編	(12月)
14	法人税法	過去問題集	(12月)
34	法人税法	理論マスター	(8月)
	※法人税法	理論マスター 暗記音声	(9月)
35	法人税法	理論ドクター	(12月)
	法人税法	完全無欠の総まとめ	(12月)

所得税法

15	所得税法	個別計算問題集	(9月)
16	所得税法	総合計算問題集 基礎編	(10月)
17	所得税法	総合計算問題集 応用編	(12月)
18	所得税法	過去問題集	(12月)
36	所得税法	理論マスター	(8月)
	※所得税法	理論マスター 暗記音声	(9月)
37	所得税法	理論ドクター	(12月)

相続税法

19	相続税法	個別計算問題集	(9月)
20	相続税法	財産評価問題集	(9月)
21	相続税法	総合計算問題集 基礎編	(9月)
22	相続税法	総合計算問題集 応用編	(12月)
23	相続税法	過去問題集	(12月)
38	相続税法	理論マスター	(8月)
	※相続税法	理論マスター 暗記音声	(9月)
39	相続税法	理論ドクター	(12月)

酒税法

24	酒税法	計算問題+過去問題集	(2月)
40	酒税法	理論マスター	(8月)

消費税法

25	消費税法	個別計算問題集	(10月)
26	消費税法	総合計算問題集 基礎編	(10月)
27	消費税法	総合計算問題集 応用編	(12月)
28	消費税法	過去問題集	(12月)
41	消費税法	理論マスター	(8月)
※	消費税法	理論マスター 暗記音声	(9月)
42	消費税法	理論ドクター	(12月)
	消費税法	完全無欠の総まとめ	(12月)

固定資産税

29	固定資産税	計算問題+過去問題集	(12月)
43	固定資産税	理論マスター	(8月)

事業税

30	事業税	計算問題+過去問題集	(12月)
44	事業税	理論マスター	(8月)

住民税

31	住民税	計算問題+過去問題集	(12月)
45	住民税	理論マスター	(12月)

国税徴収法

32	国税徴収法	総合問題+過去問題集	(12月)
46	国税徴収法	理論マスター	(8月)

※暗記音声はダウンロード商品です。TAC出版書籍販売サイト「サイバーブックストア」にてご購入いただけます。

●2025年度版 みんなが欲しかった！税理士 教科書&問題集シリーズ

「効率的に税理士試験対策の学習ができないか？これを突き詰めてできあがったのが、「みんなが欲しかった！税理士 教科書&問題集シリーズ」です。必要十分な内容をわかりやすくまとめたテキスト（教科書）と内容確認のためのトレーニング（問題集）が1冊になっているので、効率的な学習に最適です。」

みんなが欲しかった！税理士簿記論の教科書&問題集 1 損益会計編	(8月)
みんなが欲しかった！税理士簿記論の教科書&問題集 2 資産会計編	(8月)
みんなが欲しかった！税理士簿記論の教科書&問題集 3 資産・負債・純資産会計編	(9月)
みんなが欲しかった！税理士簿記論の教科書&問題集 4 構造論点・その他編	(9月)

みんなが欲しかった！税理士消費税法の教科書&問題集 1 取引分類・課税標準編	(8月)
みんなが欲しかった！税理士消費税法の教科書&問題集 2 仕入税額控除編	(9月)
みんなが欲しかった！税理士消費税法の教科書&問題集 3 納税義務編	(10月)
みんなが欲しかった！税理士消費税法の教科書&問題集 4 申告制度・新論点その他編	(11月)

みんなが欲しかった！税理士財務諸表論の教科書&問題集 1 損益会計編	(8月)
みんなが欲しかった！税理士財務諸表論の教科書&問題集 2 資産会計編	(8月)
みんなが欲しかった！税理士財務諸表論の教科書&問題集 3 資産・負債・純資産会計編	(9月)
みんなが欲しかった！税理士財務諸表論の教科書&問題集 4 構造論点・その他編	(9月)
みんなが欲しかった！税理士財務諸表論の教科書&問題集 5 理論編	(9月)

●解き方学習用問題集

現役講師の解答手順、思考過程、実際の書込みなど、㊙テクニックを完全公開した書籍です。

簿記論	個別問題の解き方	〔第7版〕
簿記論	総合問題の解き方	〔第7版〕
財務諸表論	理論答案の書き方	〔第7版〕
財務諸表論	計算問題の解き方	〔第7版〕

●その他関連書籍

好評発売中！

消費税課否判定要覧 〔第5版〕
法人税別表4、5(一)(二)書き方完全マスター 〔第6版〕
女性のための資格シリーズ 自力本願で税理士
年商倍々の成功する税理士開業法
Q&Aでわかる 税理士事務所・税理士法人勤務 完全マニュアル

TACの書籍はこちらの方法でご購入いただけます

1 全国の書店・大学生協
2 TAC各校 書籍コーナー
3 CYBER BOOK STORE TAC出版書籍販売サイト アドレス https://bookstore.tac-school.co.jp/

・2024年7月現在 ・年度版各巻の価格は、決定しだい上記3のサイバーブックストアに掲載されますのでご参照ください

書籍の正誤に関するご確認とお問合せについて

書籍の記載内容に誤りではないかと思われる箇所がございましたら、以下の手順にてご確認とお問合せをしてくださいますよう、お願い申し上げます。
なお、正誤のお問合せ以外の**書籍内容に関する解説および受験指導などは、一切行っておりません。**
そのようなお問合せにつきましては、お答えいたしかねますので、あらかじめご了承ください。

1 「Cyber Book Store」にて正誤表を確認する

TAC出版書籍販売サイト「Cyber Book Store」の
トップページ内「正誤表」コーナーにて、正誤表をご確認ください。

CYBER TAC出版書籍販売サイト
BOOK STORE

URL:https://bookstore.tac-school.co.jp/

2 1の正誤表がない、あるいは正誤表に該当箇所の記載がない ⇒ 下記①、②のどちらかの方法で文書にて問合せをする

★ご注意ください★

お電話でのお問合せは、お受けいたしません。
①、②のどちらの方法でも、お問合せの際には、「お名前」とともに、
「対象の書籍名(○級・第○回対策も含む)およびその版数(第○版・○○年度版など)」
「お問合せ該当箇所の頁数と行数」
「誤りと思われる記載」
「正しいとお考えになる記載とその根拠」
を明記してください。
なお、回答までに1週間前後を要する場合もございます。あらかじめご了承ください。

① ウェブページ「Cyber Book Store」内の「お問合せフォーム」より問合せをする

【お問合せフォームアドレス】

https://bookstore.tac-school.co.jp/inquiry/

② メールにより問合せをする

【メール宛先 TAC出版】

syuppan-h@tac-school.co.jp

※土日祝日はお問合せ対応をおこなっておりません。
※正誤のお問合せ対応は、該当書籍の改訂版刊行月末日までといたします。

乱丁・落丁による交換は、該当書籍の改訂版刊行月末日までといたします。なお、書籍の在庫状況等により、お受けできない場合もございます。
また、各種本試験の実施の延期、中止を理由とした本書の返品はお受けいたしません。返金もいたしかねますので、あらかじめご了承くださいますようお願い申し上げます。

TACにおける個人情報の取り扱いについて
■お預かりした個人情報は、TAC(株)で管理させていただき、お問合せへの対応、当社の記録保管にのみ利用いたします。お客様の同意なしに業務委託先以外の第三者に開示、提供することはございません(法令等により開示を求められた場合を除く)。その他、個人情報保護管理者、お預かりした個人情報の開示等及びTAC(株)への個人情報の提供の任意性については、当社ホームページ(https://www.tac-school.co.jp)をご覧いただくか、個人情報に関するお問い合わせ窓口(E-mail:privacy@tac-school.co.jp)までお問合せください。

(2022年7月現在)

答案用紙の使い方

この冊子には、答案用紙がとじ込まれています。下記を参照し、各問題の答案用紙に分けてご利用ください。

STEP1

一番外側の色紙（本紙）を残して、答案用紙の冊子を取り外してください。

STEP2

取り外した冊子を開いて真ん中にあるホチキスの針を、定規やホチキスの針外し（ステープルリムーバーなど）を利用して取り外してください。

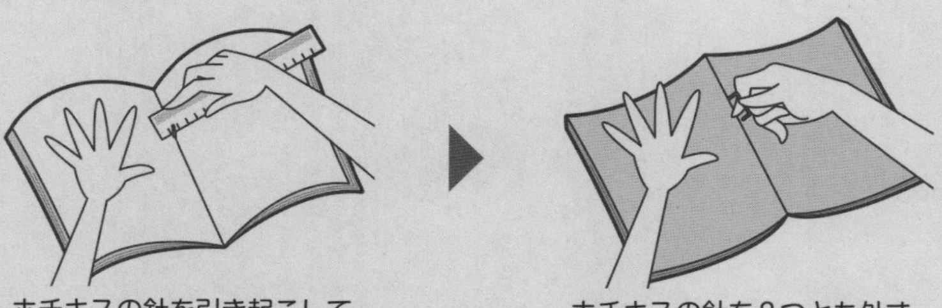

ホチキスの針を引き起こして
ホチキスの針を２つとも外す

- 作業中のケガには十分お気をつけください。
- 取り外しの際の損傷についてのお取り替えはご遠慮願います。

答案用紙はダウンロードもご利用いただけます。
TAC出版書籍販売サイト、サイバーブックストアにアクセスしてください。

TAC出版　検索

税理士 簿記論　総合問題の解き方　第7版

別冊答案用紙

目 次

基本問題 1

決算整理後残高試算表　　　　（単位：千円）

借方	金額	貸方	金額
現金		支払手形	
当座預金		買掛金	
受取手形		前受金	
売掛金		未払営業費	
繰越商品		貸倒引当金	
未収利息		建物減価償却累計額	
建物	70,000	備品減価償却累計額	
備品	2,000	資本金	100,000
土地	100,000	利益準備金	
長期貸付金	10,000	繰越利益剰余金	
不渡手形		売上	
仕入		受取利息	
営業費		保証債務取崩益	

基本問題　1　解き直し用

決算整理後残高試算表　（単位：千円）

借方	金額	貸方	金額
現金		支払手形	
当座預金		買掛金	
受取手形		前受金	
売掛金		未払営業費	
繰越商品		貸倒引当金	
未収利息		建物減価償却累計額	
建物	70,000	備品減価償却累計額	
備品	2,000	資本金	100,000
土地	100,000	利益準備金	
長期貸付金	10,000	繰越利益剰余金	
不渡手形		売上	
仕入		受取利息	
営業費		保証債務取崩益	

〔基本問題１　計算用紙〕

基本問題 2

決算整理後残高試算表　（単位：千円）

借方 科目	借方 金額	貸方 科目	貸方 金額
現金預金		支払手形	26,400
受取手形		買掛金	
売掛金		未払消費税等	
繰越商品		未払法人税等	
建物		未払費用	
車両		貸倒引当金	
器具備品		賞与引当金	
土地	85,000	社債	
破産更生債権等		退職給付引当金	
投資有価証券		繰延税金負債	
繰延税金資産		資本金	60,000
社債発行費		利益準備金	15,000
仕入		繰越利益剰余金	27,051
見本品費		その他有価証券評価差額金	
[illegible]		[illegible]	

基本問題 2　解き直し用

決算整理後残高試算表　　（単位：千円）

借方 科目	借方 金額	貸方 科目	貸方 金額
現金預金		支払手形	26,400
受取手形		買掛金	
売掛金		未払消費税等	
繰越商品		未払法人税等	
建物		未払費用	
車両		貸倒引当金	
器具備品		賞与引当金	
土地	85,000	社債	
破産更生債権等		退職給付引当金	
投資有価証券		繰延税金負債	
繰延税金資産		資本金	60,000
社債発行費		利益準備金	15,000
仕入		繰越利益剰余金	27,051
見本品費		その他有価証券評価差額金	

〔基本問題２　計算用紙〕

応用問題 1

問1　本店の修正及び決算整理後残高試算表（一部）　（単位：千円）

借方 科目	借方 金額	貸方 科目	貸方 金額
現金預金		買掛金	
受取手形		借入金	
売掛金		リース債務	
建物		未払法人税等	
リース資産		未払消費税等	
土地		未払費用	
破産更生債権等		社債	
繰延税金資産		長期前受収益	
売上原価		資本金	
販売管理費		売上	
減価償却費		有価証券利息	
貸倒引当金繰入		為替差損益	
貸倒損失		法人税等調整額	
棚卸減耗費			
支払利息			
減損損失			

応用問題 1　解き直し用

問 1　本店の修正及び決算整理後残高試算表（一部）　（単位：千円）

借方 科目	借方 金額	貸方 科目	貸方 金額
現金預金		買掛金	
受取手形		借入金	
売掛金		リース債務	
建物		未払法人税等	
リース資産		未払消費税等	
土地		未払費用	
破産更生債権等		社債	
繰延税金資産		長期前受収益	
売上原価		資本金	
販売管理費		売上	
減価償却費		有価証券利息	
貸倒引当金繰入		為替差損益	
貸倒損失		法人税等調整額	
棚卸減耗費			
支払利息			
減損損失			

〔応用問題 1　計算用紙〕

応用問題 2

決算整理後残高試算表

（単位：円）

借方		貸方	
科目	金額	科目	金額
現金預金		支払手形	
受取手形		買掛金	54,201,000
売掛金		前受金	
商品		借入金	20,000,000
製品		未払金	
材料		未払法人税等	
仕掛品		未払消費税等	
前払費用		未払費用	
建物		繰延税金負債	
機械装置		貸倒引当金	
車両運搬具		製品保証引当金	
器具備品		賞与引当金	
土地	10,000,000	社債	
投資有価証券		退職給付引当金	
破産更生債権等		資本金	77,000,000
繰延税金資産		資本準備金	8,000,000

応用問題 2

解き直し用

決算整理後残高試算表

（単位：円）

借方 科目	借方 金額	貸方 科目	貸方 金額
現金預金		支払手形	
受取手形		買掛金	54,201,000
売掛金		前受金	
商品		借入金	20,000,000
製品		未払金	
材料		未払法人税等	
仕掛品		未払消費税等	
前払費用		未払費用	
建物		繰延税金負債	
機械装置		貸倒引当金	
車両運搬具		製品保証引当金	
器具備品		賞与引当金	
土地	10,000,000	社債	
投資有価証券		退職給付引当金	
破産更生債権等		資本金	77,000,000
繰延税金資産		資本準備金	8,000,000

〔応用問題２　計算用紙〕

本試験問題　1

（単位：円）

番号	金　　額
(1)	
(2)	
(3)	
(4)	
(5)	
(6)	
(7)	
(8)	
(9)	
(10)	
(11)	
(12)	

番号	金　　額
(19)	
(20)	
(21)	
(22)	
(23)	
(24)	
(25)	
(26)	
(27)	
(28)	
(29)	
(30)	

本試験問題　1　解き直し用

（単位：円）

番号	金　　額
(1)	
(2)	
(3)	
(4)	
(5)	
(6)	
(7)	
(8)	
(9)	
(10)	
(11)	
(12)	

番号	金　　額
(19)	
(20)	
(21)	
(22)	
(23)	
(24)	
(25)	
(26)	
(27)	
(28)	
(29)	
(30)	

〔本試験問題1　計算用紙〕

本試験問題 2

(単位：円)

番号	金　額
①	
②	
③	
④	
⑤	
⑥	
⑦	
⑧	
⑨	
⑩	
⑪	
⑫	

番号	金　額
㉑	
㉒	
㉓	
㉔	
㉕	
㉖	
㉗	
㉘	
㉙	
㉚	
㉛	
㉜	

本試験問題 2 解き直し用

（単位：円）

番号	金　　額
①	
②	
③	
④	
⑤	
⑥	
⑦	
⑧	
⑨	
⑩	
⑪	
⑫	

番号	金　　額
㉑	
㉒	
㉓	
㉔	
㉕	
㉖	
㉗	
㉘	
㉙	
㉚	
㉛	
㉜	

〔本試験問題２　計算用紙〕

本試験問題 3

(単位：円)

番号	金　額
①	
②	
③	
④	
⑤	
⑥	
⑦	
⑧	
⑨	
⑩	
⑪	
⑫	

番号	金　額
㉑	
㉒	
㉓	
㉔	
㉕	
㉖	
㉗	
㉘	
㉙	
㉚	
㉛	
㉜	

本試験問題 3 解き直し用

（単位：円）

番号	金　　額
①	
②	
③	
④	
⑤	
⑥	
⑦	
⑧	
⑨	
⑩	
⑪	
⑫	

番号	金　　額
㉑	
㉒	
㉓	
㉔	
㉕	
㉖	
㉗	
㉘	
㉙	
㉚	
㉛	
㉜	

〔本試験問題3　計算用紙〕

⑭	
⑮	
⑯	
⑰	
⑱	
⑲	
⑳	

㉞	
㉟	
㊱	
㊲	
㊳	
㊴	
㊵	

⑭	
⑮	
⑯	
⑰	
⑱	
⑲	
⑳	

㉞	
㉟	
㊱	
㊲	
㊳	
㊴	
㊵	

⑭	
⑮	
⑯	
⑰	
⑱	
⑲	
⑳	

㉞	
㉟	
㊱	
㊲	
㊳	
㊴	

⑭	
⑮	
⑯	
⑰	
⑱	
⑲	
⑳	

㉞	
㉟	
㊱	
㊲	
㊳	
㊴	

(14)	
(15)	
(16)	
(17)	
(18)	

(32)	
(33)	
(34)	
(35)	

(14)	
(15)	
(16)	
(17)	
(18)	

(32)	
(33)	
(34)	
(35)	

製品売上原価		その他有価証券評価差額金	
人件費		売上	938,210,000
貸倒損失		受取利息配当金	
貸倒引当金繰入額		雑収入	
製品保証引当金繰入額		投資有価証券売却益	
減価償却費		製品保証引当金戻入額	
その他営業費用		為替差損益	
支払利息保証料		法人税等調整額	
社債発行費償却			
雑損失			
投資有価証券評価損			
法人税等			
合計		合計	

製品売上原価		その他有価証券評価差額金	
人件費		売上	938,210,000
貸倒損失		受取利息配当金	
貸倒引当金繰入額		雑収入	
製品保証引当金繰入額		投資有価証券売却益	
減価償却費		製品保証引当金戻入額	
その他営業費用		為替差損益	
支払利息保証料		法人税等調整額	
社債発行費償却			
雑損失			
投資有価証券評価損			
法人税等			
合計		合計	

科目	金額	科目	金額
現金預金		本店	
受取手形		売上	
売掛金			
備品			
破産更生債権等			
売上原価			
販売管理費			
減価償却費			
貸倒引当金繰入			
棚卸減耗費			

問3

（単位：千円）

(1)		(2)		(3)	

科目	金額	科目	金額
現金預金		本店	
受取手形		売上	
売掛金			
備品			
破産更生債権等			
売上原価			
販売管理費			
減価償却費			
貸倒引当金繰入			
棚卸減耗費			

問3 (単位：千円)

(1)		(2)		(3)	

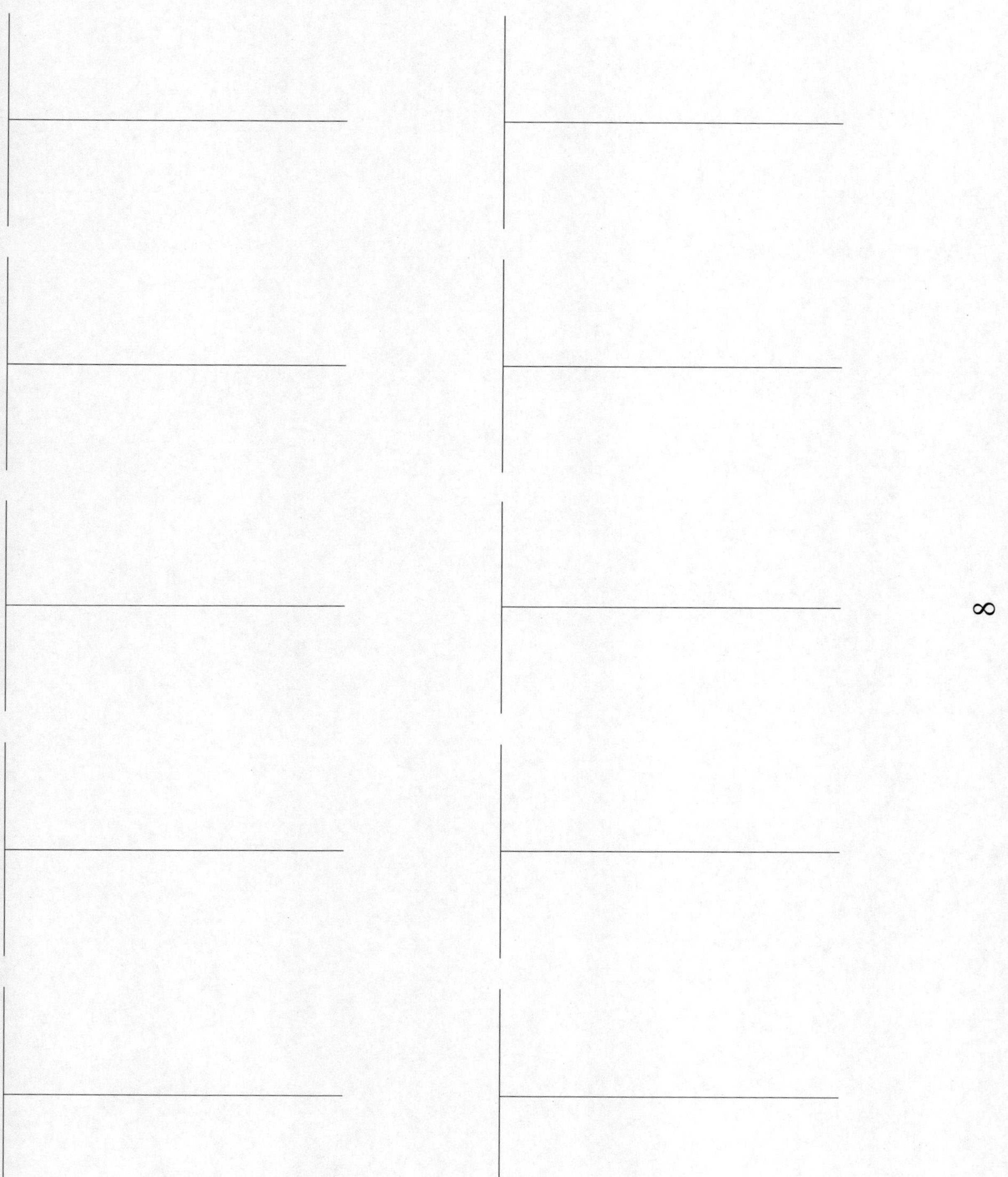

営業費		有価証券利息	
減価償却費		車両売却益	
貸倒引当金繰入		法人税等調整額	
賞与引当金繰入			
退職給付費用			
社債利息			
社債発行費償却			
投資有価証券評価損			
雑損失			
法人税等			
合計		合計	

営業費		有価証券利息	
減価償却費		車両売却益	
貸倒引当金繰入		法人税等調整額	
賞与引当金繰入			
退職給付費用			
社債利息			
社債発行費償却			
投資有価証券評価損			
雑損失			
法人税等			
合計		合計	

手形売却損			
保証債務費用			
棚卸減耗損			
合計		合計	

手形売却損			
保証債務費用			
棚卸減耗損			
合計		合計	

（注）この答案用紙は TAC株式会社（税理士講座）の責任において作成したものです。